在时间中修行
我的奢侈品从业25年

EVERY MOMENT
COUNTS

廖信嘉 著

浙江大学出版社
·杭州·

图书在版编目（CIP）数据

在时间中修行：我的奢侈品从业25年 / 廖信嘉著.
杭州：浙江大学出版社，2025.4. -- ISBN 978-7-308
-25947-7

Ⅰ.F724.7

中国国家版本馆CIP数据核字第2025GZ4310号

在时间中修行：我的奢侈品从业25年
廖信嘉　著

策　　划	杭州蓝狮子文化创意股份有限公司
责任编辑	顾　翔
责任校对	陈　欣
封面设计	袁　园
出版发行	浙江大学出版社
	（杭州市天目山路148号　邮政编码310007）
	（网址：http://www.zjupress.com）
排　　版	杭州林智广告有限公司
印　　刷	杭州钱江彩色印务有限公司
开　　本	880mm×1230mm　1/32
印　　张	12.375
字　　数	286千
版 印 次	2025年4月第1版　2025年4月第1次印刷
书　　号	ISBN 978-7-308-25947-7
定　　价	108.00元

版权所有　侵权必究　印装差错　负责调换
浙江大学出版社市场运营中心联系方式：0571-88925591；http://zjdxcbs.tmall.com

PREFACE ONE

推 荐 序 一

  大概是十来年前了，我在香港某一家腕表专卖店，请他们帮我更换表带。我刚进门坐下来没多久，就有一位内地游客走进来转了一圈，然后指着一只放在独立玻璃柜里的腕表，询问店员："这是什么表？怎么这么贵？"店员就开始跟他解释，这是一只陀飞轮腕表。在我换完表带，也和服务我的那位店员闲聊了一轮，打算离开之际，那位客人也正好完成了交易。整个过程大概还不到半小时，一位本来连陀飞轮是什么都不知道的消费者，居然就已经买走了那只价值超过百万元的顶级腕表。

  这就是香港自由行巅峰时期的日常景象，说有多夸张就有多夸张，有时候甚至到了近乎荒谬的地步。那些年，香港的服务业和零售业简直是荒腔走板，即使在那些往常只有一小部分本地人去逛的地方，我们走进去时，也最好自动换成普通话沟通，喊一句"服务员"会比我们以前总是挂在嘴上的"唔该"管用。否则，就算你"唔该"半天，也不一定会有人搭理。但这也并不表示游客就自动会受到更好的招待，甚至恰恰相反，他们根本不用提供太过亲切友善的服务，反正最后还是会开单开到手软。你要是有什么不满意，没关系，门口外头排队等着进来的人多了去了。

那时，我曾经问过廖信嘉兄，你们每年从总部那里获得的市场推广预算，岂不是为全世界的柜台和门店白白做了广告？有多少客人会在内地认识了宝珀，然后在香港乃至全世界可以退税的地方消费买单？这笔账该怎么算呢？我记得信嘉兄只是略微苦笑，应了一句"是呀"。事实上，即使我和他以及他团队的几个伙伴这么熟悉，多年以来也从来没听过他们诉苦，觉得自己在为其他区域的同事做嫁衣。他们只是埋头苦干(当然，同时要有非常精明的策略)，默默做好自己该做的事。终于到了后来，不只宝珀中国的整体销售数字冠绝全球；和香港只不过一河之隔的深圳，其表现亦做到了全国最好。明明过个关口就能买到便宜不少的同款高端腕表，为什么会有人想在深圳花钱呢？读完信嘉兄这部来之不易的自白书就会明白，是一个细节接着一个细节，慢慢组装调适出来的功夫，成就了第一流、真正配得上品牌价值的服务水平。因为高级奢侈品消费者在乎的，很有可能不是一丁半点的价格差异，而是在消费过程当中无形无影的感受。

事实上，所谓奢侈品消费，不外乎一种非常特殊，特殊到足以耗费巨资来获取的体验。一顿符合米其林三星级别定义的晚饭(根据官方定义，那必须是"值得你专程往赴")，是这样的体验。一趟要跨过半个地球才能亲睹的极光之旅，是这样的体验。一只佩戴在手腕上的工艺品，更是可以长年相伴，传诸以后的持续经验。然而，光是这么讲，我是不是还忽略了什么呢？

没错，我们都不必假装不明白，购买奢侈品的本质就是一种炫耀性消费。透过它，一小部分消费者可以展示自己的财富与地位，突出人我之别。而炫耀与虚荣，几乎就是人类与生俱来的一种本能。我要拥有你所没有的东西；倘若是你我都有的东西，我的这一件一定要比你的这一件罕见难得。所以在经济昌盛的年头，在受益于全球化的一些幸运国度，难免有许多人希望借奢侈品争妍竞秀，把各大都会的繁华街道化作孔雀开屏的舞台背景。于是就有了很多现今想来很不可思议的场面。例如，一些曾经长年专注于某种领域的老牌名店，不停推出各种离本业甚远的奇特产品，试图把它们积累下来的光环延伸得无远弗届。本来相当低调的精致品牌，开始大剌剌地把logo铺满它们每一件产品的外壳，几乎想让用家变成活动的人形广告牌。一家奢侈品集团，甚至能够成为一个国家市值最高的大企业。当然，还有我当年在香港见到那位陀飞轮买家时的场景。

俱往矣。时移势易，现在不只全世界进入了一个经济格局不明的状态，我们国家也不再有那么多人能够不惜腰中钱，随意挥洒。"炫富"甚至成了一种相当惹人厌烦的表现，官方媒体批判，网上人人喊打。那么在这种情况下，曾经一度辉煌的奢侈品行业，还可以好好活下去吗？

如果从历史的维度来看，这应该不是个问题。荷兰在黄金年代，曾凭借着东印度公司的殖民扩张和远洋贸易，以及证券交易等种种金融机器与工具的发明，积累了无穷财富。可偏偏荷兰又是所谓"新教伦理"勃兴的土壤，炫耀与虚荣被公认为一种很不堪的罪恶。那么当年的荷兰商人在赚了钱之后，又应该如何展现出自己的与众不同呢？同样是水都，阿姆斯特丹的富商不能像威尼斯的同行那样，修筑能在运河上熠熠生辉到叫人觉得刺眼的大理石宫殿，也不可能用金银丝线缝制最华美的锦绣长袍。他们的秘密，就藏在那些外表看来非常狭窄朴实的砖木深宅当中——那些挂在墙上价值连城的名家油画。而那些肖像画中的深宅主人，尽管总是身着似乎一模一样的黑色衣装，但当走近一点时，你就会看出，那些外观朴素的黑色蕾丝是多么烦琐细致，那些衣料在油灯映照下的光泽又是多么蕴藉玄奥。换句话说，他们不是不炫富，而是要"低调奢华"，要"静奢"，要"老钱风"。可见，我们这些年用来形容潮流风尚演变之轨迹的词语，历史上其实已经有人用过很多次了，虽然背景环境不同，推动这种演变的力量也不一样。

  我感到"老钱风"其实是离我很遥远的一件事情，因为我自己不是什么老钱，那我又为什么又要去展示据说是老钱才堪具备的格调呢？事实上，我甚至怀疑在改革开放才不过四十多年的中国，又有多少人能够称得上是"老钱"？然而，我还是觉得这样的风尚变化不坏。从满街摇晃的巨大logo，到现在从外观上丝毫看不出明确的品牌标识，这里头体现出来的，是对那些必须耗费一定资财才能够获取的美好事物，有了更加深刻的认知和欣赏，也有了更多对自身品位的肯定与自信。在很多年前，社交媒体上头特别流行不同的品牌排行榜，无论是腕表，还是户外运动服饰，你都能找到各式各样的十大排行榜。许多人非常焦虑，自己心仪或者正要打算购买的东西，究竟上不上档次；会不会自己以为够奢侈、够厉害的好物，原来在方家眼里不足一哂。于是炫耀就转移到了这些社交媒体的帖子和论坛上，时不时就会看到有人贬低别人贴出来的东西，说"你夸耀的那件物什，在国外行家心目中根本就不入流"，然后就是一番争吵，竞相比较谁的见识更广更深，形成了所谓的"鄙视链"。如今这种声音好像慢慢少了，会不会是大家都开始感觉到无聊？就以水最深的Hi-Fi音响来说吧。如果拿出一笔足以买得起一整套房子的巨款，配置最顶级的电源线和避震器，让所有圈内人都艳羡不已，称赞这是在一切音响排行榜当中都至高无上的组合，那么听上去当然不错；可是我根本连低音的收放速度和正常的音场结象都听不出来，甚至听来听去都还是《夜深沉》与蔡琴，这一切又有什么意义呢？

吴晓波兄说腕表是最难卖出去的一种商品，因为在手机流行的今天，我们根本不需要额外的报时工具。我不只非常同意他这个判断，甚至觉得在所有奢侈品当中，腕表都是一种最没道理的东西。因为如果单纯从炫耀的角度来讲，除了一两个造型特别张扬的品牌，绝大部分腕表都是你看不出来的。假如有一个人佩戴了表面至为优雅简约，但功能和构造极度复杂精巧的宝珀"三问"腕表，那么路人如何能在一米之外的距离，瞧出这是什么牌子、型号和价位的高端奢侈品？更何况就像信嘉兄在这本书里所不断强调的，宝珀这种级别的腕表必须要做到，即使在那些连身为买家和用家的你都看不到的细节处，也得极尽完美一丝不苟。例如，那些只有在高倍数放大镜下才看得到的打磨细节，根本只有制表师或者维修匠人在打开表盘之后才能清晰辨识。请问这样的奢侈品，你要怎么炫耀？又该炫耀给谁看呢？

就像当年那些荷兰商人的衣着和艺术收藏，这种炫耀的对象是少数识货的内行人，而不是任何路人甲乙丙。甚至到了最后，这已经不是要用来炫耀给任何人看了，就只是为了自己心里的一份小小的优越感。我手上这件东西，在他人眼中平平无奇，但我自己知道它的价值，我知道设计和制作它出来的那些人花费了多么漫长的岁月和巧妙的心思，我知道这背后蕴藏了多少代人的坚持与教养，经历过时代浪潮的几番起落。而我之所以能够了解这一切，并且欣赏这一切付出的意义，是因为我自己也付出了太多，才有了能够配得上这精细工艺和时光淬炼之结晶的能力与见识。因此，收藏并且佩戴这只腕表，不单是为了其他人，更是为了肯定自己，是对自我经历的一点回报。

我认识信嘉兄十几年了，现在读他这部新著，自然会想起他这么多年来的努力。他所做的一切，都在指向腕表这个行业所应该回归的本质，那就是培养一个成熟到能够欣赏这种工艺之内涵，能够充分信任自己的能力与品位的市场。时代潮流变动不居，但是这种市场始终存在，这就是一个历史近乎300年的品牌得以坚持"长期主义"之基石。

梁文道

媒体人

PREFACE TWO

推 荐 序 二

"在看不见的地方,我们仍然要保持优雅和完美。"

一

我关于手表的所有知识都来自廖信嘉,而对奢侈品理解的不断加深,因缘则在于宝珀(BLANCPAIN)。这不是客套话,而是确凿的事实。

应该是在2013年的夏天,这个穿着精致、面庞如玉的北京人突然赶到杭州来找我。我们有一个共同的朋友,那便是脑门像钟表一样光亮和聪慧的梁文道。聊着聊着,我突然就成了宝珀的文化大使。

那次见面后不多久,我就创办了吴晓波频道,宝珀成了第一个合作品牌。我感念信嘉的"无底线信任",迄今我的专栏下方,唯一的品牌位给了宝珀。

又过了一年，信嘉邀请我和文道两家去观摩巴塞尔国际钟表珠宝展，我们随后去了汝拉山谷，那里是宝珀诞生的地方，也是世界高级钟表的"麦加"。

在宝珀总部，我看着几位年过半百的瑞士钟表师眼戴放大镜，趴在一张老旧的木板台上安装细如发丝的金属零件，蓦然生出一份别样的感动。信嘉还带我们走进库房，拉开一个个寂静的格子，里面静静地躺着数以千计的历代宝珀匠人制作的钟表模具。看到金属被打磨后发出幽亮的光色，你会瞬间被"时间"打动。

在后来很多年里，当说起"工匠"这个词的时候，我脑海里浮现出来的便是那天的镜头。

二

在一个江南的午后，读着信嘉兄这本书的打印稿，我常常油然而生一种思绪回应。

我跟信嘉这一代中国人，成长于物资短缺的时代，在青春期的知识教育中，完全没有奢侈品这个概念，甚至认为它是多余的和"反动"的。以至于到后来，无论是我从事公司研究还是廖信嘉进入钟表行业，我们都是从零开始，逐渐建构起相关的认知的。

而在文化理念的意义上，中国的儒家文化和禅宗文化，都带有禁欲和反物质的特征，"空山新雨后"和"松下问童子"的林下风流，似乎都与张扬的奢侈品无关。但是，人类文明的呈现和代际传承，人的自我愉悦及身份展现，又离不开物质的创造与熏陶。

这样的缺失和冲突，呈现于中国内地的整个奢侈品行业。

无论是从业者还是有购买力的消费者，他们对奢侈品文化的了解和理解，都需要经历一次漫长的心理建设。这是一个并不太容易的过程。在某种意义上，这是对物质文明和精神享受的再认识和再思考。

进而言之，一个以奢侈品面目出现的物品，让我们有机会对自我价值和世界的关系进行一次不无激烈的搏斗，终而达成和解、平和与自信。

这是本书极有价值的一部分。

三

回到品牌建设和市场营销层面，信嘉在这本书的写作中可谓倾囊相授。

在我看来，当今世界最难推销的商品，大概便是手表了。因为在我们的日常生活中，"展示时间"的功能已完全被手机给内嵌了。当一个商品原本承载的实用功能消失的时候，它应该没有存在的理由。

但是今天，仍然有无数的男士和女士以不菲的价格成为手表的消费者和收藏者。手表，作为一个既具体又抽象的"无用之物"，获得了新的意义。这是一个十分奇妙的现象。

而这一独特的存在，便对品牌的心智建设及传播，构成了极其艰难而性感的挑战。

《在时间中修行》是信嘉二十多年从业的叙述史，同时也是一本教科书级的品牌建构读本。在书中，他十分耐心地讲述了宝珀在中国内地市场从小到大的成长历程，从团队打造、市场策略、渠道搭建、品牌代言人的选择到新零售，剑及履及，步步惊心，披览细读，让人既大呼过瘾又时有收获。

作为一位职业的写作者，我深知创作一本十多万字的书，给像信嘉这样的实战专家所带来的挑战。在过去的两年里，他进行了无数次的研谈打磨。写书如同制表，于细节处见魔鬼，在字节间现天意。

四

最后还有一个小小的细节，我想留存在这里。

有一次，在上海新天地的宝珀旗舰店，信嘉向我介绍了一只腕表。他把表的背面展示给我看。通过透明表底，我可以看到在机芯的一块夹板上雕刻了精美的鱼鳞纹装饰图案。他告诉我，在那些被遮蔽起来的地方，宝珀的匠师仍然一丝不苟地进行了作业。

"即便在看不见的地方，我们仍然要保持优雅和完美。"他不动声色地说。

那一刻，我突然理解了奢侈品的精神。

吴晓波
财经作家

PREFACE THREE

推 荐 序 三

    2024年8月末的一天,宝珀中国区[①]副总裁(即品牌经理[②])兼斯沃琪集团(Swatch Group)中国管理委员会成员廖信嘉先生将本书的电子版发给了我,我立即将其下载到手机里,在此后两天里,我将所有的碎片和闲暇时间都用在了这本书上,可以说我对此书是欲罢不能。

---

① 2001年,宝珀分别在香港、澳门、上海设立办事处,这标志着该品牌在中国市场开始独立运营。中国市场彼时都归香港团队管辖,一直到2006年,我所带领的团队才开始独立经营宝珀在中国内地的市场。宝珀内地市场称宝珀中国区,负责运营宝珀内地市场的团队称"宝珀中国"。宝珀中国官网如下:https://www.blancpain.cn/zh-hans。本书所述各品牌中国区与宝珀中国区经营范围相当。

② 对外的称呼是品牌副总裁,集团内部的称呼是品牌经理。一个品牌下设的负责批发(经销商店铺渠道)的销售经理、负责零售(品牌零售直营店渠道)的销售经理、销售管理经理、市场经理、培训经理、售后服务经理、电商经理等品牌各职能部门的经理,均向品牌副总裁汇报。

读毕，我长舒了一口气，是的，这就是我一直等待的那本书，一本来自中国实战家的奢侈品行业"教科书"！

15年前，我从金融领域跨界到奢侈品领域，多年来一直在如饥似渴地搜寻海内外形形色色的参考书籍。其中比较容易找到的大多是讲述奢侈品发展历史、解读相关社会文化现象、呈现精美的手工艺和设计大师的杰作，还有一些文艺色彩浓厚的品牌故事和创始人传记，以奢侈品企业经营管理为主题的著述则屈指可数，其中货真价实的更是寥寥无几。

然而，就是这寥寥无几的几本出自欧洲专家教授的专著，在我看来，也大多只讲了"结果"，也就是"奢侈品牌是什么"，由哪些"元素"和"原则"构成。书中引述的概念和理论大多来自并非专注于奢侈品领域的经济学家、社会学家和符号学家，真正来自奢侈品企业管理者的一手心得只占了很少篇幅，并且也非常碎片化。引用的品牌实操案例通常过于"粗线条"，涉及中国内地市场的部分更是如蜻蜓点水、浮光掠影。

也就是说，关于"过程"，我们依然知之甚少——那些位居消费金字塔顶端、笼罩着光环的魔力品牌究竟如何随时间的流逝慢慢生长出那些"元素"；而那些"原则"又如何在真实的商业实践中沉淀成形，再被反复验证和不断优化？

然而，奢侈品牌之所以成为奢侈品牌，真正的秘诀恰恰深藏在这些包含了无数细节的"过程"之中。正如本书提到的，作为古老的瑞士高级腕表品牌，宝珀最为人称道的，就在于它执拗地在"看不见的地方"坚持高级的工艺标准。其常规款手表的每个零件都达到了五级打磨装饰水准——尽管许多零件永远不可能被顾客看到、摸到。

要学习奢侈品牌，就必须了解品牌发展的真实过程，沉浸式地体会打造品牌的种种细节。只有通过这些细节，那些理论书籍中的元素和原则才能被生动地诠释，并得到实践的检验和修正。

本人的拙作《买下蒂芙尼》就尝试通过对海量基础史料的挖掘和整理，再现一个国际奢侈品牌从零到一、走过一百八十多年风雨的原始细节，并据此解读相关"元素"和"原则"的成因，以及对当下的借鉴意义。然而，奢侈品牌在中国内地市场成长的真实"过程"，仍然尚待探索，直到本书横空出世。

在我看来，这本书不仅是对作者个人从业经历的全面回顾，更是一本宝贵的奢侈品管理学教科书，不仅为奢侈品销售和推广领域的从业者，也为所有希望向奢侈品牌取经的有志之士，提供了值得信赖的参考和行动指南。

本书基于作者二十多年的奢侈品从业经验，提供了来自亲身实践的一整套极具操作性的管理原则，涉及在中国内地市场条件下奢侈品牌的渠道建设、内容建设与传播、团队建设与人才发展等一系列关键"过程"。

_1_ 一个瑞士高级腕表品牌，用二十多年时间，在中国内地市场构建优质渠道网络的过程。

_2_ 一个拥有近 300 年历史的传奇品牌，在中国消费者心目中传播和树立正面形象的过程。

_3_ 一个海外奢侈品牌与中国的历史和现在建立深层联系的过程。

<u>4</u> 一支从零开始的中国本土团队,从青涩到成熟的历练过程。

<u>5</u> 一位闯入奢侈腕表行业的中国职业经理人,从新人到领导者的修行过程。

凡是对奢侈品界有所了解的人都会明白,这样一本书的出炉是多么不易。

奢侈品牌日常的管理工作非常烦琐,充满了细节。一把手不仅要背负艰巨的业绩指标,必须毫不松懈地巡查督导全国各地门店的销售工作;要以极高的标准和精细度策划和落实品牌的内容建设和传播工作;在手把手培养和指导本地团队的同时,还要与总部密切沟通,千方百计地推动有利于本土市场的管理层决策的制定落实。

作为一个奢侈品牌的现任管理者,本书的作者相信,只有从牙缝中挤出时间,才能完成这本书的写作。

奢侈品牌都非常在意自己的形象管理,任何面向公众的文字都需要精心打磨,力求周全。这本书虽然是非常个人化的,但也包含大量与作者所服务的品牌密切相关的内容,对表述的尺度和分寸,作者势必要反复斟酌。可尽管如此,本书依然做到了极度的真实和坦诚,本书的作者完成了一个"几乎不可能完成的任务"。

作者在过去的近1/4世纪里,亲历了中国内地的奢侈品行业从小到大、跨越式发展的全过程,一路打过交道的人物形形色色:从享誉全球奢侈品界的大boss到青涩稚嫩的基层员工,从粗犷的东北大哥到儒雅的文人墨客,从光彩照人的明星名人到长期博弈的商场伙伴,从忐忑不安的入门新客到忠诚不二的VVIP……究竟如何才能在这些反差极大的"过程"中做到以真实和坦诚的态度应付裕如并广结善缘？

书中这段话给出了清晰的答案。

> 一个优秀的管理人员肯定是个勇敢的人，在面对性格类型、脾气秉性、生活态度、价值观各不相同的人时，无论自己喜欢与否，适应与否，都敢于接触，敢于沟通，敢于说出自己的想法。勇敢的品质能使一个人不断获取经验。如果勇敢的人还具备学习、实践、总结、复盘的能力，他的领导力必定可以不断提升，使他最终成为合格的团队领导者。

我们经常听到"领导力"这个词，对于本土企业来说，领导力最重要的体现，就是主动构想愿景、设定目标。但作为一家国际企业的中国区负责人，领导力的含义则要微妙得多。因为本土的愿景和目标通常来自总部，做一个亦步亦趋的执行者，往往是业内默认的安全路径，特别是在光环笼罩下虚实交错的奢侈品界。

但廖信嘉先生的职业生涯处处闪耀着真正的领导力的光芒，正如他所言：他是奢侈品行业中少数的幸运儿之一，能够与品牌共同成长，与飞速变化的时代和市场共同成长。这种幸运，还体现在宝珀所属的瑞士奢侈品巨头斯沃琪集团秉承的长期主义信条上，以及其稳定而连续的家族式顶层结构上——从40年前在瑞士钟表业最危急的时刻力挽狂澜的尼古拉斯·海耶克（Nicolas G. Hayek）到他的儿子、当今斯沃琪集团的掌门人尼克·海耶克（Nick Hayek），再到他的孙子、从2002年起执掌宝珀至今的马克·海耶克（Marc A. Hayek，以下简称为海耶克）。

从企业管理到品牌建设，再到公益事业，如今为人们津津乐道的"长期主义"早已渗透到宝珀、斯沃琪集团和海耶克家族的血液里。这种长期主义，也让执掌宝珀中国业务的廖信嘉先生能够在与品牌共同成长的过程中，用自己的诚恳和努力赢得更多的信任和授权，使他得以充分释放自己的潜能，成为宝珀中国真正意义上的"领导者"——不仅带领品牌在销售业绩上迈上一个又一个台阶，更难能可贵的是，在他的领导下，宝珀中国大胆构想并实现了一系列能够铭刻进这个全球高级奢侈品牌DNA的大事件：从成为故宫博物院收藏的第一只当代腕表到中华年历表的诞生，从宝珀理想国文学奖的设立到构建一个极具文化含金量的本土品牌大使矩阵……

不要忘了，与这些极富创造力和想象力的大事件平行的，是一个高级奢侈品牌在枯燥、严格的运营标准下日复一日的重复劳动。一位领导者如何能兼顾品牌管理的两极并长期保持最佳状态？可能唯有如廖信嘉先生所言，"将工作视为修行的道场"，培养敏锐的觉知，看清自己，看清他人，看清世界。

对于每一位即将或已经投身奢侈品行业的年轻人来说，要想不在奢侈品牌的光环中迷失自我，以一颗平常心踏上征程，在工作中真正找到人生的意义并成为更好的自己，建议你们尽快读一读这本书并将其放在手边，在遇到困惑与挫折时，随时重温里面的忠告和原则。

余 燕

华丽志、橙湾教育创始人 / 首席执行官

CONTENTS

目　录

第一部分　新手

命运的齿轮开始转动	2
东北大哥的江湖	9
授人以渔	19
全方位沟通	25
开家新店真的很难	28
学会说 no	38
从销售代表到品牌副总裁	42
奢侈品行业人才法则	46

第二部分　团队

有了新战友	54
我的上司海耶克	64
"因为他是一位真正的制表师"	74
跨国公司生存法则	86

第三部分　策略

预算有限也能让全世界看见	92
坚持创新是我们的传统	114
被故宫博物院收藏的第一只当代腕表	121
爱让生命美丽	130
"蛟龙号"入海	141
一秒都不差	156
奢侈品牌传播法则	164

第四部分　渠道

直营时代的开始	168
第一家旗舰店	182
橱窗的艺术	191
掌控供应链，就是掌控了品质	194
寒冬来袭	204
服务的价值	212
奢侈品渠道建设法则	217

第五部分　长期主义

中华年历表：让世界看中国时间	222
王者归来："五十噚"的传承与开拓	227
Ladybird 腕表：只为"她"而生	242
奢侈品的长期主义法则	252

第六部分　品牌大使们

梁文道	256
宝珀理想国文学奖：往时间纵深行进	264
吴晓波	272
宝珀·吴晓波青年午餐会：今天的青年就是未来的传奇	276
冯远征	279
陈晓卿	285
从钟表到餐桌	291
对明星的选择	300
奢侈品牌黏性法则	306

第七部分　新零售时代

关于奢侈品电商的思考	310
"秒罄"	314

"时尚易逝,风格永存" 319
抢不到的联名款 326
工作即修行 332

写给奢侈品行业新人的一封信 338

附录　宝珀历史上的10个高光瞬间　349

齿轮打孔器,用于制作腕表齿轮的独特工具。

Part One

第一部分　新手

在进入奢侈品行业之前,我曾在酒店和快消食品等领域摸爬滚打了七八年。那段看似没有明确目标的职业探索期,为我后来的事业发展奠定了坚实的基础。

我是一个非常幸运的人,加入了斯沃琪集团,见证和经历了中国内地奢侈品市场的黄金期。宝珀自 2001 年起在中国独立运营,这便有了斯沃琪集团在中国内地创办的第一个奢华手表品牌办事处,这也是我走向职业经理人的开端。

命运的齿轮开始转动

当机会叩响命运之门时，你需要做的是确认自己是否做好了迎接它的准备。

2000年年底的一天，我接到卢克勤（Kevin Rollenhagen）先生打来的电话，他问我是否愿意接手一个进入中国内地市场不久的高级腕表品牌。那是我第一次听到"宝珀"这个名字。

卢克勤来自美国，是钟表行业大名鼎鼎的教父级人物。他于1989年加入斯沃琪集团，彼时担任欧米茄（OMEGA）和宝珀在中国内地及香港地区的副总裁（澳门市场亦归其管理），并负责斯沃琪集团旗下多个奢侈品牌的管理工作。

此前我对手表并无研究，也没有太大的兴趣。我从小接受的教育是做人要艰苦朴素，避免铺张浪费。上高中时，父亲给了我一只电子表；工作之后，我曾收到过一只浪琴（Longines）手表作为生日礼物——那是我拥有的第一件奢侈品。

大学毕业后，我所从事的工作与奢侈品毫无关联。我先是在酒店行业工作了将近三年，之后加入一家韩国食品企业，从首席代表助理一路做到销售经理。在食品快消行业摔打了五六年后，我下决心要离开。坦白说，我对奢侈品的了解是从入行后开始的，相较于那些从小就有机会出国见世面，年纪轻轻就对时尚行业如数家珍的富二代，我对奢侈品的认知起步不算早。但俗话说，"好饭不怕晚"，入行的那个时代给了我从0到1的好机会。

宝珀诞生于1735年，是第一个在瑞士注册的钟表品牌。自品牌创立，宝珀坚持只做机械表，每一只顶复杂的机械腕表都以手工制作。宝珀也是世界上极少数可以自主完成设计、研发、制造、组装、销售等全流程的钟表品牌。1992年，由尼古拉斯·海耶克执掌的斯沃琪集团的前身——瑞士微电子技术及钟表联合公司（SMH），从雅克·皮盖（Jacques Piguet）与让-克劳德·比弗（Jean-Claude Biver）手中收购了宝珀和FP机芯工厂，使得斯沃琪集团除了拥有低端、中高端手表品牌，也在高级奢华腕表品牌的行列中占据了一席之地。

宝珀是一个承载着瑞士悠久制表历史的品牌，有着深厚的制表工艺的底蕴。在20世纪90年代，宝珀的顾客群体涵盖了当时全球最富有的人物，如文莱苏丹的皇室贵族，以及来自世界各地的钟表爱好者。宝珀现任首席执行官海耶克先生于2002年全面接管宝珀，成为宝珀的总裁和首席执行官。在他的领导下，宝珀步入了快速发展的新阶段。

2001年，宝珀计划在上海设立办事处，并招聘专门人员来负责拓展其在中国内地的业务。当时，内地白领阶层中的中层管理人员，月平均收入在1万元，而市场上比较受欢迎的"奢侈品"腕表是同属斯沃琪集团、均价在1万元以内的雷达（RADO）。对于宝珀这样一个平均单价超过10万元的高端手表品牌来说，想要在内地市场打开局面，

上图：瑞士汝拉山谷的维莱尔（Villeret）小镇，近三个世纪以前，宝珀就诞生在这里。照片摄于20世纪90年代初，当时，宝珀已经在世界范围内拥有了一批忠实用户。
下图：今天的宝珀大复杂制表工坊。制作一款复杂的机械腕表需要五到六周甚至更长的时间。从组装机芯开始，一步步为腕表加入从简单到复杂的各项功能，并进行细心调校。这是个漫长的过程，但制表师却甘之如饴："在宝珀我们很幸运，可以从最开始的主夹板做起，完整见证一件腕表作品的诞生。"

其艰难程度是显而易见的。

我请卢克勤先生给我一些时间来考虑，我需要对宝珀这个品牌以及这份工作进行必要的前期了解和市场调研。我打听到，北京的东方广场名表城有宝珀的柜台，我假扮成对高端腕表感兴趣的顾客，主动与营业员攀谈，了解品牌的基本信息和销售情况。我了解到，作为斯沃琪集团旗下的高级奢华腕表品牌，宝珀在内地知名度不高，常常一个月也难以卖出一只表。当然，彼时相同价位的高级腕表的销售情况基本上差不多。

我的推荐人——已在斯沃琪集团工作两年的好朋友汪久峰（因为英文名叫Jeff，所以大家都叫他"姐夫"）也为我提供了一些品牌的市场数据和内部评价，这些数据和评价皆证实了宝珀在中国内地尚在起步阶段，受知名度和影响力所限，销售乏力。我原本担心这些信息会打消我的工作积极性，没想到反而激发了我的好胜心——既然宝珀目前在内地市场的发展不如预期，岂不正说明我有很大的机会和空间做出一些成绩？

我欣然接受了卢克勤先生的offer，于三个月后正式入职，成为宝珀在中国内地的第一名员工。

我所加入的宝珀隶属于斯沃琪集团，斯沃琪集团创始人尼古拉斯·海耶克是瑞士钟表业的传奇人物，被尊称为"斯沃琪之父"。面对20世纪70年代末日本石英技术对钟表行业的冲击，尼古拉斯·海耶克带领瑞士钟表品牌走出了危机，重振了瑞士钟表制造业，被视为瑞士的民族英雄。他创建的斯沃琪集团是世界上知名的钟表集团，曾占据全球中高端钟表市场65%的份额。斯沃琪集团拥有包括斯沃琪、浪琴、欧米茄、宝珀、宝玑、海瑞温斯顿在内的17个腕表珠宝品牌。

我的恩师卢克勤

斯沃琪集团在瑞士地位崇高,曾被评为"瑞士受欢迎的企业"第二名——而第一名,是一家救援公司。

2001年5月,我时隔20年再次回到上海。这里和我童年记忆中的样子变化不大,街巷交错、市井洋腔,繁华中透露着冷淡和疏离。一个人的声音很容易被淹没,在这座城市里留不下一点痕迹。

我在舅舅家暂住了一段时间,一找到合适的房子便主动搬了出来。我在徐家汇附近租了间一居室,这间一居室面积不足20平方米,墙上糊着报纸,几乎可以用"家徒四壁"来形容。房间里仅有一张双人床、一个储物柜和一套简易桌椅——既能用来吃饭,也可用来临时办公。我不经常待在家里,狭小的室内空间让我感到逼仄和压抑,我更愿意一个人出去走走,哪怕只是在附近的商场漫无目的地闲逛,也可以是对零售业的观摩和学习。

多年以后，我才意识到，那几年对我来说一直萦绕不去的情绪叫作"孤独感"。从小被教育"男子汉要顶天立地"的我不想去正视这种感受，我一度认为这种感受是软弱和无能的表现，在一个30岁的男性身上出现是不适宜的。

我的办公地点在徐家汇美罗大厦——一栋26层高的综合性写字楼。在同一栋楼里办公的还有百胜、微软等跨国公司。当时，作为宝珀在中国内地的唯一员工，我没有一个专属的办公空间。而同一办公室里负责斯沃琪集团其他品牌的同事大多为上海本地人，他们在日常交流中习惯使用上海话。我明白他们并非有意排外，但对于长期居住在北京的我来说，这种语言环境确实让我感到有些格格不入。虽然我能听得懂上海话，但在当时的情形下，我仍然感到难以完全融入。

我从小在上海跟着外婆一家长大，听懂上海话并不是什么难事，但我那几年坚持用普通话跟人沟通。在潜意识里，我拒绝被上海这座城市同化。我甚至天真地以为，这段在上海的工作经历只是我职业生涯中的过渡，我从来不属于这里，早晚还是要回到北京的。

我在上海没什么朋友，下班之后无事可做，也无处可去，办公室便成了我最常待的地方。很难说是工作让我选择了孤独，还是孤独迫使我选择了工作——从结果上来看，这二者并无分别。工作让我感觉充实而踏实，让一个蹉跎数年的年轻人重新找到了方向。只有在工作的时候我才觉得自己是有价值的，而不是一个三十几岁背井离乡、独自一人在沪上闯荡、身无长物且居无定所、前途未卜同时后路未知的男青年。

后来，我因工作关系接触过不少毕业不久、对前途尚且迷茫的年轻人，他们同我当年一样：满怀一腔热血，却苦于无处施展拳脚；

空有一身抱负,却找不到确切的前进方向。我在他们身上看到了自己曾经的影子,那是每一代年轻人都会经历的、需要靠自己一个人挨过的"至暗时刻"。没有人陪你一起上路,没有人告诉你这条路会有多长,没有人知道前方的黑暗还要持续多久。只有迷雾被冲破的时刻,才是真正的黎明。

东北大哥的江湖

有人的地方就有江湖，早期的市场就像是江湖的缩影，每个人既是对手，也是伙伴。若想在充满变数的环境中立足，不仅要学会在合作中寻求共赢，更要懂得坚守诚信和承担责任。

在2001年我刚加入宝珀的时候，宝珀在中国内地只有八个柜台，除了北京和上海，三个在东北（分别在长春、大连、鞍山），三个在宁波、昆明和海口。这仅有的八个柜台，是在同一时期借助同属于斯沃琪集团的品牌欧米茄的影响力，让经销商配合新品牌的推广，才进入内地市场的。因为这层"非嫡亲"的关系，加上很长一段时间没有专人维护，经销商普遍对宝珀不重视，对待宝珀和欧米茄两个品牌工作人员的态度也不尽相同。

我在上班的第一天，便出差到北京办公室，碰巧遇到了外地经销商刘总和于总。我的朋友"姐夫"热情地为我引荐："这位是宝珀的新同事Jack，以后宝珀的事情就是他和你们对接了。"刘总略显遗憾地看着我说："哎呀，这个牌子我们不想做了。"刘总的表现对于当时刚入职的我来说，着实是个不小的打击。

我第一次去东北出差,是和比我早不到一年加入斯沃琪集团、彼时担任欧米茄销售代表①的杨骅一起去的。他应该算是我的师兄,因为当时我们都归卢克勤管,如今他已经是欧米茄中国区副总裁兼斯沃琪集团中国管理委员会成员。当年的他几乎和我一样,也是个"新兵蛋子",而我名片上的职位"客户经理",实际上就是销售代表。

宝珀当时在中国内地并无专人负责,我就职后的首要任务便是去各地拜访经销商,重新建立品牌与经销商的联系,以便今后独立开展工作。第一次去东北出差,杨骅带着我这个新人逐个城市去拜访经销商。那时欧米茄在内地市场的地位虽然不像今日这般如日中天,但也早已是各个经销商店铺里中流砥柱的代表。因此,同样是销售代表,杨兄的日子看起来要比我好过多了。在东北的那几天里,我们一起走访了各个渠道的经销商,他在任何公开的社交场合都被视若上宾,而当我被介绍给同一经销商的时候,我往往能够感受到对方在态度上的微妙差异。

我依然记得那次出差结束后,我和杨骅落地北京,坐在位于芍药居小区门口的烧烤摊位前,一边吃着烤串、喝着啤酒,一边畅想着、踌躇着、惆怅着各自的未来。我想,当时杨兄的脑中也许会想着如何应对经销商常说的一句话:"咋地,你们还想和雷达抢位置啊?"

20世纪90年代末至21世纪初,中国内地经济的快速发展催生了一大批新兴富裕阶层,他们对奢侈品有着旺盛的需求,但对奢侈品的了解却相对欠缺,往往将其视为身份和地位的象征。因此,当时的内地

---

① 负责批发这条线的岗位路径从低到高(本集团内)主要为销售代表—区域销售经理—大区销售经理—全国销售经理。负责零售这条线的岗位路径从低到高(本集团内)主要为零售直营店铺经理—城市零售经理—区域零售经理—全国零售经理。

奢侈品市场呈现出以下特点：新兴富裕阶层成为主力消费群体，他们的消费行为以炫耀性消费为主，并且较为盲目。

消费者对奢侈品的认知有所欠缺，消费能力普遍有限，使得国际一线品牌并未将中国内地市场作为其发展重点，这导致品牌在销售网络建设和市场投入上不足。

在当时的内地市场上，尽管欧米茄、浪琴、劳力士等品牌已经拥有一部分拥趸，但最为广大消费者所熟知的瑞士高级手表品牌是斯沃琪集团的雷达——它是一个从20世纪90年代开始在中国内地市场投放广告的国际钟表品牌。据我了解，由于广告效应，那段时间雷达的品牌影响力如日中天，经常占据着钟表店铺最核心的位置，特别是在东北地区。因此，当其他品牌希望能占据店铺更好的位置时，经销商大哥们就会脱口而出："咋地，你们还想和雷达抢位置啊？"

在我入行之初，奢侈品腕表对于大多数的中国人来说还是极小众且购买频率极低的消费品。即便是在市场上已有知名度的几个高级奢华品牌，每个月的平均销售量也不过是个位数，偶尔一两个月"吃蛋"（销售额为零）也毫不令人意外。作为新的入局者，宝珀的销售更是举步维艰。幸运的是，有一些经销商起到了重要作用。

在和卢克勤去沈阳出差期间，我有机会结识了沈阳大公名表中心的张总和嫂子刘姐。他们不但同意了欧米茄旗舰店的开店需求，还承诺我们当年就引进宝珀。

张总长得很帅，瘦瘦高高的。尽管张总平时看起来不苟言笑，可又总喜欢喝点儿，白的、红的、洋的，最后是啤的，喝开心了就喜欢问别人："你看我像谁？看出来没？我就是年轻时候的唐国强！"

张总和刘姐夫妻俩分工明确：张总负责维护身边的有钱客人，打理各种社会关系；刘姐则负责具体的业务、人事，以及日常和品牌的对接。在东北，夫妻店并不少见，并且大多经营得挺红火。在当时内地对奢侈品腕表普遍缺乏认知和消费力的情况下，张总和刘姐的仗义支持对宝珀在中国内地市场的开拓起到了至关重要的作用。

长春的许哥在第一次见面时就让我特别感动。听杨骅说，这位大哥在"表圈"，尤其是在各大品牌的高层中都有极大的影响力。因此在见面之前，我不免有些忐忑。许哥相貌堂堂，身形高大，下颌留着半尺长的长髯，如果再拿一把青龙偃月刀，真有点关公在世的意思。我们第一次见面的晚宴是在当地的高级粤菜馆北海湾举办的。饭后，许哥说："兄弟们一路辛苦，捏个脚吧。"我们跟随许哥去捏脚，当脱下袜子时，我尴尬地发现，不知啥时候袜子破了个小洞。没想到，这被细心的许哥看在了眼里。第二天见面时，许哥悄悄地塞给我两双袜子，我顿时几乎泪奔。

许哥的情商极高，无论是商场业主、工商税务人员还是品牌大佬，他都能交上朋友。在我看来，无论什么事情许哥都能搞定。奢侈品钟表业务最早在东三省布局，许哥是宝珀在内地较早的经销商之一。他除了将长春老店中的宝珀柜台改造成专卖店，还在后来的几年里，为宝珀在沈阳和哈尔滨开了两家专卖店。

鞍山的董哥，平头。微胖，个子不高，眼神犀利，不苟言笑。他如果认真看你一眼，就足以让你心里发毛。董哥领导能力极强，他的团队忠诚度高，干活拼命，执行力强，被我们称作"铁军"。他曾在闲聊时跟我说，他小时候不爱上学，很早就出来跑码头，做过副食品、香烟等生意。虽然董哥外表粗犷，但内心极为细致，他在业务上精于钻研，对团队管理、店铺运营的细节都极为关注。在一次聊天中，董哥从抽屉里拿出一本小册子给我看——居然是他亲手编写的"员工工作岗位守则"。看着册子上不太工整的字迹，我的眼眶竟有些湿润了。

董哥对宝珀的业务抓得非常细致，在他的努力下，鞍山慧通表店内的宝珀柜台于2004年拓展为专卖店。到了2007年，鞍山作为一个经济欠发达的三四线城市，竟然成了高级腕表销售量较高的城市之一。那一年，宝珀在鞍山共销售出8只价值在100万元以上的手表，这在业内被称为"鞍山奇迹"。

大连的刘总就是我第一次在北京办公室见到的经销商之一，虽然初次见面时他的话让我心有余悸，但是他后来的行动彻底打消了我的顾虑。刘总和太太邢总共同经营的钟表店是著名的夫妻店。在我接手宝珀之后，他们非但没有把宝珀赶出大连，而是在我们的共同努力下，让宝珀于2008年在大连开了第三家店铺。

刘总和邢总夫妇年轻有为，对新鲜事物的接受度很高，学习能力也很强。他们每年都会在大连举办钟表行业的春节晚宴，届时各大品牌的高层几乎全员到场，其热闹程度不亚于春节联欢晚会。大连曾是东三省内奢侈品，尤其是高级钟表最好的市场，当时很多东北的有钱人都会选择在大连购房和消费，因此各大高级钟表品牌对大连市场都极为重视。刘总和邢总夫妇无疑是大连市场上腕表经营者中的佼佼者，也是在大连市场帮助宝珀发展的先驱。

宝珀以及其他高级奢华腕表能在中国内地市场打开局面，要感谢东北的几位经销商大哥。作为"先富起来"的一批人，他们不仅有经济实力和决策魄力，在市场战略上独具眼光，他们的血脉里更是天生就有一股仗义之气——这是他们行走"江湖"的勋章。人们提起东北

1996年8月,宝珀制表艺术回顾展鞍山站,彼时"宝珀"在中国内地市场还被译作"勃浪帕爱"。

奢侈品的经销商时代

20世纪90年代末至21世纪初,中国内地的奢侈品市场还在刚刚起步的阶段,奢侈品腕表对于大多数中国人来说是极小众且低频的消费,宝珀以及其他奢侈腕表品牌能在中国内地市场扩大认知、打开局面,真的要感谢这些有情有义、务实经营的东北经销商大哥们。

上图：1996 年 8 月 31 日至 9 月 15 日，宝珀制表艺术回顾展鞍山站活动现场。为了宣传这场活动，"平头，微胖，不苟言笑"的董哥在当地的《鞍山日报》刊出半页广告，向公众介绍宝珀的制表历史，并放出"来现场观展就有机会获得一周境外旅游"的大奖诱惑。

下图：1998 年，董哥接待宝珀总裁斯蒂芬·欧科（Stephen Urquhart）。当年曾用并不工整的字迹手写"员工工作岗位守则"的董哥，终于在 2007 年率领他的铁军创造了"鞍山奇迹"，把一个经济欠发达的三四线城市，做成了内地高端腕表销售额较高的城市之一。

上图：2000 年，大连宝珀钟表展一角。
中图：2004 年 5 月，大连锦华钟表百年城店开业合影。在照片中站在我左右两侧的，便是我在北京办事处上班的第一天遇到的两位大连经销商，于总（左一）和刘总（左三）。照片中最右侧的是我当时的领导、宝珀中国内地及香港地区销售及市场经理潘锦基先生。
下图：2001 年，我和杨骅，闯东北的两个"新兵蛋子"。

第一部分　新手　17

上图：2002 年，在沈阳张总和刘姐夫妇的支持下，宝珀进驻沈阳大公名表中心。

中图：2023 年，"沈阳唐国强"张总（右一）与他的女儿（左一），我们一起在宝珀"五十噚"70 周年纪念庆典现场。

下图：2023 年，长春许哥（右）与我在宝珀"五十噚"70 周年纪念庆典现场。许哥颇有关公意味的半尺长髯至今仍在。

大哥，常带有一种"性格豪爽"的地域偏见。我从真实接触过的东北大哥们身上，不仅看到了豪爽的性格，更看到了粗中有细、洞幽察微的处世态度，这体现在与生意有关的各种细节上，也是我从他们身上学到的。

可以说，东北在当时为内地市场定下了基调。如果没有那几位东北大哥作为先行者，可能就不会有后面奢侈腕表品牌在内地的繁荣局面。

到了2007年年底，宝珀在东三省的店铺数量达到10家，这个数量约占全国总店铺数量的1/3；这10家店铺的销售额占比接近36%，与9家位于北京、上海两地的店铺销售额基本相当。那是东北奢侈品的黄金时期。

2014年前后，东北市场逐渐被崛起的南方市场，特别是长三角和珠三角地区的市场所超越。与此同时，东北的经销商大哥们也纷纷走出东北，开始将目光投向南方，寻找拓展业务的新机会。

许哥在保持东三省业务的同时，在广东进行了业务拓展。董哥的业务不仅覆盖了东三省，还拓展到了天津和广东。自称"沈阳唐国强"的张总，将业务延伸到了秦皇岛等地。大连的刘总则将业务版图拓展到了苏州、武汉、南京等城市。

这些来自东北的大哥是奢侈品腕表行业在中国内地市场发展的生力军，他们以特有的坚韧和开拓精神，在奢侈品腕表行业里持续深耕，一步步将东北人的热情与乐观发扬光大。

授人以渔

成为一名业绩出色的销售顾问或许并不难,真正难的是如何让团队中的每一位员工都具备成为一名专业销售顾问的能力和决心。

深入销售一线之后,我注意到大多数店铺都由一个销售顾问同时负责多个品牌的业务。这中间存在的问题首先是,销售顾问往往会更加专注于那些顾客已经较为熟悉的品牌;其次,在客流量大的时候,销售顾问难免会顾此失彼,难以照顾到每一位顾客和每一个品牌。对于像宝珀这样进入内地市场较晚的品牌,如果销售顾问不了解品牌文化和产品信息,无法将之正确传达给消费者,那么又怎能期待有良好的销售业绩呢?因此,我决定从销售顾问的培训着手,开始改进这一状况。

在此之前,宝珀并未建立起一套完整的培训体系和工作流程。实际上,当时在奢侈品牌中,为销售顾问提供培训的做法还不普遍。那时高级腕表品牌的销售业绩平平,大多数品牌没有配置专业的培训师,这可能是因为品牌方认为,在当时尚未成熟的市场环境下,即便将销售顾问培训得再好,也不一定能带来显著的效果。

要想做好培训工作,不仅需要掌握整个钟表行业的相关知识(如钟表行业的技术发展历程、主流品牌的历史和产品等），还要了解高级腕表市场的流行趋势和目标受众的喜好。另外，当面对那些更加资深的一线从业者提出的问题或疑惑时，要给出令人满意的解答。这对于我这样一个刚刚迈入奢侈品行业的新人来说，无疑是不小的挑战。

第一次培训的内容与品牌的历史文化及主要的产品有关，培训的对象是来自北京名表城的一支经验丰富的团队。为此，我前后准备了将近一个月的时间。终于轮到我上场，刚走上讲台，看着面前的PPT文档，我就开始紧张了，语速也越来越快，后来甚至气喘吁吁。整场培训大概进行了两小时，在这两小时内，我几乎不敢直视台下的人。我感觉我只是在一路程式化地念着PPT上的文字而已，没有重点，没有停顿，没有提问，也没有互动。我非常感激当时在场的二十几位北京名表城的员工，他们意识到了我的紧张，却没有人表现出烦躁，没有人提问，没有人交头接耳，也没有人打瞌睡，最过分的举动就是偶尔打打哈欠。

培训结束了，我如释重负。我当时的领导——来自香港的潘先生——特意鼓励我说："不错不错，很顺利！"即便如此，我也实在无法接受自己当天的表现。我暗暗告诉自己：今天发生的事绝不能有下一次。

我开始认真研究如何提升培训效果。在准备资料时，除了自己品牌的FAB（feature特点，advantage优势，benefit益处），我还研究了竞品的情况，以明确自身的优势和不足。我为自己设定了清晰的培训目标，确定了每场培训的关键信息，即需要让听众掌握的重点内容是什么，以及什么样的话术对于销售顾问而言简单明了、记忆深刻、使用方便。

一方面，我会传授一些"软技巧"。例如：如何打开话题？如何提问？如何消除客人的紧张感？如何挖掘客户需求？如何建立情感联结？如何恰如其分地赞美客人？什么是高级且得体的言谈举止？如何维系客户关系？另一方面，我也会教大家如何简明又准确地传达专业知识。例如：宝珀为什么被称为"天地良心珀"[①]？100小时长动力技术在宝珀的产品中非常普及，其好处是什么？宝珀为什么是"满分"[②]的"高级制表"品牌？如何将这一问题背后的专业知识表达清楚？宝珀从来不生产石英表的意义是什么？机械表复兴的意义又是什么？宝珀为什么要保持机芯和工艺全自产？让销售顾问能够以简洁、准确、逻辑清晰又亲切自然的方式将以上内容传达给客人，是我的目标。

在每次培训之前，我都会进行反复的预演，直到自己满意为止。在培训的过程中，我特别重视现场的互动和效果。对于重点内容，我会进行强调，在必要时甚至会重复，以确保学员熟练掌握。

随着经验的积累，我一次比一次自信，培训的方法也越来越多样。为了鼓励学员参与互动，我会在课堂上准备一些礼品，用礼品来奖励那些积极回答问题的学员。此外，我还设计制作了奖状和培训证书，并将其分别颁发给成绩表现优异的学员和所有通过考试的学员。现在回想起来，我依然能清晰记得学员拿到证书时喜悦而激动的表情。

2003年夏天，宝珀正式入驻了亨吉利世界名表中心（西安豪门

[①] "天地良心珀"是多年前一位"表友"对宝珀的称呼，后来流传开来。——编者注
[②] "满分"并非来自主观评价，而是一个基于客观的评分体系所得出的结果。一个品牌必须通过瑞士高级钟表基金会（Fondation de la Haute Horlogerie，FHH）的考核，才可以被冠上"高级制表"之名。也只有在涵盖七大专精领域（研发、生产与工艺专业技术，风格、设计与艺术专业技术，历史与传统特质，分销与售后服务，收藏家与鉴赏家、品牌形象与宣传、培训）的28项考评中都获得满分，才能被称为"满分"的"高级制表"品牌。具体可参照瑞士高级钟表基金会文化理事会成员以及日内瓦高级钟表大赏（GPHG）评委会成员丁之向的文章。具体链接如下：https://mp.weixin.qq.com/s/XR8CNy581K2LXzjL14XWMg。

店）。亨吉利世界名表中心（西安豪门店）在当时是内地面积较大、品牌集中度较高的门店之一，汇集了几乎所有的高级奢华腕表品牌。经过两年的不断学习、实践、总结和优化，我已经积累了一定的培训经验。每当有新店开业，我的培训课程也会在第一时间跟上。

记得那天天气很热，我下了飞机，提着两大捆准备发给店铺销售顾问的培训资料，风尘仆仆地走进亨吉利世界名表中心（西安豪门店）的大门。迎上来的店铺经理边爱萍（小边）和我并不认识，她热情地问候我："您是送快递的吧？"

培训进行了三天，每个班次差不多持续一天半。培训全程气氛热烈、互动精彩，西安的同事们热情奔放，培训效果出乎意料地好。第二天培训结束，小边压抑着兴奋，一路小跑到我身边，低声道："廖总，光今天一天就卖了三只！"我十分惊讶："你没逗我玩儿吧？"她看起来有十二分的认真："真的，三只，总价有四十多万元！"我内心的预期并不高，因为在那个年月，高级奢华腕表品牌一个月能卖出3只都要烧高香了。

第三天培训结束后，小边又跑了过来。这次她假装若无其事，轻描淡写地说："廖总，今天卖了4只。"我心里暗自惊叹：才两天就卖出7只表，总价值超过100万元，这简直太不可思议了。但我还是故作镇定地回应她："哦，真不错！"

夏晓春是店铺经理小边的领导，是一个典型的西北汉子。他全程亲自参加了培训，对我的培训方式赞许有加。晓春性格豪爽，是个"大喇叭"，他很快就把"宝珀两天在西安卖出了7只表"的英勇事迹在外面传开了。

这件事让各个品牌都开始对培训加以重视，这对提升高级奢华腕

2003年夏天，亨吉利世界名表中心（西安豪门店）培训结业合影。前排左三、坐在我身边的红衣姑娘就是当时的店铺经理小边。

表品牌赛道的培训专业度起到了促进作用。对我来说，这段经历是激励我不断学习、实践、总结和改进的动力，直至今日。

如今，我依然享受深入一线的过程，并热衷于亲自参与培训工作。通过对销售顾问的培训，我可以更加了解他们，从而了解在一线发生的事情。这种了解有助于我把握销售顾问在专业知识、行业发展、服务技巧等方面存在的培训需求。

随着宝珀在零售直营方面的发展，我们逐步增设了品牌培训部，聘请了培训经理，并要求培训经理直接向我汇报。除了以传统的讲课方式传授钟表基础知识、运营知识和服务规范，我更注重培养不同类型的店铺、不同类型的人才解决问题的能力，包括异议处理、沟通技巧、服务技能、创新思维，以及团队文化的建设。在不断尝试和实践的过程中，我们曾走过弯路，有过失误，但重要的是，我们一直在朝着正确的方向前进。

根据德国Marketing, Service&Management GmbH（MSM）集团推出的市场研究工具"神秘访客"2023年的统计，在针对重点城市的高级奢侈品消费人群进行的调查中，宝珀在参与统计的17个奢侈品牌中，"品牌声誉指数"（brand reputation index）排名第一。

培训的核心是培养生产力。培训不仅要让销售顾问了解令人感动的品牌故事和运营中的标准操作程序（SOP），更重要的是，要让他们能够专业、准确、简单明了地表达品牌文化的特殊性和核心价值，并传递品牌对消费者的关爱，维护消费者的情绪价值。真正优秀的销售人员，一定都具备一种独特的能力，即能够迅速建立与消费者之间的信任关系，抓住消费者的注意力，让品牌的特殊性和优质的服务体验快速进入消费者的心智。而培训工作的本质就是通过培训内容，让每一位销售顾问都能充分理解和掌握这些信息和技能，并以最有效的方式将品牌理念传达给每一位消费者。

我认为，奢侈品牌的培训主要集中在八个方面：品牌文化和历史、产品知识、沟通技巧、个人形象和仪态、行业知识和竞品知识、奢侈品零售运营管理知识、与奢侈品相关的精致生活方式、各种类型的奢侈品知识。优秀的培训师需要随时洞察市场环境的变化、趋势的变化、团队不同时期的需求变化，以此为基础随时调整培训课程和培训计划，做到能够为品牌的销售顾问随时提供解决问题的工具。面对不同层级的销售顾问，优秀的培训师还要做到梯队化的培养，并且要把培训内容与培训师的绩效挂钩。

培训不是说教，培训师传递信息的方式会影响销售顾问向外传递信息的方式。最终，我们需要销售顾问传递给消费者的是梦想、关爱和信心。

全方位沟通

向上不卑，向下不亢，保持一颗平等心。

我喜欢在一线和员工交流，这是我工作以来始终保持的习惯。这和我之前在快消行业的工作经验有关。与一线员工深入沟通可以使我获得很多一手信息。比如，他们告诉我，并不是每个顾客都有明确的品牌倾向，或者说这些顾客对自己的需求并不明确，在这种情况下，销售顾问对顾客的引导非常重要；再比如，顾客对手表的选择会集中在哪些细节上，他们需要品牌提供哪些服务和支持，哪些品牌做出了值得参考和借鉴的工作。这些信息对我来说是极为宝贵的，让我可以及时改进工作方法、提升效率。

过去的工作经历所带来的优势逐渐显现出来，我很快便和店里的工作人员打成一片。我经常在培训结束或营业结束后请店内员工们聚餐，除了感谢他们的支持，这么做也是为了与他们拉近关系，让他们在面对顾客时更愿意主动推荐我的品牌——对于一线销售人员来说，位于同一个价格区间的品牌的销售提成收益并无太大差别，而向消费者推荐哪个品牌往往取决于他们的主观意愿。

一个成熟的销售人员，应该善于和各个层面的人打交道。与基层员工的沟通让我对市场有了更深入的了解，然而关于店铺更多的信息和资源则来自中层管理者。经销商团队的店铺经理和区域销售经理是非常重要的关键人物，他们手中往往掌握着可分配的资源，比如奖金或业绩指标，可以命令员工针对哪些品牌进行重点销售布局。所以和中层管理人员沟通是极为重要的一环，也是我绝对不会忽视的一环。

经销商层面的终极一环当然是老板，有些销售人员只善于和基层及中层人员沟通，面对上层时则明显底气不足。碍于双方身份和地位悬殊，要想与之进行平等对话确实有一定的难度，但大部分老板还是很容易沟通的，只是需要找到一种建立沟通的方式。把品牌信息与信心积极地传递给高层，对于争取资源和支持来说是非常重要的。

我前面提到的几位东北大哥，他们大多发迹于民营企业野蛮生长的年代，拥有同款"人狠话不多"的江湖气质，行业地位很高。幸运的是，此前的工作经历极大地帮助了我，相对于鱼龙混杂的快消行业，奢侈品行业更注重规则，崇尚公平和诚信，高级腕表行业经销商的整体素质比我预期中的高出一大截，我可以仰仗过去积累的经验体面应对。这不是我个人的感受，与我有类似的烟酒行业从业经验的杨骅对此也深有同感。

除了经销商，那些开在商场、百货商城和大型购物中心里的店铺的员工还需要和他们所在商场的业主建立良好的长期合作关系。与业主沟通，争取必要的商城广告以及消费资源是沟通的重点，这不仅关乎店铺的位置与租金，还与品牌长期经营的影响力和口碑等无形资产密切相关。有些东西是无法量化的，每一家新店在入驻时，都必将在品牌形象、经营理念、服务水准等多个维度迎来大众的检视，人们会对你品头论足，会讨论哪个品牌的员工敬业，哪个人有办法、有能力、会做事、懂做人，哪个品牌的销量增长快，哪个品牌的服务质量高，等等。

这个圈子不大，消息的传播往往在一夜之间。一个品牌的口碑经营需要天长日久的坚持，而坍塌只需要一秒钟。一些钟表经销商也会通过小圈子内的口口相传，了解到各个品牌的市场表现情况，将口碑好的品牌储备为自己未来引进的目标对象。

开家新店真的很难

我虽然相信运气很重要,但是我认为,高光更多是无数汗水积累的结果。

从2001年年初到2003年年初,除了在沈阳开出了一家新店,我在其他城市一无所获。如何开出新店、调整老店,并使店铺符合品牌定位,从而建立起一个健康的销售网络,是我进入宝珀之后遇到的严峻挑战。

2001年,中国正式加入WTO,在经济上与世界接轨。当时的奢侈品市场显然无法同如今奢侈品市场的繁荣程度相比,很多国际高端品牌尚未在中国内地市场全面发力,大规模开店的品牌不多,特别是高级钟表品牌,基本上没有品牌零售直营店。彼时,各个高级钟表品牌的销售方式基本上采用的是品牌授权的经销商代理营销模式,即品牌授权经销商开设专柜或专卖店,产品由经销商买断,市场宣传推广活动等都由品牌负责。在那个以经销商为渠道主导的时代,高级奢侈品牌若想独立开设门店,将面临艰难的生存挑战。没有经销商的渠道支持和大力推广,品牌很难有效地拓展销售网络。在那段时间,高级奢侈品腕表品牌在销售网络中处于弱势，我们通常将那个时期称作"奢侈品的经销商时代"。

在2001—2003年，宝珀在内地开新店的计划频频受阻。首先，当时内地经营高端手表品牌的商场和专业钟表店数量有限，造成了品牌扩张的瓶颈。当时，内地市场的几大钟表经销商集团是新宇、亨吉利、英皇和名表城。英皇和名表城是港资钟表集团，经营的高级奢侈品牌多一些，且管理者大部分来自香港市场，经验也更加丰富。新宇、英皇、名表城三大集团的销售网络多集中在北京、上海等一线城市，如位于北京的王府井瑞士钟表专卖店（归属新宇）、赛特购物中心（归属英皇），位于上海的新宇上海钟表店、上海名表城（南京西路店）等，都是当时高级钟表品牌的经销商。即便对高级品牌的经销商而言，当时平均单价在10万元以上的腕表品牌也相对少见，代表品牌形象的专柜亦仅有一两节柜台。

同时，内地奢侈品消费市场还处于起步初期，消费者整体消费能力有限，使得商家在缺乏明确预期收益的情况下，普遍对增加投资持保守态度。尽管如此，依然有一些经销商具有远见，愿意冒险进入奢侈品领域，为未来的市场发展做准备。这些商家显然就是我要努力争取的重点对象。

在那段时间，我遍访了各大城市的经销商，以期在新的城市为品牌打开市场。

杭州大厦是华东地区较早涉足奢侈品领域的高端商场，其钟表品牌是由新宇经营的。杭州大厦管理层对于品牌的选择相当谨慎，只倾向于与那些在当地已有一定声誉的高级品牌合作。由于宝珀进入中国内地市场不久，几乎所有的经销商都认为宝珀的品牌力不够，而且没

在奢侈品的经销商时代，我们为了一点点打开中国内地市场做了很多努力。

上图：2003年10月，"蕴藏经典·宝珀传奇"哈尔滨专家论坛。

下图：2005年，我在"意韵经典·传奇百年"全国巡回展示会上发言。

有亮眼的销售数据作为背书。我还坚持要求宝珀开出的新店必须符合品牌的定位，这无疑增加了开店的难度。但是为了品牌的长期发展策略以及品牌在市场和消费者心目中的定位，我必须坚持定位原则。

最接近成功的一次，是与河南郑州的个体经销商老板翟伟伟的合作。我通过新宇的高层了解到，本地钟表经销商伟伟有意扩大业务，引进新的奢侈腕表品牌。我多次上门拜访伟伟，向他详细介绍了宝珀的品牌和产品。我注意到他听得非常认真和专注，他的眼神里虽然还有犹豫，但显然他已经对宝珀产生了兴趣，并有意进一步了解。经过多轮沟通，我几乎确信伟伟会开设宝珀专柜，然而他最终还是放弃了宝珀，选择了更为稳妥的品牌组合方案。虽然有些失望，但我完全能够理解他的决定，毕竟任何一个经营者都会考虑引入新品牌的风险。多年后，宝珀还是入驻了翟伟伟的钟表店，实现了双方合作的愿望。

在北京、上海两地，港资钟表集团英皇、名表城有着显著的优势。为了在这两个一线城市多开几家宝珀专卖店，我和这两家经销商接触得很频繁。潘Sir和王Sir两位老总是不需要我过多介绍品牌的，因为他们非常了解高端品牌，也非常了解宝珀。但在2001—2003年，宝珀和这两家港资钟表集团之间的合作进展不快，主要的原因还是在于，当时内地奢侈品市场不够成熟，大众对手表的普遍认知还停留在使用功能层面，对高端奢侈品牌所承载的价值认知不足。即使是专门从事钟表销售的商家，也无法充分预见高端腕表市场的前景，他们的谨慎和观望无可厚非。之后，从2004年到2007年，宝珀逐渐发力，在英皇和名表城两个集团经营的商场内开了9家店铺。

从2001年到2003年的这段时期正值市场经济转型的关键期，每个人都在"摸着石头过河"，探索和适应新的市场规则。在那几年与经销商的反复沟通和谈判当中，我见识到了市场竞争的激烈和残酷。也正是经销商们坦诚的态度和开放的胸怀，让我在一次次失败的教训中，不断总结经验，弥补短板，为以后的成功蓄力。我也深刻地认识到，只有品牌自身具备足够的影响力和竞争力，才能在激烈的市场竞争中掌握更大的主动权。

从加入宝珀的第一天起，我面对的就是这样一个起点较低、增速较为缓慢的市场，而这正是宝珀需要我，我也需要宝珀的原因之一。

为了打开局面、广积人脉，那几年我连续参加了兄弟品牌欧米茄的经销商大会，不放过任何一个向经销商推荐宝珀的机会。我努力向经销商介绍宝珀品牌的历史文化，见缝插针地展示宝珀产品工艺的独到之处，并介绍入职以来宝珀销量数据的增长、消费者认知的提升、未来几年的战略，等等，力图证明这个品牌在内地市场的发展潜力不容小觑。过去我常听到这样一句话：做销售的第一步，就是要把脸皮扔在地上。我不认为这句话是对销售人员带有贬义的描述，在我看来，这句话强调了销售工作所需要的态度——"不要脸"意味着不放弃，不会因一时的挫败而退缩，也不会因受困于眼前的阻碍而忘记了当初为什么要出发。只有把脸皮扔在地上，才能把机会捡起来。

钟表行业的从业者素质普遍较高。宝珀的品牌力在当时并不强，而我始终坚持立足品牌定位，争取一流位置。对此，经销商们即便疑惑不解，也绝不会生硬打脸。他们通常都会客客气气地表示："我们下次再考虑""等我们下次店铺改造的时候，再看看有没有机会"……事实上，这些都只是礼貌的推辞。

所谓"念念不忘，必有回响"。哪怕事情在当时没有得到回应，待时机成熟，机会也自然会到来。到了2004年，我的努力见到了成效。全国一下子增加了五家宝珀的店铺，新增店铺所在的城市有哈尔滨、西安、成都和天津。最重要的是，五家店铺在位置和品牌曝光上都较之前的店铺有了很大的提升，在品牌组合、店铺面积以及曝光力度上都基本符合宝珀的定位。

2005年，宜进利在上海新天地开了新店，这应该是中国内地较早开设的、三层楼高、带有会所服务，并集中了高级腕表品牌的专业表店。我想为宝珀在店里争取一个一层的黄金位置。宜进利上海的负责人是来自香港的郭建光先生，他之前在香港名表城工作时就已经和我相识。当我提出申请时，他礼貌地拒绝了我，并表示如果宝珀愿意接受二层的位置，他可以考虑合作。我婉拒了这个提议，郭先生当下答应我，如果未来一层有合适的位置，他会优先考虑宝珀。尽管遭到了拒绝，我却把他的话放在了心上，更加勤勉地与他保持联系、持续沟通，并及时向他汇报宝珀的业绩以及市场工作的进展。

两年后，该店重新调整布局，郭建光没有食言，他将门口最显眼的位置留给了宝珀。后来，我在工作中偶遇宜进利的培训经理邹女士，她主动和我提起这件往事："当时有很多品牌在竞争那个位置，我曾经问我的老板郭先生，为什么把这么好的位置给了宝珀。郭先生说，'我看重的是Jack这个人，他是一个做实事的人'。"她向我复述郭建光的原话，"他很努力，也很懂得把握时机。我相信Jack能把宝珀这个品牌做好。"

我虽然相信运气很重要，但是我认为，高光更多是无数汗水积累的结果。

在21世纪之初，相比北方，尤其是东北地区，想在经济发达的华东和其他南方地区开设高级腕表店要困难得多。这主要是因为南方的商人更加注重投资的实际回报，通俗一点的说法就是——"更看重眼前的利益"。他们只有在品牌充分投入、品牌力足够强大、消费者已经有一定品牌认可度的情况下，才会考虑出手。因此，对于那些在早期便支持宝珀和其他高级腕表品牌的南方经销商，我都非常感恩。

2005年，位于成都的亨得利改造升级，宝珀首次将店开到了巴蜀大地，这是品牌布局西南地区的重要一步。这家亨得利是一家拥有将近百年历史的专业钟表老店，位于有"成都王府井"之称的春熙路商业街。自1924年春熙路开通以来，亨得利就在此营业。百年间，这家亨得利见证了钟表产业的发展与潮流的变迁，参与了现代商业文明的发展进程。斯沃琪集团旗下的欧米茄、浪琴、雷达等多个钟表品牌的销售额都在西南地区位居前列。在此之前，我们经历了一年多的筹备，从谈判到选址，从装修到开业，其间反反复复的拉锯自不必说。而且，店铺开张并不是万事大吉，如何经营管理才是难题。

亨得利最初并不是民营的，一些老员工从前端惯了铁饭碗，难以适应市场化的竞争。不少员工年龄较大，自我学习的意识和能力不够。邹总作为这家百年老店的东家也意识到了这个问题。我向邹总建议，招聘一批年轻员工，作为宝珀新增业务的补充力量。邹总接受了我的提议，并要求由我来进行统一培训，无论是新品牌还是新员工都要用业绩来说话。我应了下来，从教材编撰、现场授课、模拟演示、话术指导乃至现场监督，我全程亲力亲为，事无巨细。虽然在劳动合同上没有写明这家店的员工与宝珀有直接雇佣关系，但我把他们当成了宝珀的员工来培养。这家店为宝珀之后的零售直营店输送了不少人才。

2005年开业的宝珀成都亨得利店

一天晚上,我接到亨得利副总经理余总的电话——我们俩经常进行电话沟通,但大多是在白天的工作时间。电话刚一接通,我就有种不错的预感,而他却还在绕弯子:"我找你有点事。"

我在电话这边问:"是好事还是坏事?"

没想到我这么直接,对方也不卖关子了:"我们店今天卖出了一只售价18.7万元的金表,还有一只售价11万元的钢表。"此时,距离宝珀成都亨得利店正式营业还不足10天。这一消息令我惊喜不已,当下便约上当时宝珀的另外两位员工Elaine和Suki,以及同样是一个人在上海的雅克德罗(Jaquet Droz)品牌的陆总在楼下的居酒屋畅饮,庆祝宝珀在成都的开门红。

没有比商品成交更令人振奋的消息了，首单很快开出的消息令员工士气大涨，良性的竞争和对品牌的信心在店内蔓延开来。从月中开业到当月结束，宝珀成都店共卖出五只手表，销售总额达到八十多万元。第一个月的成绩还是令人满意的。

宝珀在2004年之后的几年里表现良好，销量持续增长，品牌热度不断提高，这给了经销商信心，让经销商愿意把更多的资源投入到宝珀的店铺管理和品牌建设上，如此一来便形成了正向循环。宝珀终于摆脱了进入市场晚、起步速度慢的先天劣势，逐步向在中国内地市场具有影响力的国际一线品牌迈进。

功夫不负有心人，在我孜孜不倦的努力之下，宝珀的经销商店铺数量在2004—2005年实现了显著增长。到了2005年年底，店铺数量较2001年年初翻了一番，达到了16家，宝珀在内地的销售版图也从东北、华北、华东一带拓展到了西北（西安）、西南（成都）、华南（深圳）等地。截至2006年年底，宝珀在内地的店铺数量已增至27家，其中仅英皇和名表城两大集团就在北京、上海两地开出了7家店铺。这标志着宝珀的销售网络已经初步形成了。

和不少人一样，我在回首往事时常常发出感慨，用"如果当时……那么也许……"的句式来讲述自己的经历：如果当时没有好朋友"姐夫"的推荐，如果我没有在事业低谷期有幸结识卢克勤先生，那么也许我与宝珀数十年的缘分就不会被开启；如果当时我错过了任何一个让品牌发展壮大的机会——无论是调整位置，还是开设新店、升级店面、扩大规模，等等，那么也许宝珀的今天都会不尽如人意。

回头来看，过去的每一步似乎都体现了某种注定的机缘，而当下的每一步又都如履薄冰。时代的车轮滚滚向前，稍不留神就会落后至队尾，被无数的后来者赶超和碾压。在竞争激烈的商业丛林里拼杀，每一次选择都意味着未知的机遇和风险，哪怕只是错过一班船，也很可能与整个时代擦肩而过。我没有全知视角，无论是今日还是当初，为了保证不错过每一个时间窗口，我能做的就只有不停地全速奔跑。

学会说 no

"你确定要拒绝吗?"领导的语气在电话里听起来十分严肃。

"是的,我仍然坚持最初的选择。"

从2003年到2005年,中国经济迎来了高速发展,GDP每年的增长率都突破了10%;同一时期,中国的中产阶级和富裕人群迅速壮大。随着经济的繁荣和人民生活水平的提升,消费者对高端消费品的关注也日益增加,这为奢侈品牌提供了更多开店和扩张的机会。在这个过程中,高级时尚品牌和高级珠宝腕表市场开始变得活跃。

进入2005年后,内地高端手表市场发展势头迅猛,新的商机不断涌现。与前些年新店难开相比,新时期面临的挑战是机会太多,这反倒让品牌一时间陷入了选择困难。

高级腕表行业的竞争是激烈的。在项目和区域拓展上,经销商、品牌乃至集团之间都存在着一定程度上的竞争。品牌在支持或放弃某些项目时,其决策背后往往涉及市场定位、店铺分布、形象露出、资源分配、品牌组合等多方面的因素。当各种机会开始涌现,如何分辨机会并坚持品牌定位,不向短期利益妥协,对于操盘手来说是严峻的考验。对于奢侈品牌而言，控制店铺数量、保证产品质量、坚守品牌定位以及制定合理的开店策略，成为确保品牌持续健康发展的关键。

面对机会说no，往往需要巨大的勇气，更会遭遇重重挑战。因为压力不仅来自外部环境，有时也来源于内部。

2006年，在一次会议上，我的领导宣布斯沃琪集团已经与银泰集团达成了合作，要求旗下高端品牌全力支持，在即将开业的王府井银泰百货设立专柜。王府井作为北京的核心商圈，汇聚了众多大型商场和高端品牌。当时宝珀的专柜位于王府井大街的北京APM购物中心，由名表城经营。名表城与银泰百货隔街相望，二者相距不足10米。在这样近的距离内开设同一个高级腕表品牌的两家店铺，两支不同经销商团队的竞争势必会带来不必要的损耗，对品牌口碑造成负面影响。

面对这一情况，我在会上明确表示宝珀无法支持。领导对此感到意外，强调这是斯沃琪集团的决定，并给了我五分钟时间让我重新考虑。在巨大的压力下，我依然坚定地说了no。在那天的会议之后，领导再次致电，试图说服我，我在电话里跟他耐心解释了宝珀的品牌定位、开店原则以及盲目扩张带来的潜在风险。最终我成功说服了领导，守住了自己的立场。

在领导面前坚持立场很不容易，尤其是在品牌力不够强大、需要集团扶持的阶段。我深知斯沃琪集团的整体战略是合理的，但对于处在品牌发展初期的宝珀而言，做每一个选择都要慎之又慎，确保品牌的发展方向符合品牌战略。

集团的决定通常不容反驳，在博弈的过程中，要采取适当的方法，而且不能保证每一次都有效。事实上，在宝珀积极进行市场拓展的几年里，我在重大问题的决策上几乎从未有过妥协。

金融街曾被划为北京的重点商业区，吸引了多家高端商场的入驻。在西二环附近的一家新商场筹备开业时，经销商为包括斯沃琪、欧米茄、宝珀在内的品牌预留了位置，希望品牌予以支持。我对该区域的情况比较熟悉，认为高级奢侈品牌在这个区域的市场前景并不乐观，且对方规划给宝珀的位置也不理想，于是便婉拒了这一次合作。尽管我的领导两次致电，试图说服我，还给我下达了"最后通牒"，而且经销商也提出了更有说服力的理由和更加优厚的商务条件，但我仍然坚持自己的决定，没有加入这个新项目。

几年后，该区域再次面临市场变动，很多高级钟表品牌纷纷被迫搬家。我为自己当初的坚持和勇气感到庆幸，也感激被我多次顶撞的领导，哪怕我总是扮演直言不讳的角色，他们也从未利用职权对我施压或强迫我做事。他们始终从品牌发展的大局出发，给予我宽容和理解。我们双方都清楚，当下每一个决策都是为了品牌的长期发展，而非个人私利或短期收益，这种共同的价值导向是我们能够长期共事的基础。

我在坚持品牌发展战略的同时，在与各方的周旋中，逐渐习得了更为灵活和圆融的沟通之道。在宝珀进驻深圳罗湖万象城的过程中，即使对经销商一开始划定给宝珀的位置很不满意，我也并没有拒绝经销商和我的直接领导，而是在与经销商的后续沟通中，不断强调品牌定位的重要性。不断走向成熟的宝珀需要通过准确的品牌组合、更好的位置来提升大众对品牌的认知，这是我的核心诉求。沟通的细节无须赘述，无论面对何种压力，我都始终保持着礼貌和耐心，并对自己的需求寸步不让。而最终，经销商帮我争取到了满意的店铺位置。

坦白讲，每当回忆起当初据理力争的场景，我都会因自己能够遇

在我礼貌耐心又寸步不让的沟通之下，2005年，宝珀终于在深圳罗湖万象城内争取到合适的店铺位置。2023年，我们将店面移到了临街的位置，并做了升级改造。店铺的位置、形象、周边的品牌组合共同构成了品牌给消费者的第一印象，因此无论渠道拓展难易与否，店铺的位置与形象都必须被谨慎对待。

到非常包容并且坚持业务导向的领导与合作伙伴而感慨万千。在我自己成为领导之后，这种感恩之情尤其强烈。与此同时，我亦不忘时时反思和警醒自己——今时今日，是否依然有勇气说no。

  在很长一段时间里，我经常面临这样的质疑："你了解自己的品牌是什么情况吗？" 这种质疑往往隐含着一种轻视，似乎在质疑宝珀不能与其他高级奢侈品牌相提并论。面对这样的质疑，我总是坚定地回应："宝珀毫无疑问是高端奢侈腕表品牌之一。基于品牌的定位和发展战略，宝珀会为其合作伙伴提供全力支持。我也相信宝珀未来的市场表现一定会证明，它值得你们的每一分投入。"

从销售代表到品牌副总裁

角色的转变不仅意味着工作内容的更新和业务范围的拓展,更关键的是,这代表着我的职业生涯即将迈入一个新的阶段,背后是更大的责任和更高的挑战。

我担任销售代表时的主要工作是销售渠道拓展、内部培训、经销商渠道管理、售后服务,在完成销售任务的同时,我还要承担市场推广的工作。但面对市场推广工作,我是完全没有经验的。

在2006年之前,内地市场属于斯沃琪集团在香港的团队所管理的区域。香港团队每年都会根据品牌前一年的销售情况和市场的总体预期为我们确立新一年的市场预算和销售考核指标。内地市场的推广预算一直是由香港团队分配的,这些预算能够支撑品牌做一些媒体广告和推广活动。而针对销售考核指标,香港团队通常会在前一年的基础上,根据市场增长情况做预判,制定一定比例的销量增幅——在那段时间,增长幅度通常为10%~30%。

当时的宝珀在内地市场尚且处于起步阶段,市场基数较小,完成销售考核指标并不是一件太困难的事情。而我也没有将完成考核指标作为唯一的工作目标——当品牌的根基不够稳固时，盲目地追求销量增长没有任何意义。如何让宝珀在坚定品牌定位及长期发展战略的同时，建立高质量的销售网络，实施符合品牌调性的市场推广，让品牌进入消费者心智并使其产生正确的认知，进而在市场上占有一席之地，才是我真正关心和在意的问题。

我渐渐发现，如果只用销售代表的标准去衡量自己的能力是不全面的。在完成销售业绩之外，我还要兼顾品牌的推广工作，这是我以当时的经验和知识储备完全不足以应对的挑战。好在近水楼台先得月，在那段时间里，我在上海办公室的工位和欧米茄同事的工位在一起，我经常和欧米茄的同事一起工作，有很多机会参与他们的品牌活动。欧米茄承办大型活动需要人手，我有时会自告奋勇、主动帮忙，如此便可以在工作过程中获得一些环节的实际操作经验，这远比通过出席和围观活动获得的间接经验更有价值。

2002年9月，欧米茄品牌大使、俄罗斯网球运动员安娜·库尔尼科娃来上海参加欧米茄星座系列的庆典活动，欧米茄邀请了四百多位来自世界各地的媒体和嘉宾到场，活动持续了三天。我和欧米茄的一位制表师蒋青（巧合的是，他也叫Jack）被要求负责安排车辆的工作。那是我第一次参与规模如此盛大的活动，除了激动，我最担心的就是现场出岔子。我们俩提前统计了所有车辆信息，根据不同来宾的身份匹配对应的车辆，按照活动流程和人员到场顺序拟定接送排班表。此外，我们还充分考虑了当天的交通状况和任何会造成活动时间延误的可能——我们必须对现场有人迟到或早退等突发的情况制订预案。事后我问卢克勤："你当时是怎么想的，竟然让我和一个制表师承担如此复杂和重要的工作？"卢克勤看着我不说话，只是意味深长地笑笑。我心里明白，他想试试我的潜力。卢克勤是我的恩师，也是我见过的极少的能够一眼看穿生意本质的人。

必须承认，这项工作的复杂程度远远超出了我的想象。我们负责的不仅是四百多辆豪华汽车的精确调度，还需协调媒体、经销商、贵宾以及VIP消费者等数百位重要的嘉宾。在筹备过程中，虽然我们已经制订了详尽的应急预案，但在实际操作中，我们仍然遭遇了诸多意料之外的难题。

第一天活动准备工作结束后，因为连续两天工作至凌晨三四点，我和蒋师傅几乎达到了体能极限。蒋师傅和我一样，没有在如此大的市场活动中负责某个环节的经验，我们做得非常痛苦，甚至连搞个完整的调度表格都显得异常艰难。在活动前三天的准备中，我们两个"臭皮匠"虽然痛苦，但是勤勤恳恳，没有选择"躺平"或是干脆糊弄糊弄算了。可在活动的前一天，我发现蒋师傅出现在办公室时头发都是立起来的，他一来就跟我说："不行了，我要辞职了！"在这种关键时刻，我知道一旦他选择离开，我一个人肯定无法完成这项工作量极大和严谨度极强的工作。车辆组织安排工作虽然不是前台出彩的活儿，但是一旦出现问题，就将造成不可估量的后果。尽管我自己当时已接近崩溃，也只能尽量耐心地安抚他，稳定他的情绪，确保他能够继续参与接下来的工作。

庆幸的是，在我的"花言巧语"下，蒋师傅的心情渐渐好起来了，他没有选择中途撂挑子。我们这对难兄难弟最终顺利地完成了现场车辆调度的工作，虽然过程中焦头烂额、鸡飞狗跳，还出现了几次人员分配不均、车辆资源浪费的情况——比如有时候一辆大巴车上只有一位乘客，而有些大巴车却被塞得满满当当——但好在现场的每一位嘉宾最终都被车辆安全准时地送达。

这件事让我意识到，大型活动的现场是瞬息万变的。无论计划得多么完美，现场都可能会出现意外或者突发事件。此后，每逢欧米茄承办大型活动，我都会积极地参与其中，并尽量多地承担各个环节的不同任务。一些由媒体组织的活动我也前去参与观摩。有时候，我会将废弃在打印机旁边的有瑕疵的文件，比如活动流程表、物料清单、责任清单等文件收集起来，慢慢学习和研究。遇到不懂的地方，我就向更有经验的市场部的同事请教，每一个流程、每一处细节，不厌其烦，好在欧米茄当时的市场部经理邱洁是一个非常有耐心的老师。正是在这段时间内一点一滴的积累，为我此后独立操盘宝珀奠定了基础。

我的幸运在于，我在宝珀进入中国内地市场之初就加入了这个品牌，受益于品牌提供的发展平台，我得以从一名普通的销售代表起步，经历了品牌的整个拓展与推广过程。我不仅参与了品牌战略制定，也具体执行了销售、培训、网络建立、市场推广的每一个细节，亲身参与了每一个关键节点。之后，我还有幸负责了品牌零售直营店的拓展与运营管理，这些工作让我不断地学习、实践、总结和反思。在奢侈品行业中，也许只有少数幸运儿如我一般，可以得到这样难得的机会，与品牌共同成长，与飞速变化的时代和市场共同成长。当时的我不甘心永远做一个被动的执行者，但我认真对待每一个细节，以确保我的能力可以完成从量变到质变的过程。我确信我有能力让品牌不断迈向更高的台阶，而我眼下所做的一切，都在为那一天的到来做准备。

从小，我的父亲便告诉我要居安思危，这几乎成了我下意识的自觉。当我顺风奔跑的时候，我一定会拼尽全力。因为只有这样，在风停的那一天，惯性才能让我持续前进。

奢侈品行业人才法则

在品牌进入某个市场的初期,"人"是品牌发展的关键要素。这里的"人",指的就是负责经销商渠道拓展与管理的人员。加入宝珀的前三年,我在内地市场的主要工作就是经销商渠道的拓展与管理。从自身的实际经历和后来管理渠道的经验来看,我认为经销商渠道的拓展与管理者应该具备以下能力。

<u>1</u> 具备丰富的品牌知识和行业知识,能够让经销商团队正确认知品牌的发展历史、核心文化以及产品特点。

<u>2</u> 必须始终坚持品牌定位。从品牌定位出发,对品牌店铺所处的位置、面积大小、朝向提出明确要求,并争取使之达到最佳。有可能的话,随时推动店铺形象的升级。始终坚持品牌定位并不是一件容易的事情,既要在开拓时坚持使店铺选址"配得上"品牌定位,也要在快速发展期"守得住"品牌定位,不盲目扩张。

<u>3</u> 具备销售能力和结果导向思维。能够准确把握市场需求,推动销售,提升品牌在当地的市场份额。

<u>4</u> 具备服务经销商的意识。能够为经销商提供产品培训,包括如何管理库存、制订发货计划,等等。能够就售后服务、当地的市场活动、店铺内陈列道具的更新等相关业务,随时向经销商提供反馈和解决方

案，让经销商对品牌的渠道管理者建立起信心。

<u>5</u> 具备优秀的沟通能力和协调能力。要实现经销商店铺数量的拓展和产品销量的提升，我认为关键点在于打通几个主要的沟通环节：经销商的基层员工、店铺经理、经销商本人。经销商的基层员工即各个店铺内的销售顾问，与他们的充分沟通可以让销售顾问足够了解品牌，在给顾客介绍时能够更加自信。同时，在经销商店铺内，可能存在一个销售顾问兼顾多个品牌的情况，此时若与销售顾问有良好的关系，他们会更乐于主推你的品牌。其次，经销商的店铺经理手中握有一定的权力，包括奖金、销售指标的分配，以及调配员工的权力。与店铺经理的有效沟通，可以获得资源上的优势。最后，与经销商本人充分沟通，争取到经销商对品牌的重视尤为重要。这有利于经销商给品牌更多的资源支持，比如在商场改造或者扩大店铺时给予优先考虑，保证进货补货的顺畅以及充足的库存等。我甚至看到一个优秀的区域销售经理和经销商的财务主管建立了良好的关系，以保证经销商对自家品牌及时投放资金。

协调能力指的是，身为品牌的经销商拓展与管理人员，应当积极协调品牌方与经销商、不同经销商之间，以及供应商之间的各种合作关系和业务关系。比如，当同一座城市的经销商出现争相打折、恶意竞争的情况时，应该处理和协调经销商之间的关系，使其关系不至于影响品牌的良好声誉。

_6_　具备敏锐的市场信息收集能力，包括掌握竞争品牌的市场动向（比如销售情况、活动计划、市场份额），了解商场计划（比如商场的改造计划、对新品牌的引进计划、对现有品牌的重组计划），等等，以避免在竞争中失去优势。

_7_　具备零售运营管理知识。现今的经销商渠道拓展与管理人员应该学习品牌零售直营店的运营管理方法，能够看懂并分析零售运营管理中的各项关键数据，包括客流量、成交量、潜在顾客量、复购率，等等，而不是只会监测库存和预判补货量。在此基础之上，还要能够发现经销商店铺的管理问题，提供解决方案，并能够参与管理。也就是说，把一位合格的经销商渠道拓展与管理人员放在店里，他可以像店铺经理一样工作。

_8_　具备文化素养与审美品位。渠道拓展与管理人员的自我形象与行为规范要符合品牌的要求，他必须能够理解品牌的文化内涵以及审美价值，能够敏锐地发现经销商店铺在店铺形象、员工形象、产品陈列等方面不符合品牌要求的方方面面，及时给予指导和调整。

从 2001 年算起，我已经在奢侈品行业工作了二十多个年头。对于奢侈品行业需要怎样的顶尖人才，我也形成了一些自己的看法，我在此将之概括为以下几点。

1 高度的专业素养

奢侈品行业是一个高度专业化的行业,对从业者的专业素养要求很高,从业者只有具备扎实的专业知识和技能,才能胜任工作。专业素养包括:(1)对行业的深刻了解;(2)对品牌的发展历史、文化内涵、主要产品、市场定位、销售时的沟通语言有深刻理解;(3)敏锐的时尚嗅觉和较好的审美品位;(4)强大的品牌意识以及营销能力。

2 服务意识

服务是奢侈品价值的重要组成部分。奢侈品牌非常重视客户服务,这要求从业者需要具备发自内心的服务意识和细致入微的服务技能,包括如何在销售过程中服务顾客、如何在售后服务过程中接待顾客、如何处理顾客投诉,等等。

3 文化认同

奢侈品牌往往具有独特的文化内涵,从业者需要认同品牌的文化和价值观。只有如此,才能更好地理解品牌的理念,并将其传递给顾客。

4 国际视野和跨文化交流的能力

奢侈品行业是一个全球化的行业,因此,具备国际视野尤为重要。这包括了解不同国家和地区的文化、市场和消费者需求,并且可以把品牌文化与当地市场结合起来,避免文化冲突。

5 团队合作能力

奢侈品行业强调团队合作的重要性,特别是在零售直营团队中,主销和辅销之间的配合是成功的关键。因此，从业者需要具备良好的团队合作精神。这包括与同事有效沟通、协作、共同完成目标等方面。

6 适应与学习能力

当下的奢侈品行业是一个不断变化、快速发展的行业，因此从业者需要具备良好的适应能力和学习能力。要能够快速适应新的市场环境、新的工作要求和新的挑战，在面对变化的同时，找出应对的战略和方法，保证品牌随时调整方向，始终走在正确的道路上。同时，从业者要能够快速学习新知识、新技能，具备不断学习、实践、总结和复盘的能力。

7 抗压能力

快速变化意味着竞争激烈，意味着从业者的工作要细致入微，因此奢侈品行业的工作压力相对而言是比较大的，良好的抗压能力就成了从业者必备的职业素养之一。从业者要能够在高强度的工作环境下保持良好的工作状态，有效应对工作带来的压力和挑战。

8 沟通能力

奢侈品行业需要与来自不同国家和地区的顾客沟通，因此员工需要具备良好的沟通能力。这包括口头表达能力、书面表达能力和跨文化沟通能力等方面。如果是领导者，还要有上下沟通、内外协调的能力。与行业内不同领域的从业者进行充分沟通的能力，能为品牌的运营和发展带来更多的资源，帮助品牌营造良好的发展环境。

<u>9</u> 领导能力

除了具备以上的专业素养，在领导岗位的从业者还需要具备一定的领导能力。我所谓的"领导能力"，主要是指能够带领团队完成目标，并激励团队成员不断进步的能力。

总之，奢侈品行业对人才的要求是全面的、综合的。批发、零售、市场、培训、售后、电商，每个岗位都极为专业。一位奢侈品行业的顶尖领导人才，不应该被笼罩在强大的奢侈品牌的光环下，仅仅具备其中某一方面的经验或者能力，也不应该只享受品牌的光环。只有具备全面的素质和能力，真正深入了解各个业务环节的人才，才能带领品牌实现长期的战略目标，并在奢侈品行业取得成功。

零部件的微观世界

Part Two

第二部分　团队

如果问我在宝珀工作的二十几年里最大的收获是什么,那毫无疑问是结识了我的老板海耶克先生,以及与我并肩作战的团队伙伴们。

一个品牌的核心价值在于其背后的人——创立者奠定了品牌的形象,一代代的经营者塑造着品牌的精神和气质。宝珀作为创始于1735年的瑞士腕表品牌,经过近300年的历史更迭,在时代的变化中发展壮大,产品线不断拓展,品牌力持续提升,品牌文化日益丰富和多元,都与其传承者一贯坚持并不断创新的理念密不可分。正是人的参与,为品牌注入源源不绝的创造力和生命力,使得这一古老的腕表品牌能够持续焕发光彩与活力。

有了新战友

管理学本质上是一门关于人的学问,管理正是对人的管理。在团队管理和品牌运营管理的实践中,无论是激发团队成员的潜能,还是塑造品牌的文化形象,都离不开对人性的深刻洞悉和精准把握。

宝珀在内地市场的业务不断发展壮大,习惯单打独斗的我逐渐感到分身乏术——是时候为品牌补充新鲜血液了。经过与斯沃琪集团香港团队的充分协商,我们决定为上海办事处增设一个助理职位。

2003年,Elaine成了宝珀在中国内地的第二名员工。Elaine是个上海女孩,毕业于复旦大学,在联合利华有过一年的工作经历。我对她的第一印象很好,面试后希望她尽快入职,加入团队,协助我开展工作。

对我交代的内容,Elaine照单全收,快速处理并及时反馈,工作态度积极主动,没有半点娇气。入职的第一天晚上,她和我一同加班到超过21点,之后的工作强度也时常如此,她对此没有一句抱怨,工作非常投入。

我对Elaine的印象逐渐清晰:她很聪明,学习能力极强,对业务上手很快,效率也很高,她很擅长与人交流,做事很有逻辑性和计划性，在工作推进上有条不紊……她很快就成了我工作中的好帮手。经过一段时间的接触，我发现她性格爽快，有话直说，沟通能力很强，也善于表达自己的想法。在处理案头工作之余，我开始频繁带她去店里熟悉业务。

然而，对于一个毕业不久的新人来说，与经销商的沟通和对经销商进行管理是个很大的挑战，特别是当她面对所谓的"江湖大哥们"时。在实际工作中，想要在保持个人素质的同时，适应更接地气的"江湖文化"，与"大哥们"打成一片，她需要被正确引导，需要我的言传身教。

"大哥们"看上去难以接近，可这种看似高冷的姿态实际上是"大哥们"在筛选那些情商低、言谈举止不得体的人。客户关系维护的核心在于，你所表达的观念和所做的事情能取得客户的认同。推杯换盏的过程也是双方在深入了解彼此的过程。在此过程中，你完全有机会把握好分寸，得体地将品牌的理念、深思熟虑的战略战术，以及具体的工作进展传达给"大哥们"，从而获得他们的认同。

我和Elaine并肩工作了两年，Elaine的成长速度很快，她帮我分担了不少事务性工作，在往来客户当中有口皆碑，很快就可以在一些工作上独当一面，是我必不可少的战友和伙伴。我认为她继续担任助理无助于个人提升，于是将她提拔为销售代表，协助经销商店铺的销售和管理工作。随着品牌队伍的不断壮大，Elaine后来成长为品牌的全国销售经理。Elaine在成为团队领导之后，其出色的工作逻辑、优秀的沟通能力等优点得到了更充分的展现。在Elaine晋升之后，我对她的关注重点也发生了变化，开始关注其领导力的提升以及在工作逻辑之外的创造力的培养。自2020年年底，Elaine开始担任斯沃琪集团另一个高级腕表品牌宝玑（Breguet）中国区副总裁。

2005年，一位新员工Suki接替了Elaine承担助理工作。Suki来自北京，大学毕业后加入欧米茄团队，一年之后转入宝珀。她和Elaine的工作风格略有不同，Suki目标感强，执行力满分，做事认真负责，不怕吃苦。无论项目是大是小，她都会从过程中的每一个细节入手，了解方案、物料材质、搭建方式，通过弄懂每一个细节去了解陌生环节。虽然Suki在逻辑性、计划性和战略思维能力上略具逊色，但她在对细节的把控上，体现了极高的自我要求。虽然她做事经验不足，但我鼓励她不懂就问，不会就做。

在担任品牌期间，Suki多次在审美和创意上展现出独到见解，常有不俗的想法，并能迅速落地执行。相对于维护客户关系，我认为她在营销创意方面的表现更加亮眼。两年助理期满，Suki转入宝珀的市场部工作。经过数年的磨炼，2012年，Suki成长为宝珀的市场经理。

两位员工都既有追求完美、认真刻苦的工作精神，又有极强的自尊心。对于我来说，努力做好她们业务和成长上的导师，本身就是一个需要不断自我完善的过程，这个过程也让我受益匪浅。

2006年9月，Nick（王永刚）作为销售代表加入了团队。Nick的性格与他的中文名字有相似之处——为人质朴，刚直不阿，忠诚度极高。不过他在工作中也有一些需要改进的地方，比如对细节关注不足，有时略显固执。

奢侈品管理工作的关键在于对细节的极致追求。对于奢侈品牌的工作人员来说，言谈举止得体是基本素养之一，工作中的细节体现着品牌的工艺水准和服务品质。因此，我将培训重点放在对Nick工作细节的关注上，帮助他提高对细节的敏感度和重视程度，以便他能够更好地适应奢侈品管理的需求。

2007年，品牌迎来了第四位员工Michael。Michael的性格与前几位员工截然不同，他性格平和，与同事相处融洽，总是能很快地与身边的人打成一片，同时还能够坚持原则。不过在我看来，Michael有时为人过于谦和，必要时不够强势。

曾经有这样一件事。一位重要的客人定制了一只手表。因为我事先了解到，总部的一名负责发货的员工工作向来马虎，于是便特意告诉Michael，让其一定要"盯死"这只手表，确保这名员工不要将手表错发到其他国家或地区。我口中的"盯死"即高频次的提醒，请对方务必时刻谨记。或许是Michael的性格所致，他认为过度提醒会令对方产生反感。结果，在我多次提醒下，这只手表还是被发到了错误的地址，被发现时，它已经到达了美国。幸运的是，由于我"提醒"得及时，这只私人定制的手表最终得以被及时召回中国。

这件事让我意识到，Michael需要在坚持原则的同时，适当展现更多的坚定和果断，如此才能确保工作顺利进行。成长后的Michael在2013年晋升为销售管理经理[①]。

时至今日，宝珀在内地的团队已经发展到将近200人的规模（包括直营零售团队）。自从迎来了第一位新同事，我便开始学习如何成为一位合格的领导者。现在回想起刚担任领导角色的前几年，我非常感慨，但更多的是惭愧。坦白讲，当时的我远远称不上是一位称职的团队领导者。那时候我年轻气盛，对事物的看法黑白分明。我的优点是真诚、直接、注重细节、追求完美、有进取心；我的缺点亦同样明

---

① 销售管理部是品牌重要的职能部门，销售管理这条线的岗位路径从低到高（本集团内）主要为销售管理助理—销售管理主管—销售管理经理。

显，即缺乏耐心，容易焦虑和暴躁，缺乏灵活多样的沟通手段。

随着时间的推移，我逐渐意识到所谓"领导"，不仅包括指挥和控制，它更是一种激励和赋能。我开始学习如何更好地倾听团队成员的意见，如何与他们建立信任和尊重，以及如何通过灵活多样的沟通方式来激发团队的潜能。这个过程虽然充满挑战，但也让我不断成长和进步。我学会了平衡优点和缺点，使我的领导风格与团队需求相匹配。

像Elaine这样的员工，聪明能干，自尊心又极强，与她的沟通绝不能简单粗暴。领导者只有具备扎实的专业知识，能够提供专业的问题解决方案和严密的逻辑分析，才能令其心悦诚服。我和Elaine在某些时候会有不同意见，在产生重大分歧时，若彼此沟通不够充分，便很容易造成隔阂。

相比之下，Suki和Nick的抗打击能力要强一些，我在对他们提出批评时，会更加直接，无论大错小错，我都会及时指出。对于他们在工作中反复出现的错误，我在处理时会显得更加急躁，而不是去分析他们对问题的理解与我有何不同。在相当长的一段时间里，我都认为做得好是理所应当的，做错了就必须要当面指出来，否则员工如何进步？但显然，一个领导者在授权给下属的同时，也需要有容错的心胸。不断鼓励员工是激发他们工作积极性和进取心的关键。过多的指责会使员工失去信心，甚至会产生"越做越错"的错觉，最终可能导致他们彻底"躺平"，放弃努力。

因此，作为领导者，我需要在坚持高标准的同时，给予员工足够的信任和支持，帮助他们在犯错中学习和成长，而不是一味指责他们。同时，与他们进行积极的沟通，对他们进行鼓励，帮助他们保持向上的态度，让他们不断进步。

我的团队成员虽然性格各不相同，但是都非常真诚。我选择员工的首要标准是真诚和正直，我看重他们的责任心和抗压能力，以及是否有学习和进步的意愿。在工作态度和价值观上，我的团队成员还是非常相近的，我们共同的愿景就是把品牌做大做强，并随着品牌的发展而实现自我成长。回过头看，这两点我们都做到了。团队成员在不断进步，品牌也在以肉眼可见的速度发展。此外，他们对我的包容和坦诚，也是团队凝聚力和战斗力的重要来源。

随着团队不断壮大，销售、培训、售后服务、市场等各部门的人员都在增加，这对我的专业知识和领导力提出了更高的要求。首先，我要保证自己深入一线，亲自了解业务，以期熟悉并全面掌握各部门的业务知识和运营方法。在此基础上，我也对自己提出了颇具前瞻性的战略规划方面的要求。在掌握业务的同时，我还需要深入了解各个岗位上关键员工的性格特点和能力优劣，以便在工作过程中预判可能出现的问题，及时防范并指导，以此确保团队成员能够完全理解品牌的战略方向和正确的工作方法。

对奢侈品零售直营团队的管理比对普通消费品零售直营团队的管理更具有挑战性。

无论店铺规模大小，每一位品牌零售直营店的店铺经理都像是一个远离总公司的分公司领导，扮演着至关重要的角色。在成功进行运营管理和达成业绩的背后，是100%实现品牌战略和任务的执行力，以及对每个细节的不懈关注和深入挖掘。

以品牌要求的标准操作程序、业绩指标、成交率、连带率[1]、返

---

[1] 连带率反映的是顾客单次消费的平均商品件数，是一个非常重要的经营指标。

店率和客户关系管理（CRM）等为例，以上指标的达成与否，与奢侈品店铺对细节的把控程度直接相关。对店铺经理来说，这是一个巨大的挑战。每个员工一定都有自身的周期性惰性，也会有情绪上的起伏，少数顶级销售人员能够进行自我调节，但大多数的员工则需要外力的帮助。在这种时候，能力不足的店长可能会向惰性妥协，放任对员工的管理，对品牌的标准敷衍了事。当面对上层的质疑时，店铺也会自上而下地以一致的借口来应对。相反，能力强的店铺经理则会坚决执行品牌策略，不断改进管理方式，提升员工的水平，即使面对老员工也不会屈服，直到彻底改变店铺的风气。

而更加优秀的店铺经理不仅能够执行品牌策略，确保信息的上传下达，还能向上层提出品牌策略的改进意见，并随时提供一线的市场信息，让上层能够及时掌握最新动态，并调整策略和优化方向。

随着宝珀零售直营业务的不断发展，零售直营团队中涌现出了一批又一批优秀的店铺经理，宝珀由此逐步形成了专业健康的团队文化。

管理学实际上是"人学"。所谓的企业运营管理，其核心是管理人。

一个优秀的管理人员肯定是个勇敢的人，在面对性格类型、脾气秉性、生活态度、价值观各不相同的人时，无论自己喜欢与否，适应与否，都敢于接触，敢于沟通，敢于说出自己的想法。勇敢的品质能使一个人不断获取经验。如果勇敢的人还具备学习、实践、总结、复盘的能力，他的领导力必定可以不断提升，使他最终成为合格的团队领导者。

我们经常看到这样一些领导者，他们刻意表现得气场强大，但实际上内心可能相当虚弱，他们傲慢的外表往往掩饰了他们能力的不足和内心的自卑。在面对困难时，这些人往往缺乏沟通的勇气，宁愿坐在办公室里发号施令，也不愿主动与外界交流。一旦业务上出现问题，这些人往往会把责任推给别人，而不是从自身找原因。

相比之下，优秀的领导者通常具备一些共同的特质：比如广阔的胸怀和真诚的态度，善于发现他人的长处并加以利用；比如虽有包容心，但在必要的时候也能果断采取行动，让那些与品牌价值观不符、难以进步的员工尽快离开团队；比如自我驱动性，他们往往是团队的榜样和精神领袖，善于激励，促进团队成员成长；比如善于主动学习，能够不断提升自我……优秀的领导者不仅要有强大的内心，还要有面对困难承担责任的勇气和智慧。

奢侈品团队带有极其强烈的品牌文化属性，团队成员普遍具有忠诚度高、工作状态稳定等特点，这与成功的国际品牌坚持长期主义，始终致力于品牌文化建设，并不断赋予品牌思想内涵密切相关。在我为宝珀工作至今的二十几年里，我前前后后与上百名员工有过或长或短的交往，他们来自不同的家庭，有不同的文化背景，性格各有不同，工作表现也各有千秋，但他们无一不是抱着对品牌价值观的认同，并愿意不断学习以追求进步的人。其中一部分人通过经验的积累和业务能力的提升留在了这个行业，并向更高的目标进发；而另一部分人在短暂的尝试后离开了这个行业，各自找到了更加适合自己的方向……更有一批志同道合的伙伴选择留在了宝珀，为了共同的愿景和目标不懈努力，与品牌一道成长进步，从而实现了自我成长和个人价值。

2006年1月，我收到了宝珀总部发来的通知。通知宣布我升任宝珀中国区的副总裁。那是我加入宝珀的第六年。得知这个消息，我体验到了一种由内而外的满足——我意识到，这些年来我的努力和贡献得到了认可。这一晋升，对我而言，是水到渠成的结果。

2006年，另外一个让我尤为满足的好消息是，我和战友们拿到了针对全球员工的"宝珀最佳团队奖"。在照片中，我右侧的两位分别是Elaine（左一）和Nick（左二），我左侧的姑娘是Suki（右一）。

在我成为宝珀中国区副总裁后，内地市场成为独立管理和发展的区域，团队不再隶属于和汇报给香港团队。那时，我工作中的最大挑战是，我不再只是一个执行者，我还是品牌在内地市场上的战略制定者。我的汇报对象变成了宝珀总部的各个副总裁以及总裁兼首席执行官海耶克先生。

从销售代表到品牌副总裁的角色转变是从执行者到决策者的巨大跨越，无论是思考问题的维度、视野的广度，还是对个人专业能力的要求，两个角色之间的差别都很大。一个非常优秀的销售代表到了品牌副总裁的位置上，都有可能变得十分糟糕。

回过头去看，我认为一个品牌的决策者至少需要具备以下能力。

_1_ 深刻理解品牌的愿景、使命和价值观，深刻了解品牌定位，以此为依据制定品牌的长期战略和短期目标。

_2_ 确立实现目标的策略和计划，并能够将计划分解，有效组织团队成员完成任务。

_3_ 争取资源，分配资源，支持计划的实施。

_4_ 评估战略、战术的有效性，并随时进行必要的调整。

_5_ 有全方位沟通的能力，能够有效地与客户、合作伙伴等外部利益相关者进行沟通。同时，能够协调内部各个部门，调动资源支持品牌，为品牌经营营造良好氛围。

_6_ 掌握全面的行业知识与各个部门的专业知识，并能在实践中运用这些知识。

_7_ 有创新精神，不断提出新思路，改进工作方法，并鼓励团队形成创新思维。

我的上司海耶克

海耶克先生是当今钟表业的传奇人物，作为瑞士钟表业鼎鼎有名的海耶克家族的第三代，他从小就在祖父尼古拉斯·海耶克的身边长大，受祖父的影响很深。尼古拉斯·海耶克是斯沃琪集团创始人、瑞士钟表业的著名企业家，也是瑞士人民心目中的英雄。在他去世后，海耶克继承了祖父的事业，成为斯沃琪集团高端腕表品牌（宝珀、宝玑、雅克德罗、格拉苏蒂）的主席，并自2002年至今一直亲自担任宝珀总部的首席执行官。在统帅宝珀的数十年中，他坚定秉承传统与创新兼具的品牌理念，不断发展和深化品牌内涵，使这一拥有近300年悠久历史和丰富文化底蕴的高级腕表品牌成为享誉世界的业界传奇。

"我的每一个爱好都是为宝珀而生的"

海耶克先生是潜水与赛车的忠实爱好者。在他看来，无论是潜水还是赛车，参与者都要投入极大的激情与热情，要勇于挑战极限、探索未知。没有坚定的毅力和敏锐的洞察，就无法徜徉于深海；没有冷静专注的思维和果敢准确的判断，就无法驰骋于赛道。在这些挑战人类身体和心理极限的运动中,他用稳健和坚毅的内心征服压力,征服极速,并将对极限运动的热爱与激情融入制表事业,为品牌打上了鲜明的个人烙印。

2003年为纪念宝珀"五十噚[①]"[②](Fifty Fathoms)系列正式投产上市50周年,海耶克先生推出了宝珀"五十噚"50周年纪念腕表,这款腕表是对宝珀传奇首席执行官让-雅克·费希特(Jean-Jacques Fiechter,以下简称费希特)的致敬。费希特先生于1953年年初正式发布了这款被称为"现代机械潜水腕表鼻祖"的专业运动水下时计[③]作品,并受莎士比亚笔下"五噚"[④]的启发,将这款腕表命名为"五十噚"。在2003年,海耶克先生采用了新的材质,又为这个系列注入了新的设计元素,打造出这款既保留了"五十噚"系列专业潜水表基因,又应用新技术的"五十噚"50周年纪念腕表。这款限量150只的腕表一经推出便迅速售罄,为宝珀开启了下一个时代。

作为潜水爱好者,海耶克先生可以下潜到60米至70米的深度。基于自身的潜水经验,他深知水下环境极其恶劣。一款真正的潜水腕表的机芯必须具备极强的耐冲击性、稳定性和极高的精准度,这些是普

[①] 噚,是长度单位,目前中国内地已经停用此单位,需要用此单位进行度量时,中国内地采用"英寻"进行替代。1 英寻约合 1.8288 米。——编注

[②] "五十噚"是宝珀在 1953 年年初推出的一款潜水腕表。当年,50 英寻(约 91.4 米)被认为是潜水员所能下潜到的极限深度。但其实,初代"五十噚"的防水深度已经达到了 100 米。作为潜水表先驱登上世界舞台,并创造了近 30 年辉煌深海传奇历史的"五十噚"系列,从"'五十噚'之父"费希特先生卸任宝珀首席执行官的 20 世纪 80 年代中期到 2001 年,没有得到全面的升级和更新,宝珀仅在 1997 年发布了 Trilogy 三部曲系列运动表款。该系列被称为"五十噚"系列的一个分支,但因其设计特征与原本的"五十噚"系列有较大差异,故在 2002 年之后慢慢退出了宝珀的产品线。

[③] 时计指钟表,为名词;而计时则只测量和记录时间,为动词。——编注

[④] 这款腕表的命名,灵感源自费希特先生所钟爱的莎士比亚的戏剧作品《暴风雨》。剧中的人物有一句唱词:"五噚的水深处躺着你的父亲,他的骨骼已化成珊瑚。"

我的上司海耶克

通的正装腕表所不具备的，因此他并不打算将现有的正装腕表机芯技术简单地应用于潜水腕表。

2007年，一块专为运动潜水腕表设计的基础机芯1315诞生了。这款机芯配备三个发条盒，能够提供强大稳定的动力，结构极其稳固，精准度甚至超越了天文台认证标准。在海耶克先生的引领下，"五十噚"系列强势回归，如今已拥有了多种不同的功能。

海耶克先生将自己的专业潜水经验融入了宝珀各个系列的设计。例如，"X噚"（X Fathoms）系列，是一款由宝珀研发的液态金属机械测深潜水腕表。根据海耶克先生的经验，潜水员在深潜后上浮至约五米深度时，需要进行五分钟的减压停留。因此，"X噚"系列特别设置了五分钟倒计时功能，并加入了能够记录个人最深潜水纪录的指针，以便潜水员随时回顾这一重要时刻。

带有海耶克个人风格的设计，在"五十噚"系列的众多表款中随处可见。这种设计为"五十噚"系列提供了专业性与实用性的双重DNA，使其成为专业潜水装备和腕表的完美结合。

在潜水之外，作为赛车爱好者，海耶克先生多次参与豪车赛事，曾荣获兰博基尼Super Trofeo超级挑战赛业余组冠军。2009年，宝珀推出了限量300只的Super Trofeo赛车系列腕表，海耶克先生亲自参与了这款计时码表的设计：机芯零件表面采用豪车发动机内缸的镀膜技术，这种涂层可以保证发动机内缸不受腐蚀；表盘上的刻度方式和指针的设计灵感源自兰博基尼跑车操作面板的数字显示方式和转速指针设计；计时按钮则巧妙地借鉴了兰博基尼油箱盖的形状……总之，每一处细节都彰显着强劲的动力之美。

在Super Trofeo赛车系列腕表大获成功后，海耶克先生相继参与

左图：海耶克佩戴"X啐"机械测深腕表潜水。
右图："'五十啐'之父"费希特（左）与现任总裁兼首席执行官海耶克（右）。

设计了多款限量腕表，包括2010年的8885F飞返计时码表（限量600只）、2011年的560STC飞返计时码表（限量275只），以及2012年的8886F双追针计时码表。2012年的这款腕表采用了69F9机芯，机芯表面覆盖了5N红金镀层及镀铑喷砂涂层，呈现出别具一格的质感。2015年，Super Trofeo赛车系列腕表的最后一款——R85F飞返计时码表问世。

从2009年至2015年，在宝珀与兰博基尼Super Trofeo超级挑战赛合作期间，海耶克先生不仅亲自参与赛事，更将两大品牌在各自领域的精湛工艺与独特美学完美融合。这些性能卓越、工艺精湛的腕表成为收藏家们梦寐以求的珍品。

由于热爱美食和美酒，在加入宝珀之前，海耶克先生曾在苏黎世经营过一家餐厅。凭借他在美食行业的丰富人脉，宝珀与米其林、博古斯世界烹饪大赛、高级酒店品牌罗莱夏朵均有合作，并与多位世界名厨保持着友好关系。其中包括1986年获得"世界最佳主厨"（World's Best Chef）称号的弗雷迪·吉拉德特，1989年当选"世纪名师"（Chef of the Century）的保罗·博古斯（Paul Bocuse）和乔尔·卢布松等。这些宝珀的厨师密友共摘得了超过100枚米其林星徽，他们既是海耶克先生的朋友，也是宝珀的品牌大使。

从2020年至今，宝珀是《米其林指南》（*Le Guide Michelin*）全球唯一奢侈品合作伙伴。海耶克先生曾表示："宝珀作为时间的忠实守护者，与《米其林指南》携手，共同寻觅杰出的世纪人才，这是'高级制表'品牌与高级烹饪圈不解情缘的自然延伸。"

从表面上看，海耶克先生是一个热衷于豪车、潜水和美食的富二代，然而事实远非如此。他将自己的爱好，以及对精致生活的想象和创造完美地融入"高级制表"的理念和设计。海耶克先生的每一个举动，都在不断地丰富着作为高级腕表品牌的宝珀的精神内核。正如他本人所说："我的每一个爱好都是为宝珀而生的。"

"宝珀没有第二档次的产品，也永远不会有"

与上司的沟通不仅是洞察品牌文化的一个窗口，更是难得的学习和交流机会，尤其是当有机会直接对话品牌的核心人物时。每一次和海耶克先生对话，都是深入了解其个人价值观、制表理念和品牌理念的机会。这样的机会来之不易，每次我都会格外珍惜。

2002年第一次见到海耶克先生时，我就被他低调儒雅的绅士风度所吸引。和既往印象中慷慨激昂、大谈理想的总裁不同，他风趣幽默，平易近人，柔和中充满坚定。他对未知的事物充满好奇，言谈举止间无不显示出活力与智慧。当时，我加入宝珀不到一年，作为一个从快消行业跨界而来的新人，我心中难免有些忐忑。但在初次见面的那一刻，我便感觉到，在冥冥之中我们之间有一种特殊的缘分。

海耶克先生在工作中始终保持着谦逊和审慎的态度，但是在很多原则性问题上却态度坚决、毫不妥协。令我印象最深的一件事发生在2006年巴塞尔国际钟表珠宝展期间。我在位于瑞士洛桑的宝珀总部见到了海耶克先生。来不及过多寒暄，我便马上直入主题，请他改善中国内地的供货问题。

截至2006年，宝珀在中国内地开设了27家经销商店铺，年销售额相比2001年增长了20倍。然而，由于某些热门款式产能不足，市场上一度出现了供不应求的局面。特别是宝珀的"月相"系列腕表，这款腕表以其经典的设计和卓越的品质在行业内备受推崇。宝珀曾在1983年全球爆发石英危机期间，率先推出了全历月相表[1]，为瑞士复杂机械腕表的复兴树立了行业标杆，也使全历月相表在宝珀的作品矩阵中占据着举足轻重的地位。2006年前后，宝珀的男装月相功能6263系列和女装月相功能2360系列在中国内地极为畅销，断货现象严重，门店里经常有顾客前来询问。但由于库存不足，我们似乎错过了销售的黄金期，这实在让人惋惜。面对这些情况，我多次向宝珀总部反映，希望宝珀总部尽快予以解决，但情况并未得到有效改善。因此，当有机

---

[1] 宝珀的全历月相表以其丰富的表盘内容和井然有序的布局著称，包括日期、星期、月份和月相显示。在20世纪80年代，宝珀将月相与三历（日期、星期、月份）结合，创造了真正意义上的全历月相表，以一枚能够显示月相盈亏全历的机芯，带领机械表行业走出"石英风暴"。

会面见海耶克先生时，我便迫不及待地向他提出了提高产能、满足供货的需求。

"Jack，你要知道，这不是一个能简单解决的问题。"海耶克先生解释道，"高级手表的品质是第一位的，我们的生产也是有计划性的。为了确保每一个细节都能达到极高的标准，我们不可能简化制作流程，也不会降低对任何一种材料或加工工艺的质量要求。"他接着以宝珀女装月相功能2360系列为例进一步解释："这款表的表盘所采用的珍珠母贝需要有万里挑一的极高品质，这种原料不仅稀有而且价格相当昂贵，还需要得到特殊的手工加工处理。只有如此，这款表的表盘方能呈现出如云朵般细腻的质感。这一切都需要时间。"

他说的标准是"高级制表"行业的制表标准，从我入行之初，海耶克先生就将品质保障作为从业守则，时刻提醒着我们。"高级制表"这几个字从20世纪90年代开始出现，现如今，各大腕表品牌都标榜自身符合"高级制表"标准，可事实上，"高级制表"这几个字并不是随便就可以拿来使用的。一个品牌必须通过瑞士高级钟表基金会的考核，才可以被冠上"高级制表"之名。这项考核严苛且复杂，涵盖了七大专精领域（研发、生产与工艺专业技术，风格、设计与艺术专业技术，历史与传统特质，分销与售后服务，收藏家与鉴赏家，品牌形象与宣传，培训），内含28项细则，可以说是制表业的最高标准。该基金会文化理事会的46位独立的国际专家会用这些标准对品牌进行评估。

宝珀在上述七大领域全部获得满分，也是自"高级制表"标准诞生之日起，唯一一个满分的腕表品牌。这被视作品牌的骄傲，也是品牌赖以生存之本。

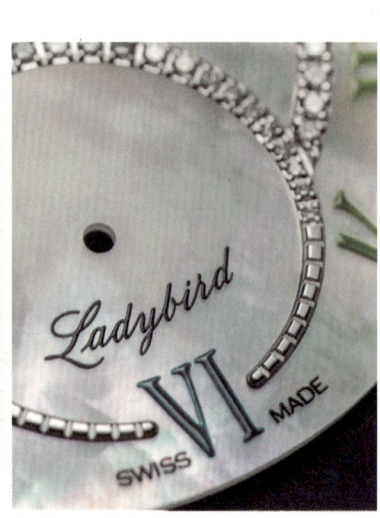

宝珀女装表 Ladybird Colors 钻石舞会炫彩腕表的表盘由超越"特白"级别的珍珠母贝制成，它仅存在于极少一部分贝壳上。通常在一整个集装箱的养殖贝壳中，只有一两个贝壳能满足表盘的材质所需。为打造出更加深邃立体的层次感，彩虹时标刻度的每种色调必须印制五次以上。

当一些品牌以市场更迭、技术更新等理由放松了对自己的要求，或放弃了对"高级制表"的追求，宝珀还是始终如一地坚持着"高级制表"的标准。无论是看得到的外观，还是看不到的机芯装饰和细节，宝珀始终坚持极高的工艺标准。高标准亦被一视同仁地执行在入门级表款的制作过程中。在奢侈品行业日益工业化和民主化[1]的今天，宝珀对高标准的坚持在高级腕表品牌中显得珍稀和罕见。消费者经过长期佩戴，对宝珀的机芯品质和工艺水准也有了一定的认知和了解，因而在网络上自发地将宝珀称赞为"天地良心珀"——此昵称长

---

[1] 奢侈品民主化，简单来说，就是将原本只属于少数人的奢侈品，通过各种方式，让更多人能够接触并拥有。这个概念的出现，打破了奢侈品只能是富人专属物件的传统观念，让奢侈品变得更加大众化。

期以来被广泛传播。

虽然我非常认同海耶克先生的制表理念，但是面对经销商的层层施压，我依然半开玩笑地说："难道就不能把标准放低一点？有些细节消费者根本看不到，也注意不到，我们是否可以适当地降低一下原有的标准？"为了证明我的提议有足够的可信度和可行性，我还补充道："其他被归类为高级腕表的品牌有不少是这么做的。"

海耶克先生认真地听完了我的话，略带严肃地说："Jack，宝珀不会有第二档次的产品，也永远不会有。"

这并不仅仅是海耶克先生作为家族企业传承人做出的承诺，也是宝珀作为一个高级奢侈品牌对自身性能和品质的坚守。

"因为他是一位真正的制表师"

企业的公益事业不应当是一种广告宣传手段，而应当是企业向需要帮助的群体提供实质性援助，并取得具有实际意义的成效的活动。

海耶克先生最打动我的是他的赤诚，他所做的一切都源于热爱和真心，而非虚伪的矫饰与作秀。

早在2001年，宝珀便全力支持ONLY ONE慈善拍卖义举。2005年，"ONLY ONE"更名为"ONLY WATCH"慈善拍卖会，专为杜氏肌营养不良症（Duchenne Muscular Dystrophy）的研究筹集资金，邀请各大腕表品牌参与。参与的各大腕表品牌将生产ONLY WATCH，并将其捐赠给ONLY WATCH慈善拍卖会。ONLY WATCH慈善拍卖会至今已有近20年历史，声势越来越大，参与的品牌越来越多，辐射范围越来越广，是钟表行业非常具有影响力的活动之一，堪称"'表圈'的春晚"。作为该活动的"创始元老"，宝珀在历届拍卖中无一缺席，并将拍卖所募资金全额捐赠给摩纳哥肌肉萎缩症防治协会，用于支持杜氏肌营养不良症的医学研究。

2003年，宝珀推出了一个海洋保护项目——保护鲸鲨计划（Whale

宝珀与摩纳哥亲王阿尔贝二世基金会签约成为制度性合作伙伴。每两年举办一次的 ONLY WATCH 慈善拍卖会就是由该基金会赞助的。近 25 年来，宝珀始终在为摩纳哥肌肉萎缩症防治协会提供坚定支持。

Shark Project）。该项目由宝珀、鲨鱼信托基金会（Shark Trust）和国际专业潜水教练协会（Professional Association of Diving Instructors，PADI）旗下海洋废弃物计划（AWARE）项目团队联合开展，目的是团结和鼓励世界各地的潜水员参与鲸鲨识别工作，以构成一套全面的数据体系，便于更有效地锁定需要保护的鲸鲨群落。自2003年宝珀"心系海洋"（BOC）公益事业启动至今，宝珀始终致力于携手海洋界领军组织，共同推进海洋保护倡议的达成与合作的开展。宝珀合作参与的项目包括美国《国家地理》发起的"原始海洋考察"（Pristine Seas Expeditions）计划、劳伦·巴列斯塔（Laurent Ballesta）的"腔棘鱼探险研究项目"（Gombessa Project）、由《经济学人》引领举办的"世界海洋计划"(The World Ocean Initiative),以及每年在纽约联合国总部拉开序幕的"世界海洋日"(World Oceans Day)等。

在以上活动初期,宝珀并未进行过大规模的媒体报道和市场宣传。有一次在宝珀总部的时候,我忍不住问海耶克先生,宝珀为慈善公益事业做出这么多贡献,为什么没有看见相关的宣传,也没看到广告?他的反应颇为严肃:"慈善不是用来炒作的手段,如果你做这件事只是为了让大家知道,那么就失去了它原本的意义。"他还说:"公益事业的目的在于真诚地帮助他人和回馈社会,绝不是追求名声和广告效果。"

海耶克先生的话令我极为震撼,并一直被我铭记于心。2008年,汶川发生8.0级地震,社会各界踊跃为灾区捐款捐物,许多有社会责任感的驻华外资企业也在捐款行列当中。宝珀所属母公司斯沃琪集团通过中国红十字基金会向灾区人民捐款800万元,用于抢险救灾和灾后重建。这条消息当时只在斯沃琪集团内部通报,斯沃琪集团并未在媒体上进行任何宣传。

2020年年初,新冠疫情在武汉暴发,斯沃琪集团再次伸出援手,向上海市慈善基金会捐款500万元,用于定向资助在一线工作的湖北医护人员。消息一出,同集团的其他品牌纷纷在社交媒体上发布海报,积极宣传斯沃琪集团的这一善举。我管理的几个高端品牌的品牌副总裁提醒我[1],是否也应该借此机会宣传斯沃琪集团的善举和正面形象。我没有接受这个建议,根据我在宝珀和斯沃琪集团多年的工作

---

[1] 除了担任宝珀中国区副总裁,我还是斯沃琪集团中国高端品牌委员会主席,负责管理斯沃琪集团内宝玑、宝珀、格拉苏蒂、雅克德罗四个高端品牌。这四个品牌有各自的品牌副总裁,均向我汇报。

经验，以及我对海耶克先生及其家族理念的了解，我认为不宜在社交媒体上传播这件事情。若是将爱心行为视作装点品牌形象的道具这件事情，那么就背离了捐款援助的善意初衷。

不出所料，在海报发布的当天下午，斯沃琪集团全体员工就收到了海耶克先生的邮件，他对公开发布信息的行为进行了委婉的批评，并再次表明了自己对于慈善公益的态度：这是出于企业的社会责任感，而不是一场秀。

海耶克先生对虚假的痛恨几乎到了"丧心病狂"的程度。有一次在位于瑞士的斯沃琪集团总部，我和海耶克先生共进午餐后一同返回公司。一踏进那栋独立的办公楼，我和他几乎在同一时间注意到了被安置在前台的圣诞树。还不等我做出反应，他突然变得严肃起来，随后马上用我听不懂的法语跟前台的同事说着什么，激烈的语调显然是在表达不满。

我走上前仔细查看了那棵圣诞树，顿时意识到了问题所在。待海耶克先生的情绪稍微平复，我指着一旁的圣诞树问他："您不高兴是因为这棵圣诞树是塑料模型，而不是一棵真正的树，对吗？"他认真地点了点头，委屈中带着不忿，愤怒中带着不解。我至今仍记得他当时脸上的表情，当时的他仿佛孩童一般。

圣诞树不能以塑料模型代替，广告上的制表师也必须是真正的制表师。犹记得那是一幅关于宝珀制表工艺的广告海报，画面由一只手表的特写和一位制表师组成。制表师正在工作台前对手表做最后的调校，他神情专注，旁若无人，他的形象占据了一半的画面。画中人正是乔治·希福（George Schafer）——一位在宝珀大复杂制表工坊中制作复杂腕表的高级制表师。我指着这幅广告海报半开玩笑似的对海耶

广告中的这位乔治·希福是能够制作宝珀 1735 超复杂腕表的两位制表大师之一。

克先生说:"我可是认识这位乔治先生的,您就没想过用个年轻帅气的模特?是不是因为乔治才是那个真正的制表师?"海耶克先生回答我:"你说对了,制表师不能由别人来扮演,哪怕别人更加漂亮。"

海耶克先生将对真实和真诚的执着,以及对高端品质的坚持,注入了宝珀的品牌精神和制表文化中。于我而言,这也成为我人生中一笔宝贵的财富。我以一个销售人员的身份步入职场,多年来在工作中接触过形形色色的人,和各种身份、各种地位的人打过交道,见识了不少浮夸、伪善、逢场作戏和曲意逢迎——这似乎是很多人成长的必经之路。然而海耶克先生让我看到了一种单纯的本性,一种回归本质的明心见性。在我眼里,他是一个至真至纯的人,哪怕已年过半百,也依然可以像孩子一样天真,像巨人一样无畏。正是他用真诚塑造了宝珀的品格,让一个拥有近三个世纪悠久历史的品牌历久弥新。

通过与海耶克先生的多次接触和深入交流,我领悟了他的几条重要的制表思想,我认为它们也是宝珀的核心文化。

1 只做机械表,不制作石英表。即便在20世纪70年代的"石英风暴"时期,宝珀所有的女装表也都是机械表。

2 没有第二等级的产品,即便是入门款式,宝珀也坚持"高级制表"工艺和品质。

3 所有宝珀手表使用的机芯都由宝珀机芯工厂100%自产。所有机芯——无论其功能是简单还是复杂,以及宝珀的传统工艺,如微绘珐琅、金雕、活动人偶等,都由宝珀独立打造。

_4_ 坚持创新是宝珀的传统。

_5_ 做公益是要给到对方实质的帮助，而不是以做广告为目的。

对于任何一个品牌来说，做到上述每一项标准都很有难度，而像宝珀这样能够同时满足以上所有标准并且长期坚持的品牌更是凤毛麟角。

每次和海耶克先生交流都让我获益良多，我不仅从中领悟到他的制表理念，更感受到他的人格魅力与峭峻风骨。同时，我致力于将这种精神和理念融入团队管理。宝珀中国团队的成员有一个显著的共同点，那就是对品牌的价值观的深刻认同。我们是一群价值观一致的人，共同为实现我们的愿景和目标而努力。

只有深入理解品牌文化，即品牌的核心价值观、品牌的使命和目标，才有可能精准地制定出清晰的市场推广策略——包括如何通过话术向消费者传达品牌的核心理念，如何提炼出具有标识性的品牌宣传语，以及如何策划一系列能够充分体现品牌独特内涵的市场活动。在内地市场，多年来我们的市场战略始终紧密围绕宝珀的品牌核心文化来制定和展开。

劳伦·巴列斯塔,法国知名潜水员、海洋生物学家及摄影师。

劳伦·巴列斯塔与"腔棘鱼探险研究项目"

"心系海洋"公益事业是宝珀迄今最重要的一项工程,囊括了宝珀与个人、机构为保护海洋而付出的所有努力。"唤醒海洋意识,传递生命激情,保护蔚蓝海洋",这句口号并不只是喊喊,而是被真真切切地践行。二十多年来,宝珀持续为这些项目提供支持,与合作伙伴一起积极传播海洋之美,提高公众对海洋保护必要性的认识。其中,宝珀与劳伦·巴列斯塔博士合作的"腔棘鱼探险研究项目"就是一个很好的范例。(本组图的图片版权归属劳伦·巴列斯塔。)

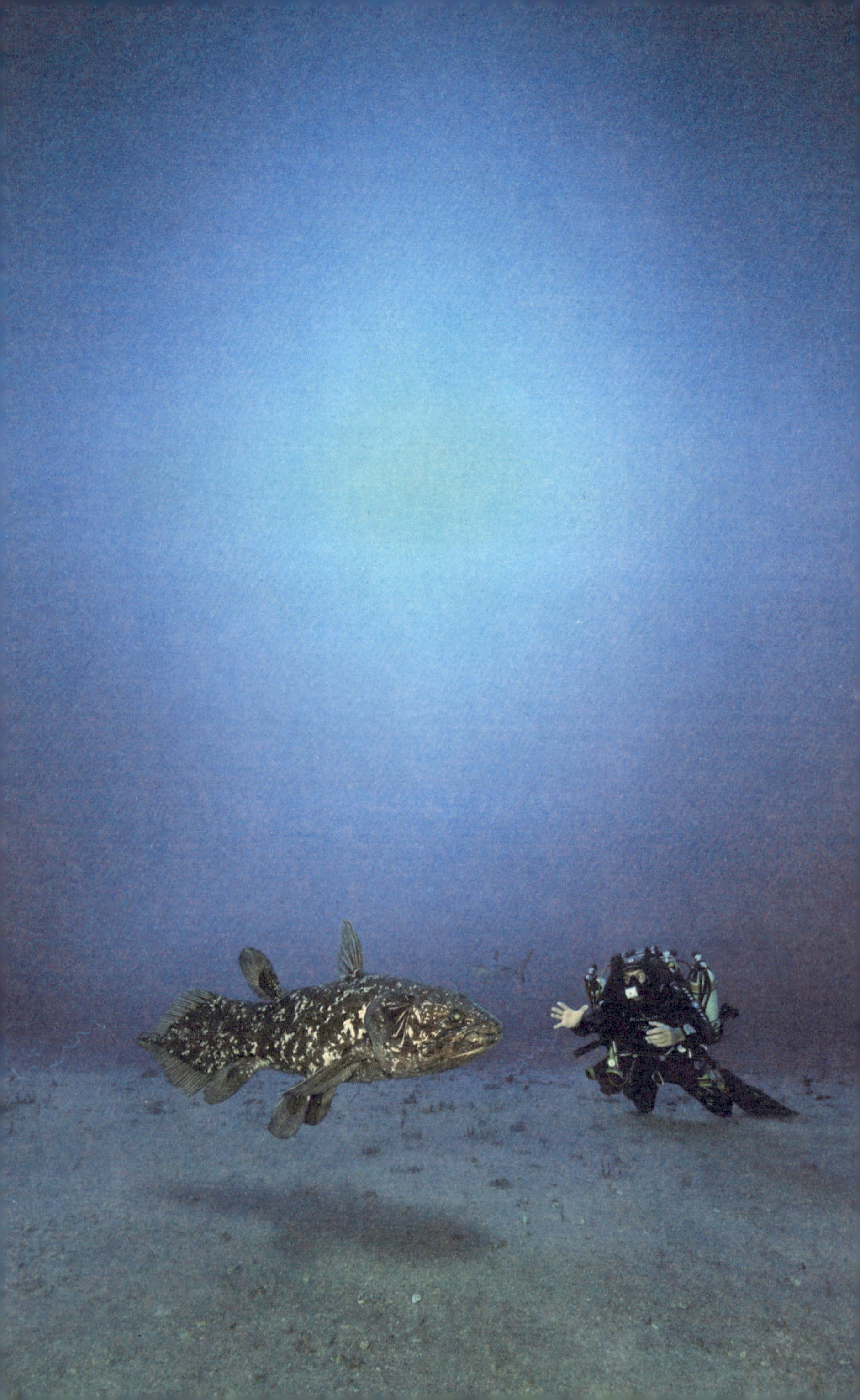

第二部分　团队　83

左页：2013 年 4 月，第一次"腔棘鱼探险研究项目"考察。此行的目的在于探索南非海域的腔棘鱼王国。腔棘鱼被誉为"活化石"，长久以来，人们一直认为这种史前鱼类在几个世纪前就已经灭绝了。2010 年，巴列斯塔的团队带回了人类与腔棘鱼邂逅的第一组照片。

在深 120 ～ 145 米的海水中进行科学实验并非易事，光构思实验方案、设计必要的器材就花了 3 年的时间。能够与腔棘鱼同游的人比在月球上走过的人还少。它巨大的鱼身约有两米长，至今仍保持着 3.7 亿年前离开水域的脊椎动物的原始结构。

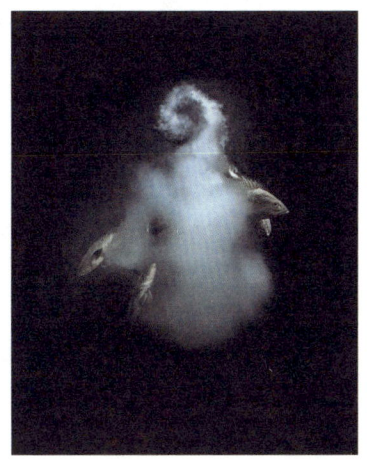

左图：2015 年，宝珀携手巴列斯塔团队踏上第三次"腔棘鱼探险研究项目"考察之旅，远赴南极，以期通过记录全球气候变暖对南极地区的影响，引发公众的关注。此次探险同时也被纳入法国导演吕克·雅克（Luc Jacquet，曾执导 2006 年奥斯卡最佳纪录长片《帝企鹅日记》）的电影作品中。

右图：2017 年，南太平洋法属波利尼西亚法卡拉瓦（Fakarava）环礁，"腔棘鱼探险研究项目"第四次考察之旅。巴列斯塔拍摄的这张著名照片《创生》，成功捕捉了石斑鱼繁殖产卵的半秒钟时间。连续多年，巴列斯塔的团队监测着石斑鱼这一濒危物种的数量。在波利尼西亚的其他大环礁中，过去也曾有石斑鱼年年聚集繁殖；而今天，它们全部都消失了。法卡拉瓦环礁的南部通道如今已被联合国教科文组织列入生物圈保护区。

上图：巴列斯塔与南极帝企鹅。有些人会通过展示环境遭到破坏的可怖景象来宣传环保事业，但巴列斯塔和海耶克的理念则恰恰相反。他们传递着积极的信息，两人坚信，水下摄影是保护海洋的重要工具，能让人们发现海洋的神奇和美丽，并从中汲取采取环保行动的动力，无疑是一种更强有力、更鼓舞人心的方式。

右页上图：南极浮冰边缘的韦德尔氏海豹母子。它们栖居在五彩缤纷的冰洞迷宫里。南极的海底有着最美的自然光，这里的多年生冰顶由于藻类而变色。在水下，冰是黄色的，是绿色的，是橙色的。
右页下图：巴列斯塔的另一次海洋科考之旅，是在菲律宾潘加塔兰岛（Pangatalan）探访马蹄蟹（鲎）。"我们很难判断马蹄蟹究竟会不会游泳，它总是在海底踏水、蹬腿或者小跑。唯一可以确定的是，它的确在向前移动……马蹄蟹已经在海底漫游了 1.5 亿年，如今却被列为濒危物种。它像蓝宝石一样的血液中富含一种人工无法合成的物质，能检测出人类疫苗中是否存在产毒素菌……每年有超过 50 万只马蹄蟹被捕。虽然它们中的 70% 会被放生，但幸存下来的马蹄蟹会感到虚弱、迷失方向，并常常在捕捞筛选的过程中死亡。"
这些海洋科考项目收集回大量的数据和动物生存环境的调研报告。2016 年，潘加塔兰岛被列为海洋保护区。

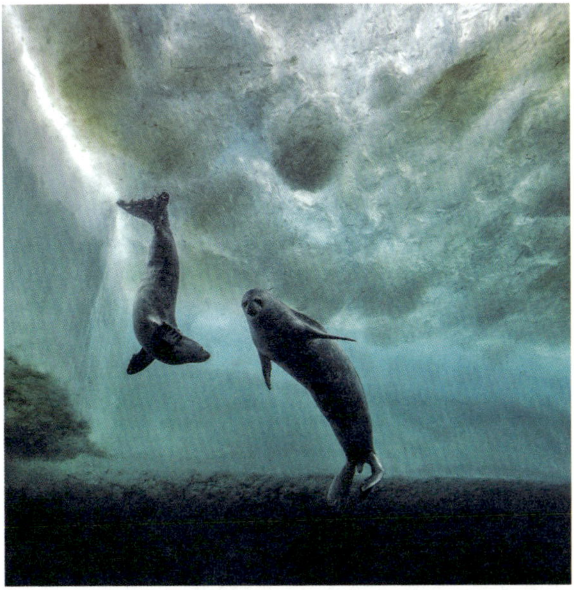

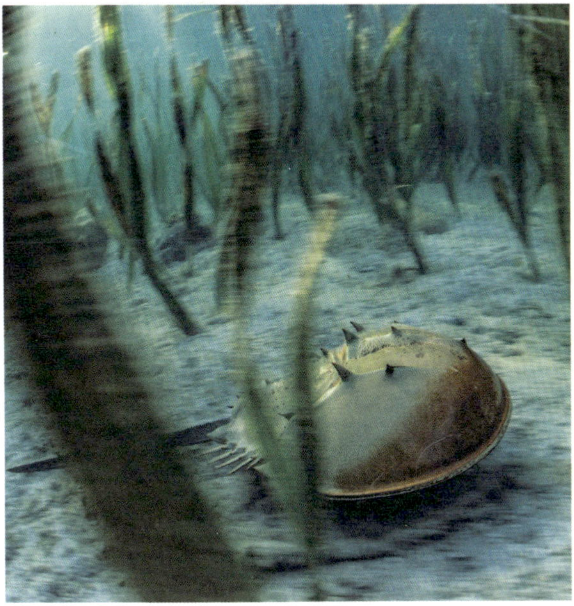

跨国公司生存法则

我曾在多家外资企业工作过,这些企业既有共性也有各自的特点。如何在这些企业中找到自己的位置并实现个人发展,是很多年轻人关心的问题。个人与企业就像船与海,需要相互适应才能共同前行。

在一次某商学院 EMBA 班进行的经验分享会上,很多同学向我提出了跨国公司内部如何沟通的问题。他们普遍反映,与总部的同事沟通起来很困难,总部难以理解中国市场的复杂性,他们难以获得总部的支持,等等。以下是我根据多年的工作经历,总结出的个人经验,这可以被视为一份指南,帮助个人在跨国公司中找到自己的位置,以实现持续的成长和发展。

1 融入公司文化

对于公司文化的认可程度和接受程度,将直接影响你与企业的契合度,也决定了你在企业未来发展中能够到达的高度。

2 专业化与制度化

跨国公司的管理注重专业和制度,不会依赖人情。因此,提升专业技能,严格遵守制度和流程,增强个人执行力,才是在公司立足的基石。

3 本地化

公司的本地化程度高意味着总部信任本地团队。然而这种信任是相对的，本地团队需要不断地与总部保持沟通和交流，以确保总部了解本地市场的实际情况，从而获得总部的支持。

4 建立信任
只有在本地持续取得成绩，才能加深与总部之间的信任，与总部形成互信互动的良性循环。

5 保持谦逊
即便获得了显著成就，也要保持谦逊的态度。这种姿态不仅有助于个人继续进步，还能避免那些可能由盲目自信和自我膨胀引发的内部矛盾。一些区域性的领导者在取得一定的成绩后，容易居功自傲，目中无人，这样的行为只会破坏团队的凝聚力，阻碍公司的发展。

6 战略性沟通
当反复确认自己的工作方法正确，但依然不被总部采纳时，保持耐心和稳定的情绪至关重要。可尝试采取灵活多样的沟通方式，直至取得成效。

7 市场敏感性
敏锐发现和及时捕捉市场动向，向总部准确反馈市场信息，并提供相应的动态调整和问题解决的方案，是保持竞争力的关键。

在大型跨国企业，个人的成功不仅依赖于精湛的专业技能，更在于对公司文化的深刻理解和积极融入。通过持续学习、有效沟通、保持谦逊和敏锐洞察市场，个人能够不断提升与企业的契合度，从而实现个人与企业的共同发展。

对于企业的人才管理，我想谈谈我的用人和管理观念。这些观念未必一定正确或适用，但我希望能为读者带来些许启发。

<u>1</u> 与其擅长冲突管理，我觉得更需要构建团结一致、目标一致的团队，以达到高效运作的目的。团队员工可以有完全不同的性格，但是要具备相近的价值观。

<u>2</u> **团队成员的品德比能力更重要**。我不培养人格不健全、不懂得感恩的人，不重用表里不一、媚上欺下的人。

<u>3</u> 我的用人标准很简单，总结起来有三条：责任心、忠诚度、学习能力。前两项决定了一个人能站多高，第三项则决定了一个人能走多远。我更愿意重用那些不断学习，喜欢不断突破自我思维茧房的员工。

<u>4</u> 我相信人才不是培养出来的，能培养出来的人本身就是具备潜力的人才。要尽快替换那些不合适的人，以节约时间成本。

<u>5</u> 我很严格，但是我愿意包容执行上的错误。能改进的员工都是好员工。

_6_ 我愿意分享专业知识，分享各种社会经验，包括为人处世的经验。我认为带领团队成员成长是我的责任，使团队成员与品牌一起成长是我的目标。

_7_ 我重视战略上的勤奋，不喜欢只在战术上勤奋。

_8_ 每当品牌发展到一个阶段，我就会想象下一个阶段的风景。因此，从 2016 年开始，我每一年都会给团队提出新的课题，让团队思考和展望。

组装机芯

Part Three

第三部分　策略

　　作为宝珀中国区副总裁，我上任后的首要任务便是提升宝珀在中国内地市场的认知度和影响力。自 2006 年宝珀中国成为独立运营的区域开始，我的工作重心便发生了变化，我开始根据市场的实际情况，制定有效的传播策略，通过广告投放、公关传播、品牌活动等手段，打造品牌形象，传递品牌理念、价值观和独特之处，吸引目标受众群体，从而建立消费者对品牌的信任感和认同感。

预算有限也能让全世界看见

高级腕表和珠宝等"硬奢"品牌，其核心目标受众是处于金字塔顶端的小众精英群体。为了精准传达品牌的价值与理念，在广告推广策略上，品牌应该精心选择媒体渠道，确保与品牌的高端定位相匹配。同时，广告和品牌故事的呈现方式也要与品牌定位保持高度一致，并在此基础上进一步提升品牌的曝光度和影响力。

20年前的媒体环境相对单纯，实现广告投放的精准和高效也相对容易。然而时至今日，随着数字时代的到来和自媒体的兴起，"精准和高效"这一目标变得越来越难以达成。与量产的中高端时尚品牌相比，高级腕表和珠宝品牌虽然看上去高端奢华，但实际上市场预算并不充裕。鉴于品牌在市场拓展初期所面临的预算限制，要实现"花小钱办大事"的效果，就必须提高广告投放的精准度和效率。

2006年，中国内地市场正式成为独立运营的区域，其中最大的好处在于，针对内地市场的品牌市场部得以彻底独立。虽然当时宝珀在内地只有包括我在内的四名员工，而市场部则仅有Suki一人，但是我们可以独立确定内地市场的市场战略以及实施计划，并拥有独立预算，从而与香港团队正式脱离从属关系，不再和香港团队分享共同的市场预算。如此一来，我们便可以根据内地市场的实际情况，自主进行媒体采购和广告投放，制订更有效的市场计划，并随着市场的变化动态调整我们的市场计划。

当时宝珀在中国内地市场的销售数据和其他市场比起来还是远远落后的，因此宝珀总部每年拨给我们的预算并不多，我只能想办法精打细算，争取以较小的投入获取较大的回报。与某些量产的高级消费品给大众留下的"财大气粗""挥金如土"的刻板印象不同，宝珀的营销策略从一开始就只能主打"精准和高效"。

广告投放

2014年以前，奢侈品的广告投放渠道主要是户外和平面媒体。户外广告涵盖了机场、高速公路、城市主干道、商场大屏幕等，平面广告则集中在时尚杂志和专业垂直媒体（如钟表杂志、珠宝杂志、红酒杂志等）上。

户外广告往往成本高昂，对预算有限的品牌来说并不算友好。在这种情况下，品牌需要时刻关注新生的户外广告投放渠道。这些新生渠道不但价格相对较低，还存在初期的渠道红利。

在2005年前后，位于北京三元桥京信大厦的大屏幕首次出现广告，当时这种大型电子广告屏幕在北京尚属罕见。由于运营初期投放广告的品牌不多，其价格也相对亲民，有时广告主甚至会赠送一些曝光频次。考虑到北京三环路在上下班高峰时段常常严重拥堵，想象着无数车辆在路上缓慢前行，我认为这样的户外广告投放效果应该是显著的。宝珀抓住了这个机会，成为较早在这个屏幕上投放广告的奢侈品牌之一。

广告投放后不久，我偶遇了英皇的王总。当时我还在和他商讨宝珀何时能进驻北京英皇钟表珠宝店，他却主动向我提起："我看到你们在京信大厦大屏幕上的广告好几次了，最近你们品牌还挺活跃。"

之后的几年，越来越多的品牌开始选择在大屏幕上投放广告，广告环境逐渐变得拥挤，品牌间的竞争日趋激烈，传播效果也不如最初。在一段时间后，我们果断决定停止合作。但得益于投放及时，宝珀成功抓住了渠道初期的红利。

在媒体环境快速迭代的今天，品牌应该保持敏锐，主动出击。只有通过不断的探索和适应，才能在广告投放上获得最大的收益。

在数字媒体兴起之后，我们便开始关注新生自媒体的发展。微信公众号出现的2013年前后，对于自媒体来说是个重要的时间节点。再之后是今日头条、抖音、小红书等互联网平台兴起，随之而来的是自媒体在各个平台上的大显身手。

"商务范"自2013年起开始运营，专注于时尚热点、穿搭、品牌推荐及家居生活等内容，以"热点+生活方式"的形式，为都市中产提供时尚穿搭的指南和生活品质的标杆。

我从2014年起开始关注商务范，一年后就有了合作的想法。几经打听，我终于在今日头条合伙人张利东的引荐下，结识了商务范的创始人——"范主"邓潍女士。2016年年初，宝珀与商务范的合作正式启动。据"范主"说，宝珀是较早与商务范合作的高级腕表品牌。商务范团队通过探店、产品体验和工厂参观，很快创作出多篇深受粉丝认可的优质内容，如：《找遍全世界，只为老公买一块普京同款腕表》，在各平台的累计曝光量突破310万人次；有关宝珀女装表的

《人生必买女表！宝珀新款钻表，为什么满足了女表所有幻想》一文，在各平台的曝光量近50万人次。

作为传统高级腕表品牌，宝珀开创了与自媒体跨界合作的先河。从宝珀开始，与商务范合作的腕表品牌越来越多。对于新生事物，只要不尝试就无法了解。而绝大多数这样的尝试不仅为品牌带来了良好的传播效果，也帮助品牌积累了宝贵的市场经验。

2023年，宝珀与哔哩哔哩（以下简称B站）up主LKs的跨圈合作，荣获B站2023年首届花火创作奖。该奖项是B站针对内容营销的第一次评选，整合了从2022年10月到2023年10月的所有商单，先基于播放量、正向互动量（点赞、收藏、转发）进行筛选，再由专家评审根据创意、商业价值和传播力三个维度进行综合评定，最终评选出20件获奖作品。能够从众多商单中脱颖而出，充分证明了宝珀在自媒体领域的创新精神。

除了要勇于尝鲜，抓住新生渠道的红利，在选择媒体进行广告投放时，还需要从多个维度进行综合考量。考量维度不仅限于媒体自身的属性，还包括广告投放的场域以及该场域所聚集的人群的特点。这种全方位的考量能够为品牌提供更广阔的视角，从而使品牌更精准地找到与自身定位和目标受众相匹配的媒体渠道。

大约从2006年开始，《环球时报》成了中国飞机，特别是中国国际航空公司等大型航空公司商务舱内的标准配置。虽然这一媒体以政经类内容为主要内容，并不专注于时尚领域，但它所覆盖的航空渠道恰好是奢侈品目标受众的聚集地。我们敏锐地发现了这一点，并迅速在《环球时报》上投放广告。在宝珀之后，很多奢侈品牌纷纷选择在此投放广告，这从侧面印证了我们的投放策略行之有效，以及该媒体渠道商业价值之高。

在品牌推广初期，有时需要通过谈判来实现广告效果的最大化。在追求广告效果的性价比方面，宝珀与《东方早报》的合作堪称"双赢"的典范。

在十几年前的上海，发行量比较大的两份报纸分别是《新民晚报》和《新闻晨报》。相较于前两者，《东方早报》早期定位新锐，很受年轻人欢迎，但广告业务却相对低迷。时任《东方早报》副社长的蒋玉森是个富有创新思维、敢于突破的人，为了提升广告销量和报纸调性，他决定将报纸头版一分为二，上半版刊登当天的头条新闻，下半版则用来投放奢侈品广告。

《东方早报》有个广告经理叫张水青，这个年轻人话不算多，有一双真诚的眼睛。当他向我提出这个颇为大胆的方案时，我确信封面广告的吸引力将远超当时一般报纸所能提供的封底、封二、封三及其他内页位置。《新民晚报》和《新闻晨报》不可能提供半个头版的版面位置给品牌做广告，《东方早报》敢于为奢侈品牌提供封面广告，这本身就需要极大的勇气。在2006年，奢侈品在中国内地市场正处于高速发展时期，宝珀在上海有了三家店铺，上海自然成了我们重要的宣传阵地。

我向蒋玉森提出了两个条件。第一，通过增加期数来降低单次成本。举个例子，当时的广告定价是每期30万元，占据半个头版。我提出宝珀一次性支付3期的费用（共计90万元），但《东方早报》要整个星期连续刊登宝珀的广告，共计7期。第二，《东方早报》要承诺永不对宝珀涨价。我也告诉蒋玉森，一旦宝珀的广告在《东方早报》上露出，必定会吸引其他奢侈品牌投放广告，因为宝珀的精准营销策略已经在圈内小有名气,说宝珀是奢侈腕表品牌的风向标也不为过。我向他保证,宝珀将为《东方早报》带来更多的品牌关注和广告收入。

蒋玉森接受了我的条件。不久后,《东方早报》在头版刊登了宝珀产品的广告,并持续一周不间断地展示,这在业内引发了不小的轰动。毕竟,此前没有任何一个奢侈品牌连续一周在同一份报纸的头版上进行露出。一位奢侈品行业的资深从业者告诉我,他的朋友们最近都在讨论宝珀,他们认为这个品牌一定实力雄厚,因为此前从未见过如此大手笔的广告投放。

鉴于广告投放取得的积极反响,我们随即与《东方早报》制订了全年的广告投放计划。这不仅有效推动了产品销售,也极大地提升了宝珀在上海及周边地区的品牌知名度。

不出所料,随着宝珀的曝光,很多腕表品牌纷纷跟进,《东方早报》头版的广告位一时供不应求,仅一年就为报社创造了近2000万元的广告收入。

事后,蒋玉森果然信守承诺,哪怕广告价格水涨船高,他依然按照原价与宝珀合作。当其他品牌以集团的形式出面,希望以最低协议价进行打包采购时,他干脆地拒绝了:"抱歉,我对廖总有过承诺,没有品牌能拿到和宝珀一样的价格。"

经此一事,我和蒋玉森成了好朋友,至今仍保持着密切联系。2013年,经蒋玉森介绍,我认识了财经作家吴晓波,这为之后吴晓波成为宝珀的品牌文化大使埋下了伏笔。2014年,《东方早报》改版为线上数字媒体澎湃新闻,蒋玉森出任执行总裁。澎湃新闻上线后与宝珀合作过开屏广告,并以专题报道的形式呈现了包括宝珀理想国文学奖在内的各项品牌活动。2016年,蒋玉森离开澎湃新闻,任梨视频联合创始人和执行总裁。时至今日,我依然会以"哥们儿"的身份向他寻求优惠,也会和他探讨营销推广方面的想法。蒋玉森曾跟我说过:"老实说,虽然与你合作没让我赚到什么钱,但我愿意与你合作,因为我们能做点儿不太一样的事情,我觉得这样比较好玩儿。"

作为策划者,面对有限的预算,我选择采取战略上的聚焦,将资源集中投入那些能够带来显著效果的地方。在预算紧张的情况下,我转向了一种更为巧妙的资源置换方式——利用宝珀的知名度和影响力,与媒体建立一种基于价值互换的合作关系,而非单纯的金钱交易关系,以此获取更多的宣传机会。

这种合作方式让很多媒体朋友逐渐形成了共识——宝珀是一个能为刊物带来更大价值的高端奢侈品牌,哪怕合作预算有限。面对主流媒体的高门槛,我们采取了"以二线媒体为主,一线媒体为辅"的策略,选择与那些发行量相对较低,影响力相对较小,但更具性价比的二线媒体合作。这种灵活的手段,确保了有限的资源能发挥出它们最大的效用。

在对媒体进行评估时,我们会综合考虑其影响力、发行量和刊例价等多个要素,并据此制定投放组合。此外,通过预判消费者的购买意愿,我们会在节假日等关键时段增加广告投放频次,以吸引更多的潜在顾客。以上要素都随市场的变化而变化,而我的工作就是保持动态平衡。

以北京市场为例,虽然《北京晚报》是北京地区发行量极大的日报,但考虑到其高昂的刊例价,以及刊登的广告种类繁多会导致读者注意力分散,宝珀选择了精耕时尚生活领域的《精品购物指南》作为北京地区的主要投放媒体。

《精品购物指南》虽然不是主流媒体,但它大开本全彩印刷得品相、每周一期的发行频率，以及对生活服务的关注，使其能够更加精准地触达我们的目标受众群体，从而成为宝珀展示产品的理想平台。

公关传播

除了精准和高效的广告投放，公关传播同样重要。硬广是一种传统而直接的宣传手段，但其投放效果会受到预算规模的限制。相对而言，内容营销是一种更为微妙和深远的沟通艺术，有时甚至能成为以小博大的利器。

品牌投放广告的目的是提升目标群体对品牌的认知度，而进行公关传播的目的则是让目标群体更加深入地了解品牌，从而在他们的心智中占据一席之地。因此，打造引人入胜的品牌故事、传达品牌精神就成为公关传播中不可或缺的环节。这些内容通常以软文或音视频的形式出现，涵盖工匠精神、品质工艺、创新传统和非凡创意，与硬广相比，这样的内容营销更能展现出品牌文化的深度。

公关传播包含三个面向：传播品牌精神以获得价值观的认同，展示独特性（即产品特性），获得圈层化的忠实消费人群。其中，让消费者认同品牌的价值观是一种更高阶的公关策略，也是品牌进入消费者心智的最有效方式。

要获得消费者对品牌价值观的认同，品牌团队首先要深刻认知品牌的核心文化到底是什么。在与海耶克先生的多次沟通中，我对宝珀的品牌文化有了更深刻的理解。从核心文化到创意提取，再到展现形式，一步步如何落地？对品牌价值观的表达是否容易被理解？这是需要我们进一步思考的问题。不同于多数品牌以展示产品特性为主的策略，宝珀的公关传播始终围绕着品牌的四点核心文化去展开：对长期

上排：《环球时报》特刊报道（2007年）（左图）与《东方早报》头版头条（2008年）（右图）
下排：《尊贵时间》Villeret系列超薄腕表展示（2009年）（左图）与《精品购物指南》宝珀大复杂制表工坊专题（2012年）（右图）

上排：*it Time* 宝珀制表历史专题（2012 年）（左图）与 *Harmony World* "五十噚"专题（2013 年）（右图）
下排：《时间观念》金雕工艺专题（2014 年）（左图）与 *International Wrist Watch* 中华年历表专题（2014 年）（右图）

主义的坚守，对高品质的追求，对传统工艺的传承和对创新的坚持。在传播内容和方式上，宝珀敢于尝试，勇于创新，多次成为业内"第一个吃螃蟹的人"。

2012年，宝珀创新性地推出了结合中国农历和公历的中华年历表，实现了对两种时间的同步读取，可以称得上是21世纪腕表在历法功能方面重要的创新之举。为了传递"对创新的坚持"的品牌精神，2014年，宝珀联合品牌文化大使梁文道制作了关于时间简史的系列节目，并成为较早登陆喜马拉雅的奢侈品牌。《宝珀丨梁文道：时间简史》通过普及历法知识的形式，引起了消费者对中国农历这样复杂却又精妙的计时历法的兴趣和关注。截至2024年8月，《宝珀丨梁文道：时间简史》节目的累计播放量已超过528万次。

2017年，宝珀为梁文道、吴晓波、冯远征3位品牌大使拍摄了以"坚持，让时间更有价值"为主题的微纪录片，总播放量超过300万次。视频通过3位品牌大使讲述自己的亲身经历，表达了坚持信仰和长期主义对于成功的重要性——成功的个体和成功的品牌，二者的个性是一致的，都具有追求卓越和长期坚持的品质。

这两轮内容传播让越来越多的消费者认识到宝珀的品牌价值观，感受到宝珀是个文化底蕴极为深厚的品牌，这对"中华年历"系列产品的销售也起到了极大的推动作用。

内容营销需要长期地、持续地投入和产出，否则很难将品牌的价值主张深植于消费者的心智。宝珀在喜马拉雅推出的《宝珀·答案之书》节目持续更新至今。该节目涵盖了多个主题，它向听众讲述了宝珀对每个制表细节的极高追求，讲述了宝珀历史上第一位女性首席执行官的非凡故事。这档节目的播放量已经超过了310万次。此外，自2018年起，宝珀每年在喜马拉雅推出"宝珀理想国文学奖特别节目"，在纯文学内容逐渐式微的今天，仍然坚持品牌对文化和审美的持续输出。这些内容产品都在从不同的角度，持续不断地向消费者讲述宝珀是一个怎样的品牌，有着怎样的坚持、理念与核心文化。

针对明星产品线的公关传播也是同样的道理，每个重要的产品系列都可以被视作一个独立的子品牌，要想让它们深入人心并收获消费者的认同，可以考虑提炼出每条产品线所承载的核心文化、作品的特殊性，并以此作为传播的原点。

宝珀的女装表系列以"独立、浪漫与智慧"为传播口号，旨在向独立、浪漫且充满智慧的女性致敬。由此，宝珀选择了两位历史上真实的独立女性榜样——玛丽莲·梦露（Marilyn Monroe）和宝珀的首位女性首席执行官贝蒂·费希特（Betty Fiechter）——作为品牌故事的主角。

玛丽莲·梦露是20世纪美国极具代表性的女演员之一，她不仅是性感美丽的代名词，也是独立、浪漫与充满智慧的世界先锋女性制片人。为了对抗传统制片厂压榨演员的不公，表达对影视作品中女性角色单一刻板形象的不满，她创办了独立的制片公司，推动女性掌握事业的话语权。身处纷繁复杂的好莱坞，她始终追求精神上的独立，保持着清醒的自我认知。尽管在歌曲中唱着《钻石是女孩最好的朋友》（*Diamonds Are A Girl's Best Friend*），但事实上她并不常佩戴珠宝。她一生唯一钟爱的一款钻石腕表是一份来自第三任丈夫亚瑟·米勒（Arthur Miller）的礼物——宝珀鸡尾酒珠宝腕表。

贝蒂·费希特是宝珀历史上的第一位女性首席执行官，也是世界钟表史上的第一位女性掌门人。在20世纪初的瑞士，女性尚没有普选的权利，而她不仅为女性的事业带来了新的可能性，还以女性视角推

2020 年，为纪念玛丽莲·梦露，宝珀在其纽约精品店中举办了一场特别的展览，其中最为重要的展品是梦露生前佩戴的宝珀鸡尾酒珠宝腕表。

动了机械腕表的设计革新，研发了专属女性的机械机芯与表款，打造出既美观又实用的女性腕表。

贝蒂·费希特深刻理解和尊重女性对机械美学的追求，而玛丽莲·梦露则懂得欣赏宝珀女装表系列的浪漫设计，二者以一种独特的方式，将女性魅力、创意精神和迷人气质传承和发扬，成为宝珀历史上不可磨灭的一部分。

直到今天，宝珀依旧坚持为所有女装表系列的款式配备独立的机械机芯，既不会套用男装腕表机芯，也不会使用石英机芯。且针对女性的使用需求，宝珀还在不断更新表款设计。这种在产品层面对"独立、浪漫与智慧"的呼应，让女装表系列所承载的价值主张变得看得见、摸得着。

另一个明星系列"五十噚"作为"现代机械潜水腕表鼻祖"，自诞生之初即为专业的潜水装备，随着潜水运动的发展而不断革新，展现出纯正的"运动基因和血统"。"五十噚"系列的新品创意层出不穷，在市场推广中，以"敢为先驱，无畏来者"的姿态，彰显了其在制表实力上"硬碰硬"的自信。

选择"敢为先驱，无畏来者"作为推广核心词，体现了宝珀"五十噚"系列的发展历程和品牌精神。宝珀作为现代潜水表的缔造者，以其持续不断的创新和改进，引领着行业的发展，是当之无愧的先驱。"五十噚"系列的演进始终与潜水装备的技术迭代同步，如湿度指示计的引入和五分钟倒计时功能的设置等，都体现了宝珀对潜水员需求的深刻理解。

随着潜水技术的不断发展，宝珀不断优化"五十噚"系列的功能，从最初的一小时水下计时增加至三小时水下计时，以满足更长时间潜水的需求。此外，宝珀将年历、月相、计时、两地时、陀飞轮等复杂功能融入潜水表设计，使其不仅是潜水装备，更是精密计时工具的典范。

宝珀随着技术发展而不断创新，不仅巩固了其在潜水表领域的领先地位，更体现了自身的核心文化——对传统工艺的传承和对创新的坚持，也强调了品牌对于自身发明创造者身份的自信。

以表达品牌精神、获取价值观认同为核心的公关策略，以及产品本身对这些价值观的长期坚持，能够引导消费者对品牌产生自发的认同感。这种"所说"和"所做"的一致性，让品牌的价值主张变得讲得清、看得见、摸得着。

作为始终坚持"高级制表"标准并在全部标准的评定上都达到满分的品牌，宝珀以不掺水分的制表实力，赢得了业界的尊重和消费者的信赖。当消费者不愿为高级奢华腕表的营销和溢价买单时，很多人会将宝珀视为备选对象。广为流传的"天地良心珀"这一称呼，就来自"表友"对宝珀的深度认可。

高级奢华腕表的品质不易从外观上直接评判，仅专业人士可以通过细节加以辨别。市场上的奢华腕表品牌众多，宝珀的高品质是在"表友"的实际使用和体验交流中被逐渐发现的。起初，是一位在西南地区的颇有影响力的"表友"（他不仅是个二手表商，还经营着一家售后服务中心）在一次对腕表进行维修保养的拆卸过程中，发现了宝珀常规款手表的每个零件都达到了五级打磨工艺水准，而其他一些高级腕表品牌的机芯打磨工艺水准则只有三到四级不等。这正是宝珀在产品层面对"对高品质的追求"这一品牌价值观的贯彻——即使在看不见的地方，也要坚持极高的工艺标准。

随着宝珀的打磨工艺水准被越来越多的"表友"发现和讨论，某天,一位"表友"在同好论坛中发出感叹:"宝珀可真是'天地良心珀'啊!"这句话很快在"表圈"和网络上流传开来。宝珀及时捕捉到这一信息,欣然接受并助推其成为品牌关键词,使其成为品牌传播的一部分。

随着时间的推移,宝珀已经形成了独特的品牌文化和价值观,赢得了消费者的广泛认可。这些消费者往往与宝珀有着相似的价值观,一些品牌的忠实粉丝甚至戏称宝珀为"低调的野心家"。这话说得没错——过去,我们强调宝珀低调、真诚和坚持;现在,我们更希望大家看到宝珀的野心,它体现在品牌对创新的不懈追求里,体现在品牌兼具厚度和广度的布局里,体现在产品非凡的创意里,也体现在宝珀团队广阔的视野里。

回顾我们在品牌进入内地不久时的经历,宝珀每年在内地市场的投放预算相对有限,这种资源上的限制反而激发我们团队在有限的框架内进行了更多有益的尝试和创新。我相信这也能为很多刚刚起步的初创品牌和小众品牌提供一定的借鉴和启发。

面对预算的限制,我们采取了一系列积极的应对策略。在没有充足预算的情况下,我们必须依靠智慧和创意来争取媒体的关注和支持。我没有完全依赖于传统的广告投放方式,而是通过建立和维护良好的媒体关系,寻找品牌传播的合适时机。通过策划小型互动,如邀请媒体共进晚餐,同时介绍新品等方式,增加更多品牌曝光的机会,以此来弥补预算的不足。

在与媒体的互动中,我们始终坚持以诚相待、以情动人。我们相信,通过真诚的交流和深入的沟通,可以与媒体建立起牢固的合作关系。报纸和杂志偶尔会出现广告位"开天窗"或版面内容空缺的情况，我们会抓住这些机会，通过提供有价值的内容和资讯，以及宝珀作为高级奢侈品牌的定位来说服对方，争取合作机会。时至今日，专业与真诚依旧是宝珀团队的行为准则之一。

随着宝珀的成长和市场知名度的提升，我们团队的营销策略经历了相应的演变。作为一个成熟的品牌，宝珀逐渐转向更为自信和更具战略性的市场定位。相较于前期追求品牌的高度曝光，现阶段我们更着力于构建品牌的独特价值和深度故事，以及品牌形象的塑造和维护，通过一系列高质量的内容营销和公关活动，如"高级制表"概念的推广、慈善拍卖、海洋保护、主题纪录片制作、文学奖的颁发等，来展现品牌理念。

我们与媒体的互动也变得更加成熟和系统化。在保持早期建立的良好关系的同时，我们进一步发展了与媒体的合作伙伴关系。除了钟表行业，我们与时尚、消费以及商业研究领域的媒体伙伴都保持着紧密的联系，通过定期的沟通和交流，让大家及时了解宝珀的最新动态和品牌信息。同时，我们也经过对方的分享和反馈，来了解市场和消费者的最新情况。

此外，我们还利用数字化工具和平台，扩大品牌的在线影响力。我们通过社交媒体、官方网站和电商渠道，与消费者建立直接的联系和互动。这样不仅能提高品牌的可见度，也为消费者提供了更加便捷和个性化的品牌体验。更重要的是，通过数据化分析技术，我们实现了市场投放的精准和高效，无论是品牌的曝光式投放，还是持续触达的程序化购买，都大大提升了营销的效果。我们相信，这种平衡和多元化的营销策略，能够让宝珀持续赢得市场的认可和尊重。

在中国内地市场独立运营的过程中，我们根据品牌在不同阶段的发展定位和市场环境，制定了相应的品牌推广策略。以下是几个关键战术。

<u>1</u> 深刻理解品牌：深入了解品牌历史、制表理念和核心价值观，并结合产品的独特性制定品牌推广策略，旨在将品牌价值观以易于理解和接受的方式呈现给目标群体，确保品牌文化讲得清、看得见、摸得着。

<u>2</u> 真诚的媒体互动：与媒体长期保持真诚的交流和深入的沟通，建立牢固的合作关系。即便在广告预算有限的情况下，这种互动也能够让我们获得媒体的支持，建立与媒体的合作。

<u>3</u> 从独特的视角解读品牌文化：讲述体现品牌独特价值的故事，坚持长期通过高质量的内容营销和公关活动展现品牌理念。

<u>4</u> 对数字化工具和平台的利用：顺应互联网时代的变化，利用数字化工具和平台提升品牌的影响力。通过数字渠道与消费者建立强互动，提高品牌可见度，提供个性化的消费者体验，并通过数据分析优化市场投放。

<u>5</u> 平衡和多元化的营销策略：在注重传递品牌价值的同时，更加重视对消费者需求的满足，再结合数字化营销领域的创新，以赢得市场认可。

在宝珀进入中国内地市场的早期，我深刻体会到，即使预算有

限，我们也能通过策略和智慧让品牌在世界舞台上绽放光彩。事实上，品牌的成长需要充足的市场预算，但最终的效果与投入很有可能不成正比。正如我所经历和见证的，宝珀并非依靠巨额的广告投放，而是凭借对品质的长期坚守、对创新的追求和对每一位消费者的真诚才走到今天。这一路上，我们学会了如何在有限的资源中寻找无限的可能性，如何在变化莫测的市场中打造差异化，保持品牌的独立和自信。这是一曲关于品牌精神与市场智慧的双重奏鸣。

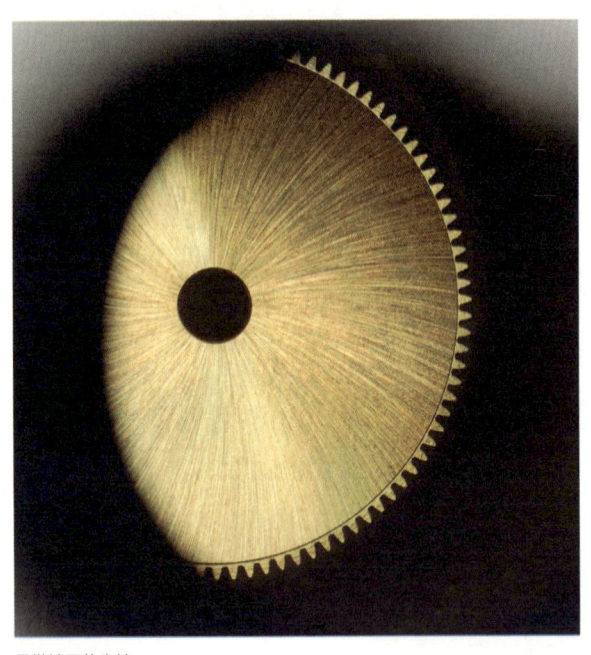

显微镜下的齿轮

野心家的细节

一块表在未来岁月中的运作性能和使用寿命无不取决于齿轮和小齿轴的质量。一只杰出的时计必须配备最上乘的齿轮和小齿轴。

宝珀的制表师们为每个重要部件的制作和打磨倾注了大量心血。对每一个齿轮的两面，制表师们都要用极其精细的砂纸进行环状纹化处理。在显微镜下，这种精工细作显露无遗。

上排：制表师正在使用车削工艺加工摆轮螺丝的轮廓，这些螺丝由金丝制成，成品的直径只有零点几毫米（左图）。每一个齿轮都由一种叫"齿轮冲压器"的独特工具制作而成（右图）。

下排：一款叫作"圣母相机"的冲压机。这种机器原产于意大利，设计初衷是生产圣母玛利亚的肖像，如今被用来为齿轮的齿臂赋予棱角（左图）。齿轮的材质选择同样重要，铜／铍合金有更高坚韧度，能够赋予机芯更强的性能（右图）。

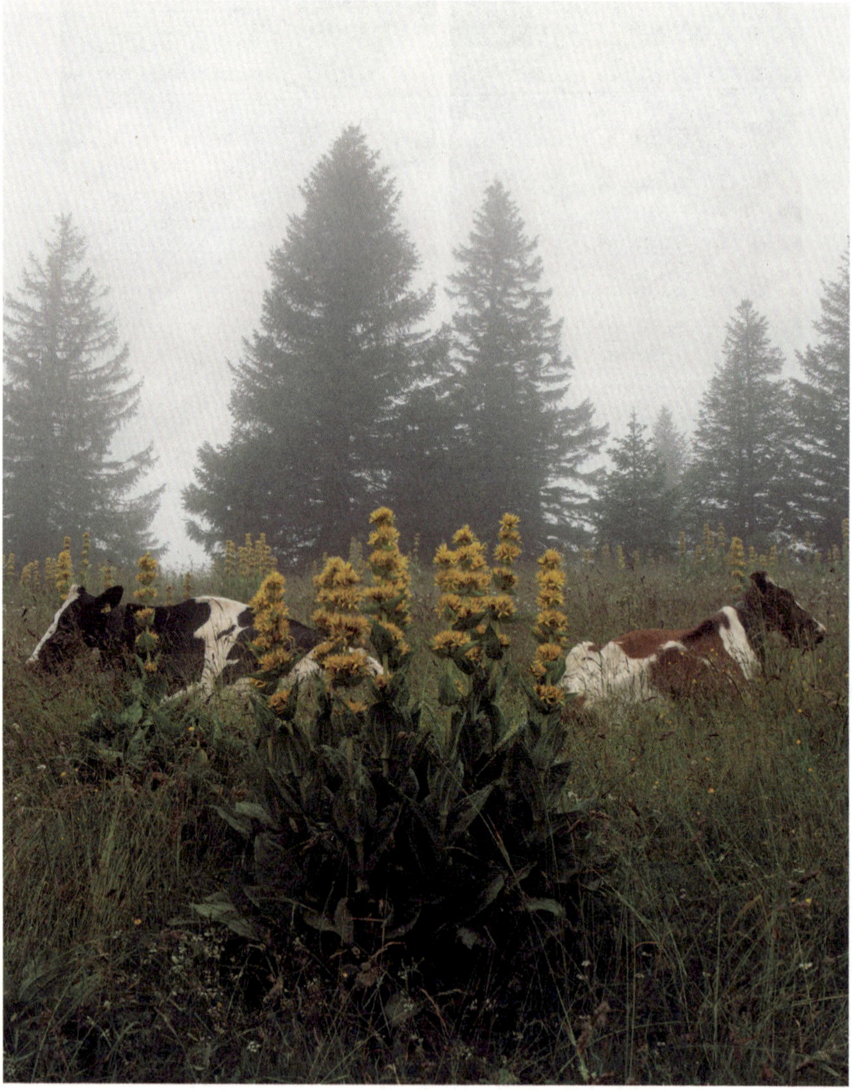

左页：在童话般的汝拉山谷，有一种俗称"黄衣仙子"的植物——黄龙胆。每年夏日，它的花茎可以长到超过一米高。它的根深受酿酒师的青睐，是制作苦味白兰地的神奇配料。在制表师的工作台上，黄龙胆摇身一变，成了一种珍贵的制表工具。

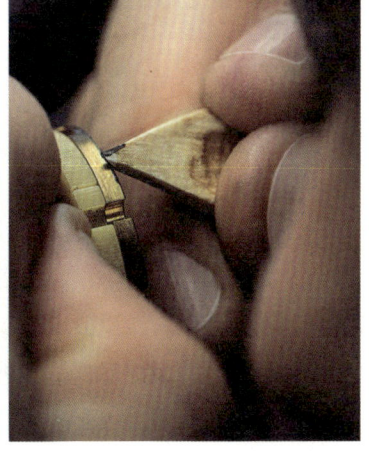

左图：一到秋天，制表师就会前去采摘黄龙胆的茎干，它的茎干坚韧而密实，富含一种精细的颗粒，是用来抛光腕表零部件的理想材料。

右图：倒角工艺是高级腕表机芯的主要装饰工艺之一。这种技术通过将锋利的边界削成特定的角度（通常为 45 度），来凸显夹板、表桥、摆陀等零部件的形状。手工倒角是最耗时的制表打磨工艺，而它的最后一步就是用表面涂有金刚砂和精油的黄龙胆茎干，对零部件进行精细打磨。

坚持创新是我们的传统

品牌的市场传播工作需要与品牌的核心文化、独特性、历史积淀保持一致。任何市场推广手段，包括广告传播和活动呈现，都必须与品牌的核心理念及品牌气质紧密相关。这种一致性和关联性要体现在推广环节的每一个细节当中。

2006年的京剧跨界活动是我作为宝珀中国区副总裁第一次独立承办的大型活动。作为一个瑞士高级腕表品牌，宝珀第一次在中国内地媒体和消费者面前大规模亮相。这次亮相尤为重要，因为它决定着品牌在中国内地市场上的第一印象，也影响着宝珀总部对宝珀在中国内地市场的重视和投入程度。

那么，如何让宝珀在中国内地第一次大规模亮相时令人眼前一亮、印象深刻呢？我想到了将品牌与中国传统文化相结合，以中西合璧的形式举办巡展，让大家认识这个还不熟悉的品牌。在中国经济和文化事业蓬勃发展的背景下，东西方文化的融合既能展现宝珀辉煌悠久的品牌历史，又能展现西方制表工艺对中国传统文化的致敬和献礼。我将巡展的主题定为"创新即传统"（对传统工艺的传承和对创新的坚持）——这也是宝珀一贯秉持的品牌理念和引领品牌发展的基本信条。作为宝珀270周年庆典活动的重要组成部分，此次巡展承载了品牌的梦想与希望。

巡展的第一站选在首都北京。活动展出了数十只精妙绝伦的时计艺术品及机芯杰作，每一只都是大师们的倾力之作，包括超复杂腕表1735、2004年的时间等式复杂功能腕表、八天上链的陀飞轮手表等。这些珍稀的手表款式展示了瑞士制表匠人数百年来精湛的手工工艺传统，它们不仅彰显了宝珀对传统制造工艺的坚持，也体现了宝珀在瑞士高级钟表领域的持续创新与突破。

这是我们向全球市场传递的信号——宝珀的创新始终根植于经典制表理念，宝珀的创新本身即是对传统的一种延续。正是"创新即传统"的理念，成就了宝珀在过去半个世纪里的诸多辉煌。

作为宝珀在中国内地举办的首次具有历史回顾性的系统展览，这次活动对于宝珀总部和中国内地市场都意义重大。我们团队面临的最大挑战是，如何以最直接和最有效的方式展现创新与传统的碰撞和交织。这是一个极具挑战性的主题。今天的读者可能难以想象，在近20年前，中国内地市场的营销模式相对单一，远没有达到如今的多元化和数字化水平，当时的主流媒体局限于电视、广播、户外广告和报刊，而高端消费品通常只能通过线下发布会来提升品牌的曝光度和影响力。尽管模特走秀是当时最为常见且安全的选择，但我仍希望宝珀在中国内地的首次大规模亮相能给人带来耳目一新的感受。因此，我决定将品牌与中国传统文化——京剧——相结合。

我选择京剧作为现场表演的一部分，是因为它作为有着两百多年历史的"东方歌剧"，不仅是中国国粹和传统文化的代表，也是早

2006年的"创新即传统"巡展集结了宝珀20款珍贵的时计杰作,是宝珀在中国内地的第一次大规模亮相。

已走向国际舞台的中国剧种，它是中华民族表演艺术的精华。而自京剧诞生以来，它的变革与创新亦始终未曾间断。京剧兼具"传统"与"创新"，这与宝珀的品牌精神不谋而合。

我将传统京剧与时尚模特走秀结合起来，是为了展现宝珀的"传统"与"创新"，让观众在欣赏演出的同时，体验宝珀品牌文化的精髓。为了节省费用，我们动用了各种关系，以优惠价格邀请了"大模"莫万丹、戴小奕及多位外国模特为品牌站台，但紧张的预算依然让整场活动捉襟见肘。当天模特走秀的服装，包括旗袍和翻转礼服，我都亲自参与了设计。虽然回想起来，一些细节可能略显滑稽，特别是翻转礼服背后展示的硕大的BLANCPAIN商标显得过于简单直白，但在当时，我迫切希望现场的所有人都能在活动后记住宝珀这个品牌。

活动前后筹备了一个多月，从现场布置到座次安排，再到演出剧目，每一项工作我都亲自参与。这是我和我的团队第一次承办如此大型的线下活动，无论是对宝珀还是对我个人，这次活动都称得上意义非凡。

值得庆幸的是，这次活动达到了预期中的效果。先是著名京剧戏班的演出让观众零距离欣赏了东西方文化碰撞出的最璀璨的火花。接着，当模特们穿着极具京剧特色的改良版旗袍登上舞台，将手腕上的宝珀腕表展示给台下的观众时，现场响起了一阵阵掌声和尖叫，快门声响成一片。腕表和京剧的跨界融合不仅给现场观众留下了深刻且生动的品牌印象，更使当年很多消费者在心中建立了宝珀的品牌形象——一个既尊重传统又勇于创新的品牌。

更为重要的是，这次活动不仅仅在品牌传播上创造了话题，还赢得了在北京参与活动的两大合作伙伴名表城和英皇的赞誉，以及来自

上图：在西方模特穿着颇具京剧特色的旗袍上场的那一刻，全场快门声响成一片。

下图：在中西方文化碰撞的一瞬间，人们记住了宝珀。

我与宝珀全球副总裁兼销售总监安德烈·迈尔（Andre Meier）做谢幕致辞。这场京剧与腕表的跨界活动，成为宝珀本土化的一次精彩开局。

宝珀忠实消费者的正向反馈。同时，这场活动也让宝珀总部的管理层看到了中国内地市场的巨大潜力。宝珀总部对我们的创新尝试给予了高度的认可，并对作为新任宝珀中国区副总裁的我，以及手下的两名新手员工的努力表示了肯定和鼓励。

总的来说，这场市场活动是宝珀本土化战略的一次成功实践，也是我个人职业生涯中的一次重要历练。它不仅加深了消费者对宝珀的理解，也为品牌在中国内地市场的长期发展提供了宝贵的经验和信心。

尽管收获了满满的成就感，但第一次操盘如此大规模的活动，我仍然有不小的遗憾。由于相关经验不足，我们团队错估了中国大饭店宴会厅的面积和容纳人数，导致现场人数超出了场地的预留座位，我们只能在场地外临时增加了两桌,让一部分媒体和嘉宾在门外落座。虽然当天现场气氛热烈,大部分嘉宾的情绪并未因此受到影响,也对我们的失误和后续处理方案表示了谅解,但这不能成为我为自己开脱的理由。

此前我在其他品牌的活动上"偷师",自以为通过间接的学习和参与,便能将其作为我的个人经验加以应用,继而复制其他品牌的活动。然而,这次的经历提醒了我,在未来的市场活动中,我需要更加关注细节和风险管理。这次活动为我个人和团队提供了宝贵的学习机会,至此,我才真正理解了知易行难的道理。实践是检验真理的唯一标准,很多事情只有亲自经历过,才能真正体会其中的不易。这次经历也让我更加坚信,真诚和专业是赢得市场、赢得合作伙伴信任的关键,这也是我一直践行的原则。现实给你的痛击,最深刻也最持久,让你时刻铭记,并引以为鉴。

被故宫博物院收藏的第一只当代腕表

任何一个国际品牌，尤其是经营钟表、珠宝这类产品的"硬奢"品牌，都是通过品牌创始人的传奇、使用者的故事、品牌历史上的重大事件、品牌制定的行业标准和获得的行业成就、创新的产品等，不断提炼具有品牌符号的内容，从而逐步确立行业地位的。品牌的行业地位一旦确立，在很长时间之内是难以被轻易撼动的。举办品牌活动一定要创造记忆点，如果没有热点可以结合，那就创造热点。

宝珀与故宫博物院的缘分，要从2007年的"北京—巴黎老爷车拉力赛"说起。这场盛事见证了来自全球的一百多辆古董老爷车跨越欧亚大陆的壮丽征程，中国北京是始发站，参赛车辆最终集结于法国巴黎。作为赛事的主办方之一，宝珀面临的挑战是，如何将这场具有时代意义的文化交流与宝珀的品牌提升相融合。最终，我们团队选择将居庸关作为出发场地，并且在正式赛事前一晚的欢送会上首次将古董老爷车送入故宫博物院的怀抱。

是的，就是故宫博物院。在那场集合了品牌腕表和古董车文化的鸡尾酒会上，我们为全球古董车赛车手打造了近距离感受故宫古老文化的契机。故宫博物院的相关负责人也对宝珀有了初步认识，了解了这个拥有明确品牌定位的古老的腕表品牌的故事。这次跨界合作非常成功，为随后钟表文化史上一个特别最值得称赞的项目埋下了伏笔。

在北京—巴黎老爷车拉力赛之后，我有幸再次前往故宫，与时任故宫博物院宣教部主任的闫宏斌和钟表馆的负责人赵阳进行了一次深入的交流，探讨了宝珀与故宫博物院继续合作的机会。我了解到，故宫博物院已经与多个高级奢侈品牌建立了合作关系，合作形式包括举办品牌展览和新闻发布会等。当讨论到钟表领域的合作方向时，闫宏斌提到，一些品牌会主动帮助故宫博物院修复古董座钟或怀表，以及赞助修复工具或提供技术咨询等，但这些提议似乎更多是为了与故宫博物院建立联系而非深度合作。

赵阳向我介绍了故宫博物院与西洋钟表的深厚渊源，特别提到故宫博物院钟表馆的藏品主要来自清朝，以乾隆年间的藏品最为丰富，是当时中国对外交流的历史见证。

在谈话中，有人提出了一个问题：那位特别喜欢收藏钟表的乾隆皇帝是什么时候登基的呢？听到这句话，我犹如被闪电击中，一个念头在心里成形。

1735年，乾隆皇帝即位；同一年，宝珀诞生了。这不光是一种时间上的巧合，更是历史的遥相辉映——乾隆皇帝的登基标志着中国历史上"乾隆盛世"的开启；而宝珀的诞生，则代表着瑞士钟表行业从匠人时代正式步入品牌时代。这种跨越时空的同步，似乎预示着冥冥之中有一种特殊的缘分将宝珀与故宫紧密地联系在一起。

这个意外的消息令我兴奋异常，在兴奋之余，讨论还在继续。几个关键问题被相继提出。

故宫博物院收藏的钟表都是什么类型？经了解，故宫博物院藏品以各种大小的座钟和怀表为主，大多来自当时欧洲主要的钟表制造地区，如瑞士和英国。另外，故宫博物院钟表馆藏有斯沃琪集团旗下的雅克德罗牌机器人座钟——每当整点报时，就会有机械小人从座钟里跑出来，用毛笔书写"八方来仪"四个字。

故宫博物院是否藏有腕表呢？答案是没有。故宫博物院建院近百年，却从未收藏过任何腕表。这一发现让我仿佛于茫茫云海中看到一道划破天际的金光。

故宫博物院有没有可能收藏一只当代腕表，以及这只腕表需要具备怎样的分量才能被故宫博物院收藏？根据闫宏斌和赵阳的看法，宝珀作为瑞士最古老的品牌和高级腕表的代表，其品牌地位和资质应当能够被故宫博物院认可。

在这个问题上，故宫博物院和宝珀双方达成了基本共识：故宫博物院在原有的座钟和怀表藏品之外，引入当代腕表作为馆藏，这不仅具有创新意义，也体现了与时俱进的精神；而对宝珀而言，其产品能被故宫博物院收藏，这无疑是一个具有历史意义的重大事件，对品牌影响深远。合作的关键在于，一款什么样的腕表能有幸成为故宫博物院的藏品呢？

在下一次正式讨论之前，我们双方分别向各自的上级汇报了合作意向。我们向宝珀总部提交了这个项目的具体执行计划书，并得到了总部的大力支持。经过讨论，我提议将宝珀当时最新研发的复杂功能

2007 年,北京至巴黎国际老爷车拉力赛开始,我是出发点负责拉横幅的小弟。

腕表——具备拥有专利的一分钟同轴卡罗素永动机芯[①]的腕表,作为捐赠给故宫博物院的收藏款式。为了确保故宫博物院收藏的唯一性,我们计划设计一只故宫博物院专属的收藏版腕表。

一个月后,我带着宝珀总部的设计方案重返故宫博物院,与故宫

[①] 卡罗素(Karrusel,意为旋转木马)是 1892 年由来自伦敦的丹麦籍制表师巴尼·伯尼克森(Bahne Bonniksen)发明的一种钟表的复杂功能。传统卡罗素因其偏心结构而导致观赏性不足,且制作难度大、成本高,逐渐被制表界遗忘。直到 2008 年,宝珀推出了"一分钟同轴卡罗素"永动机芯,将传统的偏心结构改造成同轴运转结构,实现了每 60 秒一圈的高速稳定运转,增强了卡罗素的实用性和观赏性,也使其成为品牌的标志性技术。

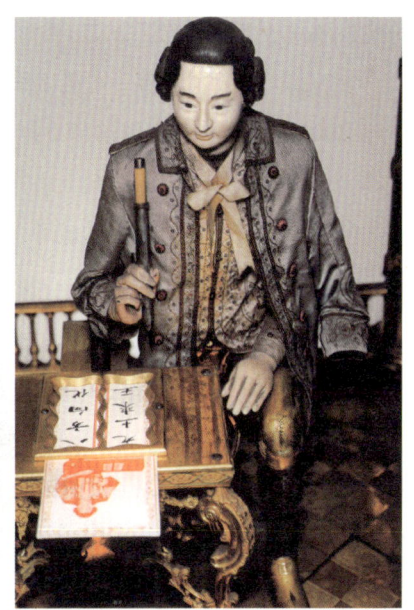

左图：老爷车队抵达巴黎。
右图：故宫博物院钟表馆馆藏的斯沃琪集团旗下雅克德罗牌机器人座钟。

博物院的高层领导会面，我代表宝珀对设计方案做了正式的陈述。一周后，我收到故宫博物院的正式回复——故宫博物院接受了我们的方案，并计划组织一个小型团队前往瑞士对宝珀总部和工厂进行参观调研，以便深入了解这只腕表的制造工艺。同时，双方开始探讨收藏交接仪式的具体流程。

2008年夏天，故宫博物院派出了一支由娄玮常务副院长、闫宏斌主任以及赵阳处长组成的调研小分队，来到了风景如画的瑞士汝拉山谷，参观了宝珀管理的FP机芯工厂和大复杂制表工坊。小分队成员对从A到Z的先进生产工艺印象深刻，同时对大复杂制表工坊中几位非凡的制表大师呈现的传统手工艺——即将被呈现于故宫博物院收藏腕表之上的珐琅和金雕工艺等——啧啧称赞。

2008年10月初,由宝珀精心打造的乾坤卡罗素腕表终于完工。这只腕表的表盘设计以"中华太极"为主题,巧妙地将阴阳哲学与时间概念融为一体,传递出海纳乾坤之感。腕表背面刻有"1735""乾隆"和"BLANCPAIN"等字样,寄托了宝珀与中国的深厚友谊。底部雕刻了精美的故宫图案,周围点缀着古典琉璃瓦装饰。丰富的中国元素在宝珀的精湛工艺下,闪耀着迷人的光芒。当腕表运动时,半镂空的刻度盘展现出引人入胜的在空中浮动的卡罗素框架,每一个细节、每一个零件都展现了宝珀非凡的制表工艺。

2008年的10月20日晚,宝珀与故宫博物院双方的代表在故宫博物院钟表馆共同举行了一场隆重的捐赠和收藏交接仪式,故宫博物院常务副院长李季出席了这一盛事。

那个夜晚是宝珀历史上极为重要的时刻之一,也成就了钟表历史上令人称道的市场营销创举。一只宝珀的乾坤卡罗素腕表成为故宫博物院创立以来第一只被纳入典藏的当代腕表,并被赋予专有的文物编号"新204357"。

时至今日,作为品牌与故宫博物院收藏项目的主要负责人和全程参与者,我仍然深感自豪。这次合作不仅是故宫博物院对宝珀制表工艺的高度认可,在世界钟表史上意义重大,也是对我个人职业生涯的又一次重要肯定。回望这个项目,它不仅提升了宝珀在中国内地市场的品牌地位,为品牌在中国内地市场开辟了新局面,也为品牌在下一阶段的加速发展奠定了坚实的基础。

这次合作让我领悟了"品牌力"的真正含义。"被故宫博物院

1735 年是乾隆帝登基的年份，也是宝珀创立的年份。这只专为故宫打造的孤品腕表不仅将这一重大时间节点融入设计（上图），还赋予了它一分钟同轴卡罗素技术（下图表盘 12 点刻度下方）。这只腕表成为被故宫博物院收藏的第一只当代腕表。

收藏的第一只当代腕表"不仅在腕表爱好者中引起了轰动,也吸引了大众消费者的关注。这一合作为我们之后向市场推出大复杂系列中宝珀独有的一分钟同轴卡罗素腕表,并将其作为常规产品售卖铺就了成功之路。这个系列的腕表拥有与故宫博物院收藏的腕表相同的功能结构,虽然单只售价高达100万元,但依旧凭借其卓越的工艺和独特的功能,备受藏家们追捧。

从商业角度来看,与故宫博物院的合作也为宝珀的商业合作伙伴,包括经销商和业主们,带来了前所未有的信心。他们对宝珀的品牌认可不再只停留在口头上,他们在亲眼见证了宝珀的价值之后,对未来的合作抱有更大的信心。

对宝珀的员工来说,这次合作无疑是极大的激励和鼓舞。能够参与这样一个具有历史意义的项目,每一个人都感到无比自豪,并对品牌未来的发展充满了期待。

自那以后,"品牌力"这个概念在我心中变得更加清晰。品牌的力量不仅源自产品的质量和工艺,更源自品牌所承载的文化价值和历史传统。它像一颗种子,在我心中慢慢生根发芽,激励我以更加开放的心态主动探索和实践更多具有文化属性的项目。

第三部分 策略

"被故宫博物院收藏的第一只当代腕表"这一事件引发了大量媒体和腕表爱好者的关注。

爱让生命美丽

对公益慈善事业的关注，是奢侈品牌精神的自然延伸。利用自身的影响力，品牌能够将爱与美的价值观扩散至更广泛的群体，从而实现社会责任与品牌价值的共鸣。

宝珀于2012年11月发布了The Unique高级定制系列孤品腕表，这只独特的腕表由宝珀艺术大师工作室前负责人、珐琅微绘大师克里斯托弗·博纳多（Christophe Bernardot）创作，巧妙地融合了传承数个世纪的微绘珐琅和金雕工艺，充分展现了宝珀在高级定制领域的精湛技艺。

高级定制不仅是想象力和创造力的巅峰体现，还需要将高级的制表工艺和非凡的美学造诣融会并发挥至极致。纵观钟表业，并非所有腕表品牌都是"高级定制"。回顾宝珀的悠久历史，每一只传世杰作都仿佛在向世人诉说这个瑞士高级制表品牌对于古老精湛工艺传承的深刻理解和独特见解。

此次的高级定制作品灵感源于东方画卷，设计师们凭借着娴熟的技艺和卓越的艺术领悟力，生动地还原了中国传统水墨画的经典画

制表大师克里斯托弗·博纳多结合中国水墨画打造的 The Unique 高级定制系列孤品腕表。

面。诞生于数个世纪前的微绘珐琅和金雕工艺堪称宝珀传统工艺的精髓所在，历来被广泛应用于宝珀的高级定制臻品之中。The Unique高级定制系列孤品腕表采用18K玫瑰金材质，配有20枚红宝石轴承，表盘由绚丽的微绘珐琅工艺打造而成，腕表的背面匠心独运地运用了金雕工艺来勾勒出灵动的蝴蝶造型，使翩翩起舞的彩蝶跃动于娇艳欲滴的荷花之上，以东方的手法展现了生命之美。"Pièce Unique"（独一无二）的字样进一步彰显了这件孤品的收藏价值。

为了更好地将这份独特的匠心和对东方文化的敬意传达给更多人，我提议借助慈善拍卖这一方式。作为社会公益事业的长期践行者，宝珀不仅在中国，更是在全球范围内不遗余力地倾注慈善关爱。从率先为ONLY WATCH慈善拍卖会量身打造慈善表款，到为海洋生物发起环保项目，宝珀一直对社会公益给予热忱的支持。若能将此腕表慷慨献出，作为慈善拍品，并将所得善款用于支持中国的慈善事业，将是不负这件精工细作的高级定制作品以及作品背后深刻含义的最好方式。此举也能践行宝珀的慈善观——让更多慈善的声音化为实际的行动，将爱传递给更多需要帮助的人。

我主动联系了中国残疾人艺术团，并亲自登门拜访。接待我的是邰丽华女士，她是残疾人艺术团的团长，也是2005年春晚节目《千手观音》的领舞。邰丽华女士非常亲切，她带我参观了排练中心，并向我详细介绍了中国残疾人艺术团的情况。她的热情和友好让我感到非常温暖和舒适，也让我对中国残疾人艺术团有了更深入的了解，让我更加敬佩他们的才华和精神。

中国残疾人艺术团自1987年成立以来，以其独特的魅力和精神内涵创造了众多艺术经典，以艺术与心灵的完美融合特立于世界文化之林。中国残疾人艺术团的成员们独立编排的大型舞蹈《我的梦》和《千手观音》在世界范围内取得了巨大成功和广泛认可。中国残疾人艺术团先后出访亚洲、欧洲、美洲、非洲和大洋洲的六十多个国家，进行了一百五十多场演出，并被授予了联合国教科文组织"和平艺术家"的称号。

中国残疾人艺术团的成员们以感恩之心自立于社会，同时开展了大量公益义演和文化交流活动以回馈社会。他们以节俭下来的演出收入设立了"我的梦"和谐基金，在短短四年内，该基金已为国内外公益事业累计捐款达千万余元。中国残疾人艺术团的成员们用实际行动将乐观的精神和温暖的爱意传递至社会的多个角落。

我在现场看了一段震撼人心的舞蹈表演，每一位表演者都是残疾人，他们有的听不见，有的看不见，但动作却出奇地整齐划一。他们的舞蹈犹如无声的诗篇，传递着坚韧与希望，让人无法忘怀。在表演结束后，我当即表达了与中国残疾人艺术团合作的真诚意愿，并向邰丽华团长保证，宝珀会将拍卖所得善款全部赠予中国残疾人福利基金会，用于支持中国残疾人艺术团未来发掘、培养更多拥有艺术潜质的成员，以表达对于这一团体卓越精神的崇高敬意。

当然，我希望通过这次活动，能够让更多的人看到残疾人的才华与潜力，为推动残疾人事业的发展尽一分绵薄之力。可说实话，我对于这次拍卖的成交价格并没有十足的把握，毕竟这是我第一次承办大型的慈善活动，我深感责任重大。我担心这次拍卖最终无法达到预期的效果，难以对残疾人事业带来足够的帮助，辜负邰丽华团长对我的信任。

2012年11月21日，宝珀于上海举办了一场"爱让生命美丽，宝珀The Unique发布晚宴",将The Unique高级定制系列孤品腕表作为慈善拍品进行现场拍卖。这场活动我邀请了窦文涛先生作为主持人,梁文道先生作为活动嘉宾出席。"道长"梁文道在现场说了一段话,给我留下的印象极深。他说:"残疾人在某些感官功能上比我们所谓的健全人要强悍很多。因此,在某种程度上,或许我们才是残疾人。我们不仅仅在帮助他人,实际上我们也在救赎自己。"这段话至今令我记忆犹新。帮助他人,救赎自己,只有尊重每一个人的独特才能和价值,不因残疾而歧视或怜悯他人,才能创造一个平等包容的社会环境。

中国残疾人艺术团在晚宴上表演了经典作品《千手观音》和《化蝶》,后者以舞蹈这种艺术形式呼应了The Unique高级定制系列孤品腕表表盘和背面的蝴蝶造型。虽然演员们听不见音乐,但他们通过此前无数次的排练和手语老师的现场提示,成就了殿堂级的完美演绎。我瞥见很多观众在观看过程中频频落泪,我相信他们在感受艺术魅力的同时,亦不由地感叹着爱赋予生命的美丽。

整场晚宴的重头戏无疑是拍卖环节。随着时间推移,我越发紧张,对即将到来的拍卖忐忑不安。在项目启动前,我对拍卖的结果就有些担忧。尽管我们的初衷是做慈善,但当时钟表行业还从未有品牌单独举办过现场拍卖,更遑论是以慈善为主题的拍卖。宝珀的微绘珐琅和金雕工艺在行业内享有盛誉,且这是一只孤品腕表,我期望的拍卖价格至少要高于正常公价,在30万元到60万元之间。

在拍卖师宣布拍卖开始的瞬间,我的心跳加速。拍卖牌在四面八方举起,出价声此起彼伏,场面异常火爆,底价亦从2万元一路飙升至70万元。每一轮竞价都让我心潮起伏,紧张与期待交织。

上排：中国残疾人艺术团在晚宴上表演《千手观音》与《化蝶》。

下排：我与时任宝珀全球副总裁兼市场总监阿兰·德拉穆拉兹（Alain Delamuraz）将孤品腕表交到中拍者朱女士手中。竞拍所得的 110 万元善款被全数捐赠给了中国残疾人福利基金会。

竞价逐渐进入白热化阶段，几位主要竞拍者频频举牌，价格不断攀升，从90万元飙至108万元，全场气氛被推向顶点。就在青岛海信广场的董事长周涛先生即将以全场最高价夺得这只腕表，拍卖师正准备落下定音之锤时，场地另一侧的一位女士举起了报价牌——110万元。她的举动瞬间吸引了全场的目光。在几秒的寂静之后，现场爆发出雷鸣般的掌声。

这位女士姓朱，来自上海南极人公司。我们此前从未见过，她是与另一位媒体朋友一同来到现场的。朱女士在现场动情地表示："宝珀所展现出的爱意深深打动了我。在看过中国残疾人艺术团的精彩表演后，我们决定要把握住这次机会，奉献出我们的爱心。我们十分认同宝珀对于慈善事业的态度，希望通过这次机会，响应宝珀的号召，为残疾人公益事业贡献自己的一分力。"

很多媒体朋友在拍卖结束后与我交流——他们也都参与了竞拍，虽然清楚自己最终不会胜出，但依然希望通过这种方式来表达对中国残疾人艺术团的支持。这让我深受感动，也让我真切地体会到，每个人都在用自己的方式为公益事业尽一分力，传递着爱与关怀。

这次活动在业内产生了深远的影响，不仅因其筹得的善款金额巨大，更为其他行业树立了一个典范。中国残疾人艺术团的艺术家们凭借他们对艺术的深刻领悟和执着追求，为我们展现了世间最动人的美丽。而宝珀的参与和推动，也让更多的慈善之声转化为实际行动，将爱的力量传递给更多需要帮助的人。

玛丽 - 洛瑞·塔布里（Marie-Laure Tarbouriech）摘得"法兰西手工技艺最高奖"桂冠的怀表作品，怀表的板桥上精心雕刻了各种动植物。她花了一年时间完成参赛作品，整个过程耗时 530 小时。

从画纸到表盘：艺术大师手中的微绘珐琅与金雕工艺

宝珀的艺术大师工作室藏龙卧虎，在这些制表匠人的手中，金雕工艺、赤铜工艺、大马士革镶金工艺及各类珐琅工艺展现出热情的姿态。

在艺术大师工作室，从画纸到表盘，绝不是一次简单的平移。"爱让生命美丽，宝珀 The Unique 发布晚宴"上的孤品腕表就诞生于这里。

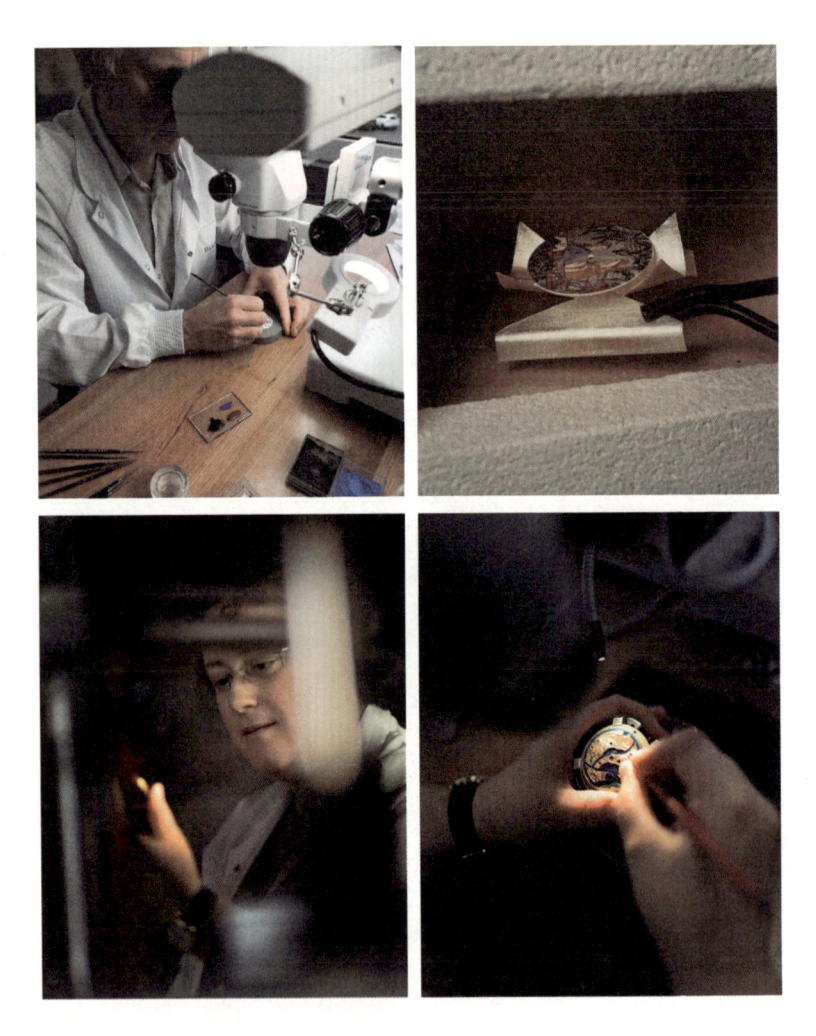

上排：宝珀艺术大师工作室前负责人克里斯托弗·博纳多曾为爱丽舍宫和法国大使馆独家制造精致的瓷器，他精通雕刻、金雕和各式珐琅工艺。微绘珐琅需要在双筒显微镜下完成勾勒与配色（左图），绘制完成后送入窑炉中烧制（右图）。

下排：摘得"法兰西手工技艺最高奖"桂冠的玛丽-洛瑞·塔布里是宝珀艺术大师工作室的主要雕刻家之一（左图）。身为雕刻技师，她拥有出众的绘画能力和塑造浅浮雕的技艺（右图）。

上排：巨浪工艺腕表（右图）的灵感来源于葛饰北斋（Hokusai）于 1830 年创作的木板刻画《神奈川冲浪里》(左图)。为了在有限的表盘上展现愤怒的大海，制表师打造了一个立体的白金色雕刻海浪部件，并运用赤铜工艺加深了视觉深度。精细抛光的部分浪花为海浪注入了强烈的明暗对比，表盘选用的墨西哥黑曜石则有着细密的明亮晶粒，营造出狂风暴雨的气氛。

下排：为呼吁对濒危动物云豹的保护，艺术大师工作室推出了"云豹"主题腕表。表盘中的云豹连同前景中的其他元素，皆以 K 金手工贴雕的形式打造（左图）。为了打造云豹的胡须，制表师将直径 0.2 毫米的金丝一根一根嵌入用大马士革镶金工艺雕刻而成的凹槽中（右图）。

宝珀的微绘珐琅作品：左侧的表盘描绘了矗立于日内瓦湖畔的拉沃葡萄园，该葡萄园距宝珀在洛桑市郊的办事处不远；右侧的表盘在白色珐琅背景下，运用錾胎工艺打造出两朵呼之欲出的雪绒花。

"蛟龙号"入海

品牌的领导者要具备对市场趋势的前瞻性眼光。

2013年,为纪念"五十噚"系列问世60周年,宝珀重新发行了Bathyscaphe(深海潜水器)现代版腕表。作为宝珀中国区负责人,在团队几乎所有人都反对的情况下(彼时运动腕表的销售非常低迷,"五十噚"系列的销量不到宝珀总销量的2%),我决定将当前市场上缺乏认知度的潜水腕表作为重点产品,大力推介给中国内地消费者,并以"深海·传奇"为主题,举办为期一年的"五十噚"系列60周年华诞中国巡展,向中国消费者介绍和分享宝珀"五十噚"系列长达60年的风华岁月与璀璨传奇。

巡展首站在上海举办,我邀请了新任宝珀品牌文化大使梁文道作为特邀嘉宾亲临现场。梁文道在现场从历史文化和受众的角度阐述了"五十噚"系列腕表所传递出的品牌精神和鉴赏价值,以及此系列腕表在人类探索海洋、保护原始海洋方面所起到的不可或缺的非凡作用。他这样评价宝珀"五十噚"系列:"潜水表告诉我们,人类能在海底潜到多深,告知我们时间。在潜水中佩戴一块专业的潜水表是非

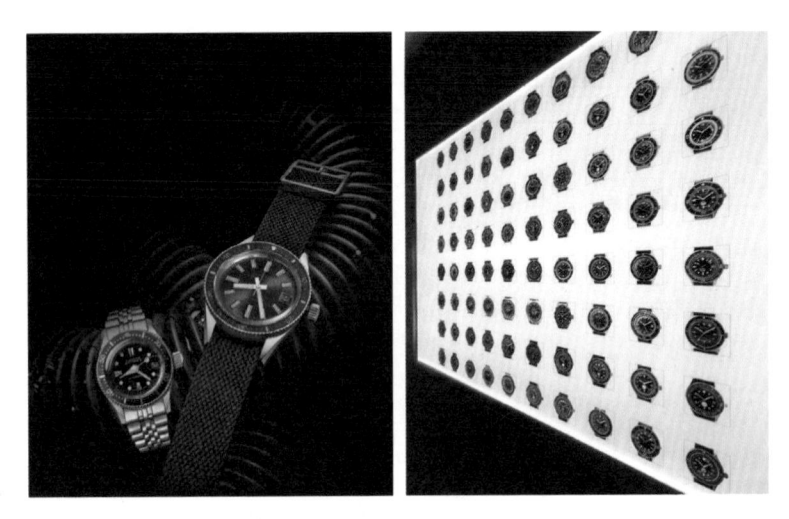

左图：20 世纪 50 年代的 Bathyscaphe 腕表。
右图：2013 年"五十噚"系列 60 周年华诞中国巡展现场的"五十噚"幕墙。

常重要的事情，因为我们要知道我们下潜了多久，上来要留多少时间，这都是攸关生死的事情。潜到海洋深处，周边充满各种不确定性和危险的因素，潜水表就是你可靠的伙伴。我们非常需要一块可靠的专业腕表，时时告诉我们身在何处，何时需要回潜，而这也正是'五十噚'系列所蕴含的精神之一。"

唯有真实了解，方能激发热情。宝珀长期倾力于支持多个重要的海洋科考项目，其中特别值得一提的是与美国《国家地理》携手实施的集探索、研究与保护于一身的"原始海洋考察"计划。该计划旨在对广袤而神秘的水下宇宙进行不断的探索，向人们展示原始海洋的神秘与瑰丽，让更多的人感受到海洋的非凡魅力，从而引导人们自发地敬重并保护属于全人类的蔚蓝领土。巡展开幕当天，美国《国家地理》全球企业合作部副总裁大卫·班内特（David Bennett）先生亲临活动现场，为到场嘉宾详细讲解了宝珀与美国《国家地理》合作的初衷、进程以及迄今为止取得的杰出成就。

"原始海洋考察"计划由海耶克先生与安立克·萨拉（Enric Sala）博士共同发起，目的是探究和记录尚未遭受污染的海洋区域，用摄影作品和科学研究展示生态系统之美及其重要性，从而推动环境保护相关法律和政策的制定。

自2007年启动以来，宝珀始终在理念上与"原始海洋考察"计划保持高度一致，不仅作为创始合作伙伴为项目提供了资金支持，还提出了一种创新的商业模式：建立海洋保护区，既能保护海洋生物的自然栖息地，又能为依赖海洋资源的社区提供可持续发展的途径。海洋保护区内的生物繁衍有助于增加海洋保护区外的种群数量；同时，以环保为主题的旅游业亦将因海洋保护区的建立而更具吸引力。

截至目前，"原始海洋考察"计划团队开展了14次考察行动，其中12次成功促成了当地政府颁布保护法令。这些努力使受保护的海洋面积扩大了1倍，达到了四百七十多万平方公里，对全球海洋保护产生了深远的影响。

此外，宝珀还特别发行了《五十噚特刊》（*Edition Fifty Fathoms*），以彰显海底科学及探险之美。该特刊凭借其精美绝伦的摄影作品在同类刊物中脱颖而出，这呼应了我们的初衷：唤起人们对当前国际社会面临的海洋问题的关注，提升人们保护海洋的主动意识。这不仅是宝珀对海洋的责任，更是宝珀对全社会和全人类的使命。

2013年的"五十噚"系列60周年华诞中国巡展是宝珀"五十噚"

2008年至2020年的部分《五十噚特刊》

第三部分　策略　145

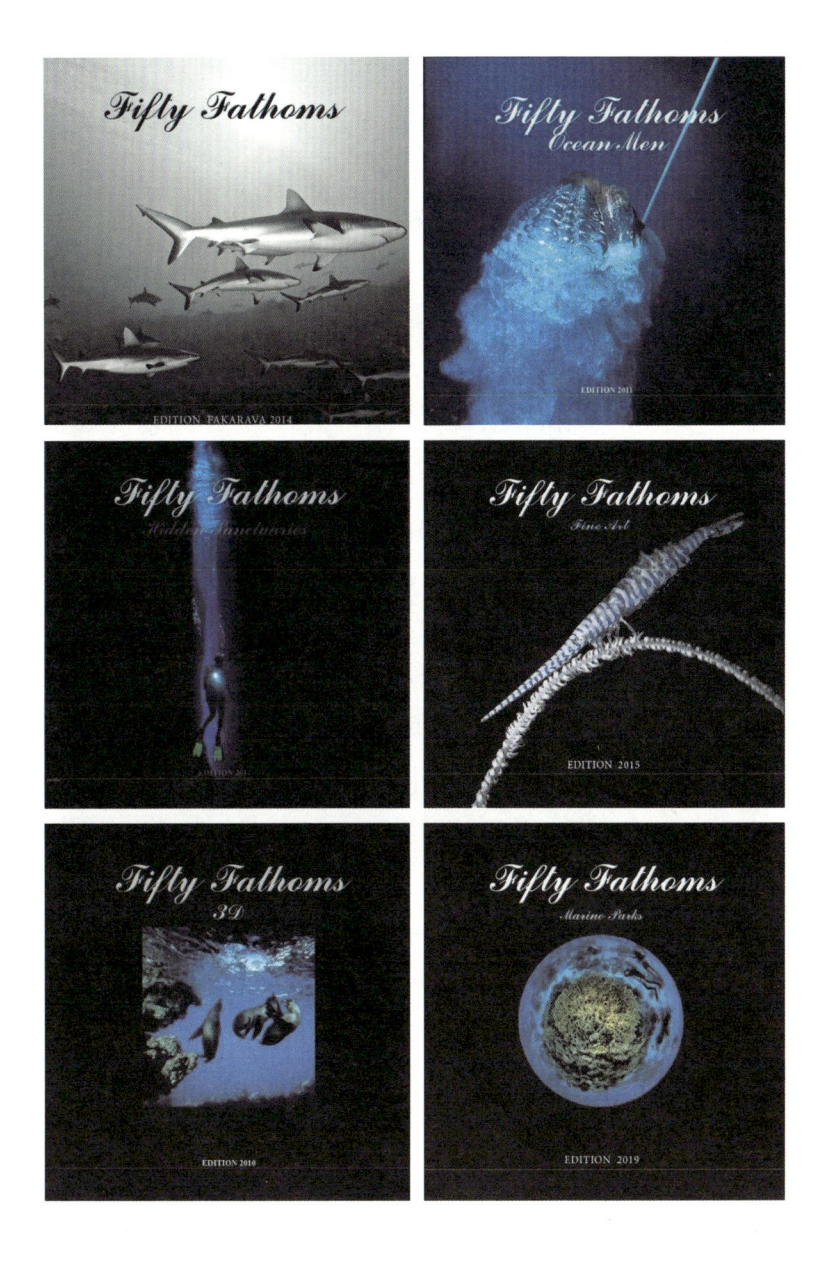

系列在中国内地市场打响的第一枪。第二年，我便趁热打铁，携手中国国家海洋局，策划了伴"蛟龙号"载人潜水器入海的活动，这让"五十噚"系列在中国内地市场上声名大噪。

2012年，我在电视上看到"蛟龙号"载人潜水器海试成功、最大下潜深度达到7062米的新闻。这意味着该潜水器可在占世界海洋面积99.8%的广阔海域得到广泛使用，标志着中国系统地掌握了大深度载人潜水器设计、实验和建造技术，实现了从跟踪模仿向自主集成、自主创新的转变，从此跻身世界载人深潜先进国家行列。在为中国取得如此傲人成绩感到振奋的同时，我联想到同样在潜水领域表现不俗的"五十噚"系列。二者都代表了人类对未知领域的挑战和突破，展现了人类探索海洋奥秘的信心和决心。

我向宝珀总部提议，将本年度的"宝珀汉斯·哈斯五十噚大奖"（BLANCPAIN Hans Hass Fifty Fathoms Award）授予"蛟龙号"载人潜水器，表彰其在海洋探索领域的杰出贡献，并以此为契机与中国国家海洋局展开合作，共同致力于海洋公益事业。

汉斯·哈斯教授是潜水领域及海洋研究领域的先驱人物，他的研究为潜水调查奠定了坚实的基础。为了纪念这位先驱，宝珀与英国历史潜水协会汉斯·哈斯大奖评委会共同创立了"宝珀汉斯·哈斯五十噚大奖"，旨在表彰在深海领域取得卓越成就的人士。

宝珀总部采纳了我的建议。2014年4月，我与中国国家海洋局取得了联系，见到了宣教中心负责外联的盖主任。盖主任五十多岁，经验丰富，给人一种老练的感觉。我代表宝珀表达了对中国海洋开发事业的支持，并诚挚邀请"蛟龙号"载人潜水器的设计师亲临现场领奖。可能我的真诚打动了对方，他们不仅答应出席颁奖典礼，还十分贴心地提前制作了一个1∶1还原的"蛟龙号"载人潜水器模型用于在活动现场展示。经过一个多月的时间,"蛟龙号"载人潜水器模型被从锦州运送至三亚,刚好在活动前一天抵达港口。从初次与中国国家海洋局接洽,到"蛟龙号"载人潜水器模型提前完工并送至活动现场,在两个月左右的时间内,一切进展得如此快速和顺利,让我和团队的同事们都深受感动。

2014年6月10日,宝珀于南海之滨隆重举办了"深海蛟龙·千噚传奇"主题晚宴暨2014年"宝珀汉斯·哈斯五十噚大奖"颁奖典礼。在颁奖典礼上,宝珀将富有传奇色彩的"五十噚"系列中的Bathyscaphe腕表及挂表赠予潜航员及"蛟龙号"载人潜水器。从此,宝珀"五十噚"系列产品将为"蛟龙号"载人潜水器的每一次深海探索提供精准计时服务。此外,在主题晚宴上,宝珀携手中国国家海洋局,正式揭晓了未来几年双方在海洋公益领域的合作框架。时任斯沃琪集团中国区总裁陈素贞、时任宝珀全球副总裁兼销售总监马克·朱诺、宝珀品牌文化大使梁文道和吴晓波、品牌艺术大使冯远征、品牌挚友李健,以及"蛟龙号"载人潜水器潜航员代表傅文韬、叶聪、唐嘉陵等一同出席,与嘉宾、媒体以及宝珀的经销商们共同见证了这一传奇时刻。

活动持续了3天,吸引了超过300位来宾到场,现场气氛热烈而澎湃。"蛟龙号"载人潜水器的成功入海激发了中国人的民族自豪感,宝珀也通过这次合作进一步强化了品牌在人们心中的正面形象。作为拥有悠久历史的瑞士腕表品牌和现代专业潜水腕表的缔造者,宝珀与海洋紧密联系,并始终坚持对世界多个海洋探险、海底科研组织的鼎力支持。

这一策略不仅提高了"五十噚"系列的知名度,还进一步巩固了宝珀在潜水腕表领域的地位。通过与权威机构的紧密合作,我们团队成功地将"五十噚"系列打造成为中国内地市场上备受瞩目的潜水腕

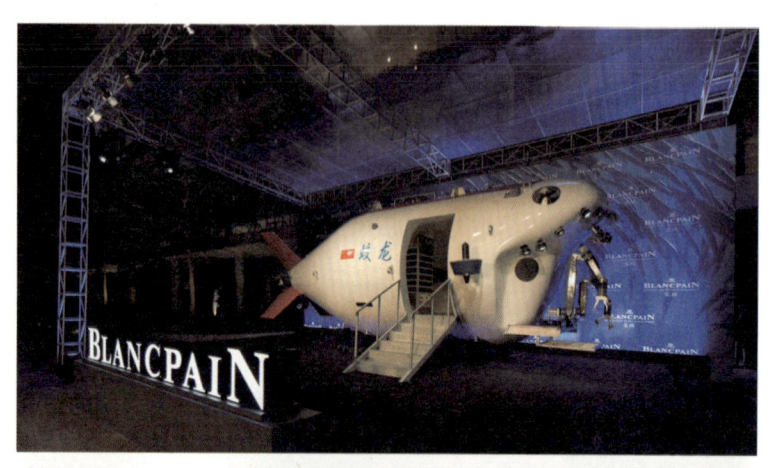

上图：中国国家海洋局为颁奖典礼打造的1：1还原的"蛟龙号"载人潜水器模型。

下图：2014年，"宝珀汉斯·哈斯五十噚大奖"被授予中国的"蛟龙号"载人潜水器。

表产品。高频次、高强度的曝光在短时间内清晰地展示了产品特点，成功在消费者心中植入了品牌印记，也为"五十噚"系列在中国内地市场的大受欢迎奠定了坚实的基础。

在2013年之前，"五十噚"系列对宝珀销量的贡献比很低，几乎被市场忽视。然而，通过对市场的观察，我及时捕捉到运动腕表在内地市场尚有巨大的消费潜力可待挖掘，于是决定将其作为阶段性的重点发展方向。尽管当时面临着内部的重重质疑和外部的巨大争议，但我依然顶住了压力，坚持自己的判断。到了2017年，运动腕表的风潮在内地市场空前高涨，众多品牌纷纷推出了相关产品，唯恐稍有疏忽就被潮流所抛弃。而宝珀则凭借颇具前瞻性的战略，早已完成产品布局，成功抢占了市场先机。如今，"五十噚"系列的销售额占比已超过30%，成为宝珀最受欢迎的产品系列。

对于品牌领导者而言，首先要对产品有深入了解，其次要具备敏锐的市场洞察力，能够预测消费者需求的变化。最重要的是，要坚定信念，对自己的判断保持信心，不受外界干扰，如此才能实现战略目标。在品牌发展和壮大的过程中，领导者的远见对品牌的成功具有决定性作用。正是凭借这些关键素质，品牌才能在不断变化的市场环境中稳住阵脚，最终迎来成功的曙光。

海耶克先生曾说过："在当今这个潜水电脑[①]广泛普及的时代，我相信已经很少有人会佩戴潜水表进行潜水活动了。但是，我们仍要确保宝珀生产的每一只'五十噚'系列手表都严格遵循潜水腕表的标准，每一个细节都100%符合。'五十噚'系列依然是潜水爱好者们可以信赖的潜水工具。"

---

① 潜水电脑类似于一只戴在手腕上的电子手表，具有自动测量深度等功能。

"原始海洋考察"计划探险队的负责人安立克·萨拉博士。

"原始海洋考察"计划

2011 年,宝珀宣布加盟"原始海洋考察"计划,将出资赞助三处海域的原生态海洋探险活动:皮特凯恩群岛(英属大西洋海域领土)、法兰士约瑟夫地群岛(俄罗斯)以及温特德群岛(智利)。

"原始海洋考察"计划愿景宏大,旨在研究并拍摄尚未遭受污染的海洋区域,用摄影作品和科学研究展示生态系统之美及其重要性,以此说服相关政府官员制定环境保护措施。截至 2016 年,"原始海洋考察"计划与其合作伙伴已经激励多国领导人,保护了超过 300 万平方公里的原始海域。

这些原始海域是海洋中仅存的未被碰触的荒野,它们让我们明白,因为过度开发和海洋污染,我们究竟失去了什么。更为重要的是,它们也让我们明白了,我们所希望看到的未来海洋是什么样子。(本组图中的照片版权归属于安立克·萨拉博士。)

法兰士约瑟夫地群岛位于俄罗斯的最北端，是最接近北极的欧亚大陆。一年中有 6 个月的时间，阳光照不到这里，群岛处于永恒的黑暗之中。而一到夏季，24 小时的阳光照射将寒冷和阴暗一扫而空，绿洲取代了白色冰川。在很长时间里，群岛一直对外封闭，直到最近几年才对外开放。不过，这里的非人类居民倒有不少，有北极熊、海豹和成千上万的海鸟。

上图：夏天会浮出海面的北极露脊鲸。

下图：好奇心很强、会游过来检视一切的大西洋海象。

每当北极圈处于夏季时,就会有50种海鸟栖居于法兰士约瑟夫地群岛。但如今,随着北极水域温度的不断升高,大西洋中的浮游生物开始向北迁移,小海雀喂食和养育幼崽的行动将会面临威胁。

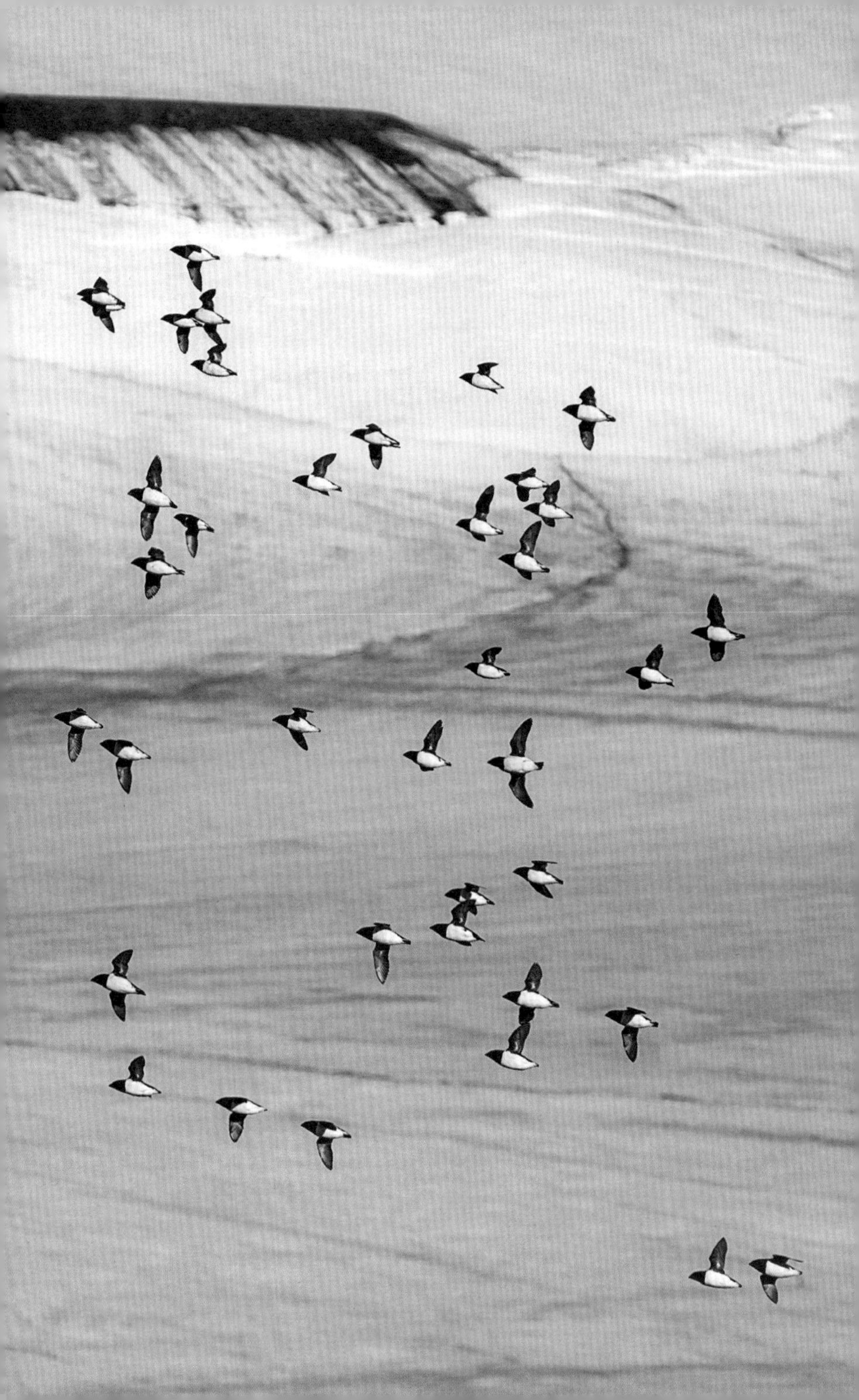

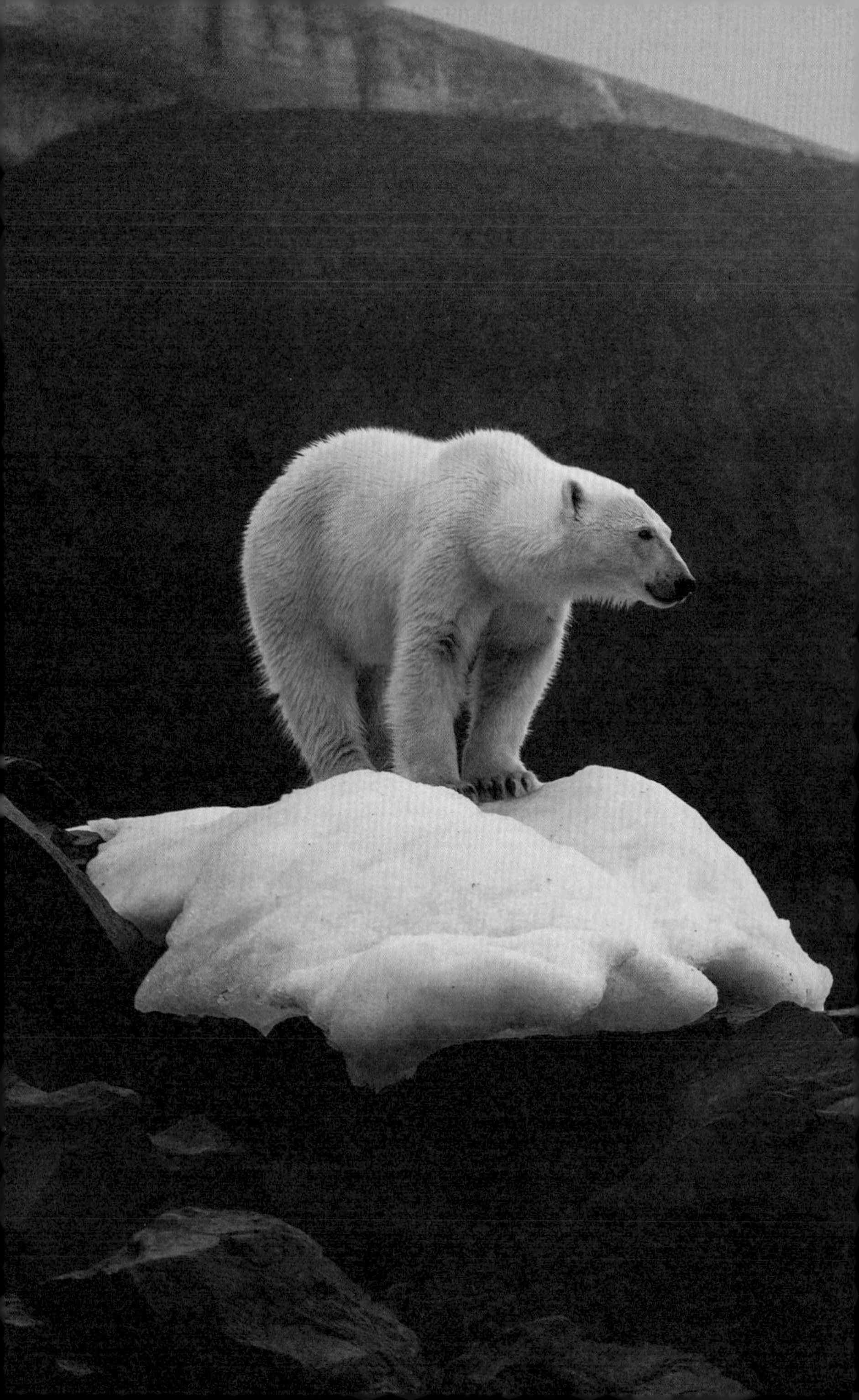

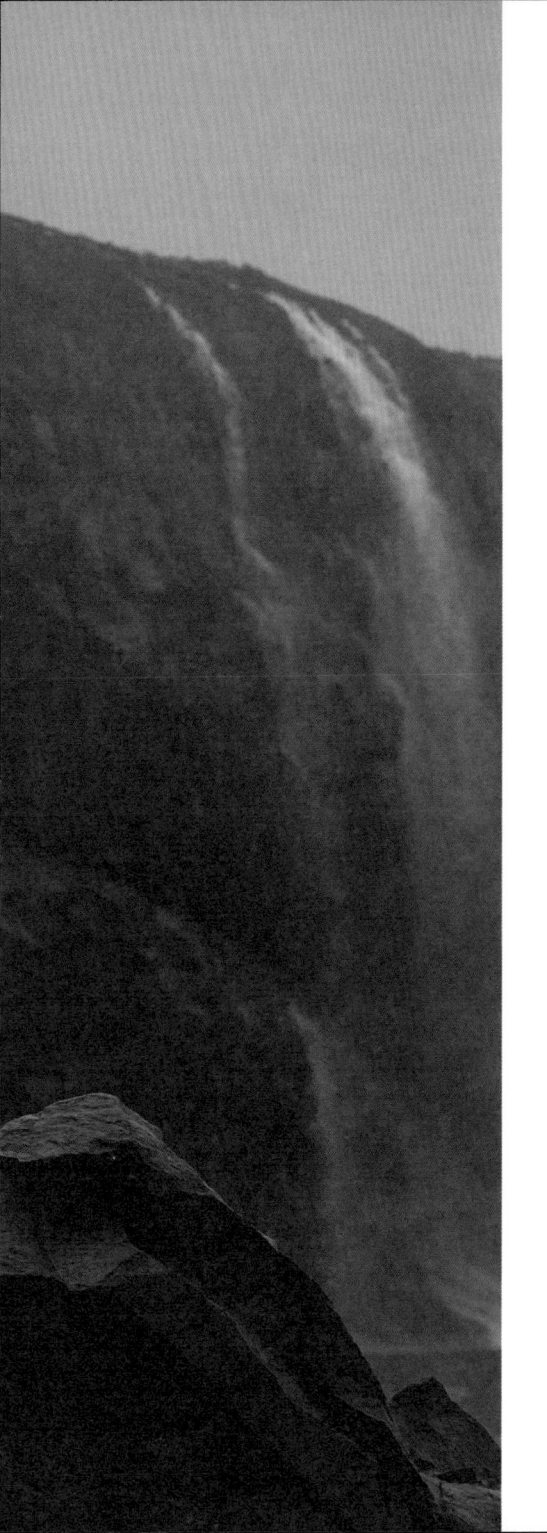

在20世纪90年代初,整个法兰士约瑟夫地群岛尚被海水覆盖(甚至夏季也是如此)。而在2013年的夏天,这里已经看不到海冰了。一只北极熊站在一块位于冰川边缘与大海之间的黑色岩石上。在它后面,冰川正在融化,冰水如瀑布般汇入大海。北极熊似乎也在寻找海冰,并为它所生活的世界中正在发生的改变困惑不已。在这次远征中,潜水超过250次,探险队收集了各种动物的资料和数据。探险任务结束后,管辖法兰士约瑟夫地群岛自然保护区的俄罗斯北极地区国家公园向政府递交了一份提案,提议将法兰士约瑟夫地群岛及其周围海域升级为国家公园,以保护这里的原始风貌。

一秒都不差

市场热点稍纵即逝。有时候，为了抓住热点，做正确的事情，品牌掌舵者需要有力排众议的魄力和一点点冒险精神。

很多奢侈品牌都会选择在影视作品中以产品植入的方式来进行推广。产品植入是一种软性的广告策略，通过将产品自然地融入故事情节、场景或角色的台词来提升品牌知名度，塑造品牌形象，并吸引潜在消费者。与故事的有效结合能够让产品的外观和功能等价值得到更好的呈现，从而使品牌以相对较低的成本实现曝光；同时，这种方式有利于降低观众对商业广告的抗拒心理，能够借由角色让观众与产品产生价值认同和情感联结，从而进一步提升品牌的观众好感度，强化品牌的形象。

奢侈品在影视作品中进行产品植入的操作模式一般有两种：一种是品牌方与制片方签订品牌合约，在该作品的拍摄过程中，品牌方为出现的场景和角色提供产品作为道具，其中一些是定制款；另一种是，品牌方与艺人或其造型师直接合作，指定角色在拍摄中使用并露出品牌方的产品。

当然，也偶有例外。宝珀在电影《我和我的祖国》中的植入，就不属于以上的任何一种。

2019年国庆档，电影《我和我的祖国》在中国内地公映。这部影片由7位导演联合执导，以新中国成立70周年来的无数个历史经典瞬间为背景，讲述了普通人与国家之间息息相关的动人故事。影片的第四部分名为"回归"，讲述了一位钟表匠人以其精湛的修表技术确保中英双方代表与中国香港警察精准对时，只为1997年7月1日0点0分准时在中国香港升起五星红旗，确保回归时间"一秒都不差"。钟表匠人校对手表、保证手表走时精确，是故事的主线。在最终电影的呈现中，宝珀的手表出现在两位主要角色的手腕上。由于手表是贯穿电影此章节的重要道具，宝珀的两只古董表在镜头中出现了十几次，极大地提升了品牌曝光度。由于这部影片是一部具有重要政治意义的献礼片，因此品牌在正常情况下是没有可能在片中进行广告植入的。

与薛晓璐导演结缘，要追溯到2013年。在电影《北京遇上西雅图》中，宝珀作为品牌合作方，为片中主人公提供了手表作为配饰，既符合角色身份，又有视觉亮点。即便是短暂的合作，宝珀和薛导团队也对彼此留下了良好的印象，也为我们未来携手打造国庆献礼大片埋下了伏笔。因此，当2019年薛导筹备拍摄《我和我的祖国》，剧组在最为关键的计时道具上遇到问题时，她第一时间就想到了宝珀。根据历史资料，当年，中英代表各自佩戴的正是宝珀的1185计时腕表和"五十噚"系列无辐射腕表。

剧组对我们提出的要求是，产品既要符合时代背景，也要在功能上符合片中两位身份迥然不同的角色的要求。在2019年巴塞尔国际钟表珠宝展期间，我向宝珀全球副总裁兼市场总监提出了为电影《我和

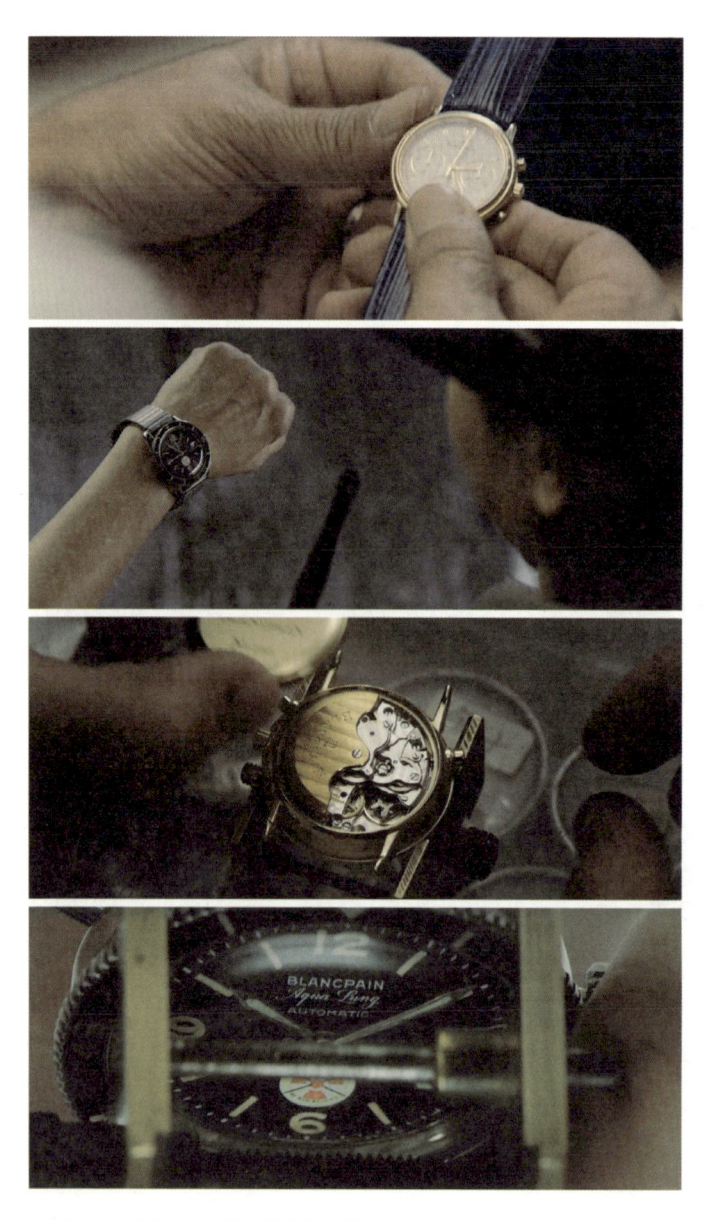

宝珀的两只古董表在电影《我和我的祖国》特写镜头中出现了不下 10 次。

我的祖国》无偿提供两只宝珀古董表进行拍摄的方案。也许是考虑到影片内容涉及政治，加上那段时期有关香港的议题有些敏感，这位副总裁非常犹豫，担心这一事件可能会引发舆论风险，故而表示不能支持这个项目。

我对他的反应非常失望。在我看来，这是一个品牌向中国消费者展示诚意的绝佳窗口，如果放弃将十分可惜。回国以后，我和团队进行了慎重的讨论，我们认为这部影片的主题充满正能量，能够激发中国人的积极情感。对于任何品牌来说，参与这样一个具有历史意义的项目都是一份荣誉，像这样受到全民关注的热点事件也实属难得，机会稍纵即逝。在历史上，任何营销事件都会伴随着争议，经过多方评估，我们认为潜在风险影响因素相对较小。在这个千载难逢的大好时机面前，我们应该勇敢地迈出这一步，为品牌赢得更多的关注和认可。

我冒险赌了一把，选择以"先斩后奏"的方式推进这次合作。

宝珀中国的市场团队根据要求，在一位收藏家那里找到了当年中英双方佩戴的宝珀古董表的同款。经过团队的反复沟通和协商，收藏家终于同意将珍藏多年的两只古董表借给剧组拍摄使用。为了确保这些珍贵古董表的安全，我们特意派出了专业的维修师提供全程保障。宝珀中国团队与维修师一同飞往香港，亲自为手表保驾护航，并根据剧情需要，为手表维修提供了专业的技术支持。

1997年7月1日0点0分，伴随着激昂的音乐，五星红旗在香港上空升起，宝珀手表出现在大银幕上，在秒针指向12的那一刻，夜空中燃起了璀璨的烟花。我在电影院里看到这一幕，瞬间热泪盈眶，我相信在那一刻，每一个中国人都会为之心潮澎湃、激动万分。

电影在上映后，斩获了31.7亿元的票房成绩，位列当年中国内地票房排行榜第四名，累计观看人数超过8000万，并于次年获得了首届"光影中国"电影荣誉盛典2019年度荣誉推介电影、第三十五届大众电影百花奖最佳影片奖。同时，宝珀在影片中的曝光也非常充分，很多观众都对电影里0点对时的手表镜头印象深刻。

在影片上映后的很长一段时间里，我不断接到经销商或者同行的电话，询问我究竟花了多少钱、付出了多少代价，才能将产品成功"植入"这样一部主旋律影片。海耶克先生对我的表现非常满意，他没有因为我的逾矩操作而责怪我，反而对我的准确判断和灵活应变大加赞赏。他甚至特意向我查证，在这次合作中，对方是否真的没有收取任何费用。在得到我的肯定回答后，他对此表示难以置信。

市场形势瞬息万变，热点往往稍纵即逝，而品牌营销事件的成功与否，在很大程度上取决于决策者的敏锐度和责任心。保持对市场信息的高度敏感，同时怀有一颗勇敢的心，往往能带来意想不到的收获。

一只被送回宝珀古董表工作室等待维修的"五十噚"Barakuda 腕表。在此之前,这只腕表已经被连续使用了整整 45 年。

"永恒时计"的守护者:古董表工作室

古董表的养护与维修是一项独特的技艺,宝珀位于大复杂制表工坊内的古董表工作室致力于为这些经典的时计作品提供保养和修复。这里有一群对古董表充满热情、渴望探寻过去表款秘密的制表师。

古董表的维修与现代表款非常不同,除了恢复腕表功能,制表师还需要考虑美学议题,即在多大程度上对古董表进行干预。腕表应该被修复到何种程度?划痕应该被修复到何种程度?宝珀的策略是,将干预程度降到最低。几乎所有的古董表在这里都被采取温和的"轻触式"修复方式。

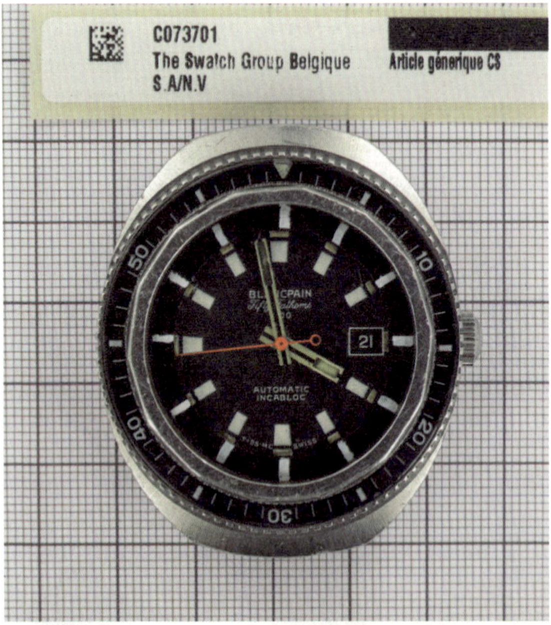

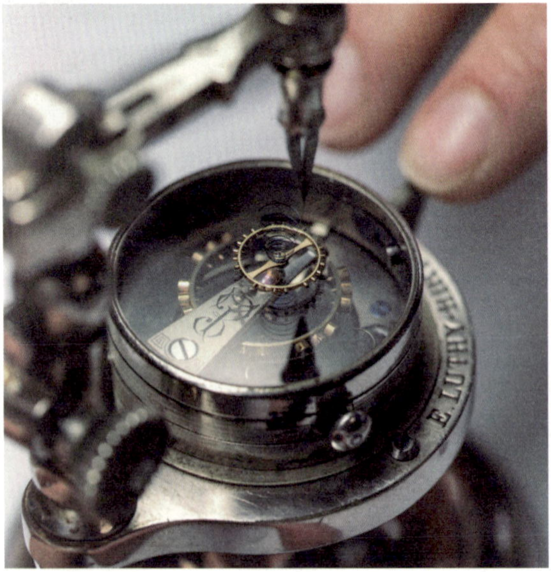

第三部分 策略 163

左页上图：每一只被送至古董表工作室维修的腕表都要经历一次多维度技术分析，并最终形成一份报告，其中包含了腕表各个部件的照片。一套完整的维修服务必须解决机芯、表壳、表盘、表镜和指针的所有问题。
左页下图：制表师正使用传统工具校准摆轮游丝。

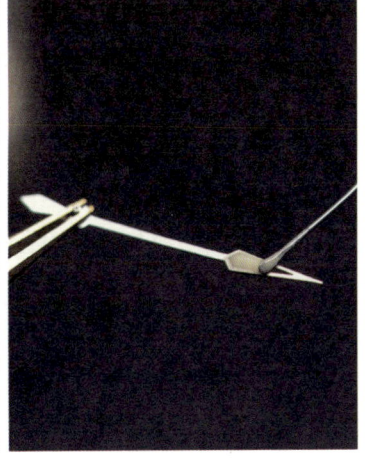

左图：在腕表清理与零部件修复工序完成后，对机芯进行重新组装。

右图：指针修复的最后一步，是为其夜光部分重新上漆。

奢侈品牌传播法则

奢侈品的传播策略主要体现在三个主要方面,即广告投放、公关传播和品牌活动。

<u>1</u> 室内和户外的广告投放包括平面媒体、数字媒体和社交平台上的宣传。在投放时,一方面需要关注新生的媒体形式;另外一方面需要从品牌目标受众的关注度来判断某一投放渠道的性价比,并能够根据消费者画像和平台的数据库精准定位投放人群。做到这两点能够让品牌尽可能快速、高效地形成较高的品牌认知度。

<u>2</u> 公关传播包括品牌故事的讲述、创意构思以及持续的内容营销,它要求品牌将自己的精神内核转化成消费者能够理解的内容,让品牌的价值观变得讲得清、看得见、摸得着,从而实现消费者对品牌的深度认同。这种消费者黏性是价值较高并且持久的。

长期进行内容输出是难度更大,但更高级的传播方式。在针对明星产品制定公关传播策略、讲述品牌故事时,一定要找到合作 IP 与品牌精神的结合点,否则产出的内容只会流于形式且不可持续。在内容营销这件事上,只有坚持深度挖掘、持续输出,才能建立起消费者对于品牌文化的深度认同感。

<u>3</u> 品牌活动的策划和执行需要品牌善于发现热点、利用热点。如

果没有能够与品牌结合的相关热点,就需要品牌自主创造热点。

当被问及为什么能够有源源不断的创意时,7-Eleven 的创始人铃木敏文曾说过一句话:心中常怀关心之钩。也就是说,如果我们平时关心、专注、在意自己所从事的工作,这样的关心、专注、注意就好似钩子,能随时钩起有用的信息,如此就能够比别人更容易捕捉热点,找到热点与品牌精神的结合点,从而迸发出好的活动创意。如果品牌能够结合好热点,借助好热点效应,热点就是品牌宣传的功效倍增器。

与"蛟龙号"载人潜水器的联动,在电影《我和我的祖国》中的产品露出,甚至早期与企业家王石的合作(在王石成功登顶珠穆朗玛峰之后),都是宝珀抓住热点、利用热点的典型案例。而第一只被故宫博物院收藏的当代腕表、拍卖金额创纪录的慈善拍卖会,则是品牌主动创造热点的行为。

不惊艳,就等于不成功。怀揣"念念不忘,必有回响"之心,能够发现热点、利用热点、制造热点并使之惊艳,是优秀的品牌领导者和优秀的市场公关团队应有的素养。

校准摆轮游丝

Part Four

第四部分　渠道

　　奢侈品渠道建设是品牌战略的核心。品牌通过对直营店的管理，确保市场覆盖和产品展示的一致性，并以优质的服务体验来提升消费者的品牌忠诚度。品牌零售直营店的成功不仅体现在销售业绩上，更在于其对服务的理解和实践。只有将服务视为品牌业务的核心，不断超越消费者的预期，才能赢得市场的尊重和客户的信任。渠道管理有助于收集市场反馈，优化供应链，同时能够增强品牌传播力和品牌的市场竞争力，将为品牌的长期可持续发展奠定基础。

直营时代的开始

奢侈品牌零售直营店的兴起与发展，预示着以品牌零售直营店为渠道主导的时代的到来。

自2004年商务部颁布了《外商投资商业领域管理办法》，向外资企业开放零售市场，允许外资企业在佣金代理、批发、零售、特许经营等商业领域独资经营之后，国际品牌便不再受开设连锁专卖店的限制。在短短几年间，国际奢侈品牌零售直营店在中国内地一线城市遍地开花。2008年，美国次贷危机席卷全球，中国政府启动"4万亿"经济刺激方案，间接促进了国民消费的升级，高端消费品由此在中国迎来了第一个高速发展期。

在品牌进入市场的初期，代理经销商模式有利于风险控制和渠道拓展，但一些问题也被同步埋下。奢侈品的品牌形象和服务质量是品牌的核心资产，而经销商作为独立的经营机构，必然将利润放在首位，争取以最少的成本赚最多的钱。以库存问题为例，高级奢华腕表的全系列展出，必然包含周转较快的热门款式和一些相对慢销的款式——如功能复杂的腕表和昂贵的珠宝腕表，品牌往往很难说服经销商为这些销售周期较长的款式备足库存。此外，为了节约用人成本，每一家店铺的员工素质参差不齐，这不仅影响了店铺的服务质量，也不利于员工学习和掌握品牌的相关知识。品牌方和经销商立场不同导致了思维模式的差异，这在一定程度上造成了双方的矛盾和对立。在实际的合作中，部分经销商迫于销售和资金的压力，放松了对品牌的运营理念和服务标准的坚持，甚至不惜以违规打折和补贴的方式促进销售。这在扰乱市场秩序的同时，严重影响了品牌在顾客心中的形象和声誉。

伴随着奢侈品市场逐步成长与成熟，品牌开始不断建设和发展自身的零售直营店渠道，以便进行统一管理，更好地提升服务水准。服务的高级感、良好的顾客体验，以及服务在全区域、全渠道体验的一致性是品牌对终端服务的终极要求。时至今日，宝珀零售直营店的增长和发展促进了经销商销售团队的运营能力的提升，二者形成了积极的良性互动。

2008年，宝珀的第一家品牌零售直营店在上海南京西路开业。第一家品牌零售直营店不只代表着品牌从此有了直面市场的门店，对品牌在中国内地市场的销售网络建设来说，更具有里程碑式的战略性意义。对于首店所在地，我当然要在北京和上海中做选择。北京是首都，有无可比拟的政治优势；而上海作为最开放和最前沿的城市，也是宝珀中国区办事处的所在地，相较而言更符合第一家品牌零售直营店的定位。当时，上海最繁华的地段是南京西路，这条路上的恒隆广场吸引了无数商家入驻，它与紧邻的中信泰富广场和梅陇镇广场共同支撑起了著名的南京西路商业圈。商业圈对面的临街商铺已经有了一些高档化妆品、高级腕表和珠宝商铺在营业，形成了良好的商业氛围。

2008 年，上海南京西路，宝珀在内地的第一家品牌零售直营店。

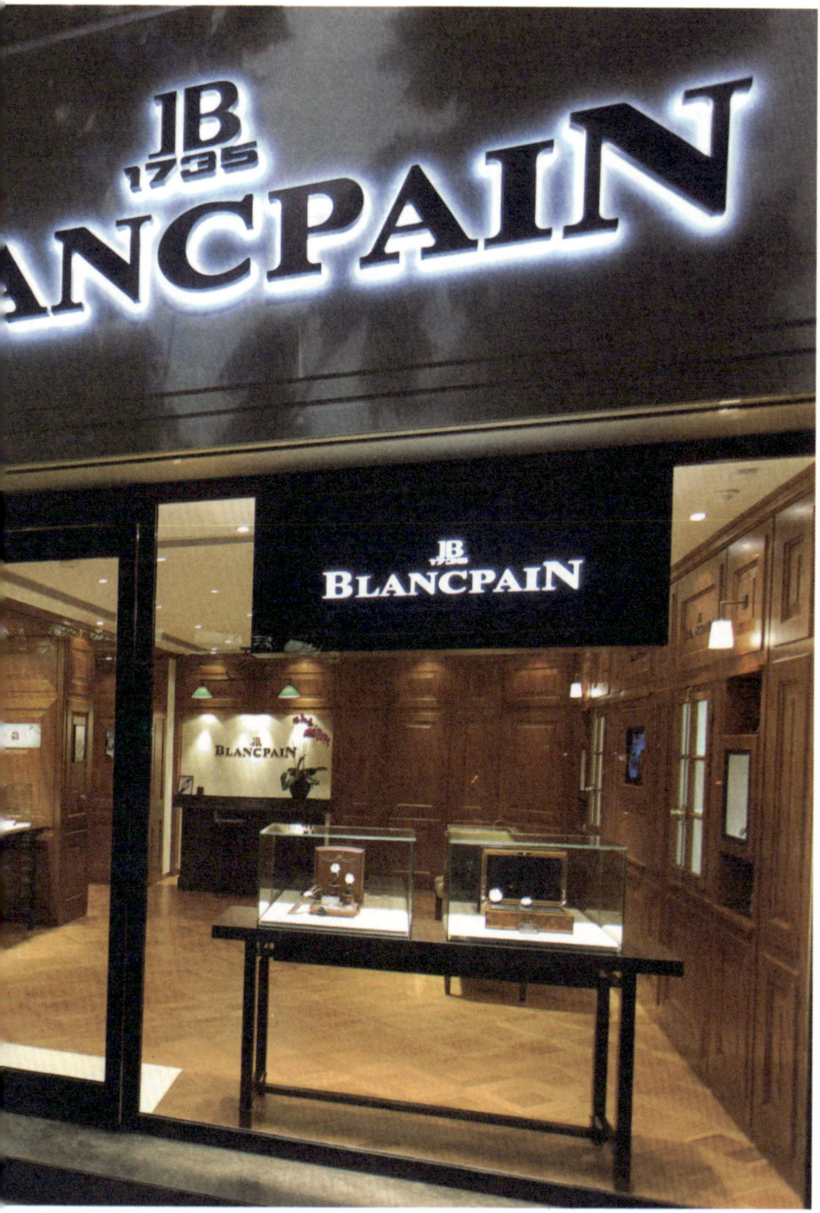
JB
1735
ANCPAIN
BLANCPAIN
BLANCPAIN

在多次实地走访和业主方的建议下，我终于为宝珀第一家品牌零售直营店找到了合适的位置。那是一家独立的临街店铺，与恒隆广场仅一街之隔，对面就是梅陇镇广场，毗邻同集团欧米茄旗舰店，无论是地理位置、周边环境、客流量还是人群匹配度，这家店铺都堪称完美。我很快与物业谈好了价格，签订了租赁协议，租下了这间面积为150平方米的店铺。

在首家品牌零售直营店开业之前，宝珀在中国内地的零售业务一直处于空白状态。虽然我对经销商店铺的运营时常留心，但那与直接参与店铺的管理完全不是一回事儿。作为一名旁观者，无论我观察得多细致，终究只能算是看个热闹。不过，我喜欢接受挑战，每一个新的机会都让我跃跃欲试。

新店开业带来的挑战才刚刚开始，装修、陈列、招聘、培训、团队建设和管理，每一件事我都亲自参与。相较于经销商店铺较小的面积和不够完整的产品系列，品牌零售直营店有得天独厚的先天优势：店面更加开阔，布局更加合理，商品展示更加全面。我亲自挑选店员，亲自参与员工的品牌知识培训和各种销售演练，所有培训在开业前一个月就已经开始。一个月之后，这些员工将成为品牌的一线形象大使，全方位地向顾客传达品牌的理念和文化，为顾客提供专业和优质的服务。

2008年9月初，宝珀第一家品牌零售直营店终于开业了。

作为品牌的负责人，我经常泡在店里了解运营的详细情况，包括客流、店铺运营的规范性、员工对服务细节的专注度、对专业知识的掌握程度以及销售技巧等。我也在考察店铺经理的领导力，观察他如何处理投诉、解决员工矛盾。我还可以了解客人对品牌的看法，包括他们经常提出的问题以及他们对品牌的认知度，等等。充分了解顾客对品牌的认知度，可以指导我们更有针对性地改进市场推广工作。

虽然日常工作已经十分繁忙，但我仍然坚持参加店铺的早会、下班后的店务会、例行的周会和月会。后来我听店里的老员工提到，一些离职的员工说宝珀的老板有"神经病"，动不动就不打招呼跑来店铺检查工作，没客人的时候还要现场考核品牌知识，店里发生什么事情他都关注，22点下了班还要来开会，总之是个特别麻烦的人。

高级奢侈品的零售业务决定了品牌形象与自主发展的未来。作为品牌在内地市场的一号负责人，我需要掌握的不仅包括高级奢侈品腕表的相关知识，还包括零售的关键环节是什么，奢侈品零售的特殊性是什么，零售人员应该具备什么素养，如何使员工符合品牌要求，等等。只有具备零售这个新领域的专业知识，我才能确定未来宝珀零售的战略方向，并能够对店铺的零售业务提供具体的指导。

在开业之后的几个月里，我经历了一段极为忙碌的时期。从最初的手忙脚乱，到店铺逐渐步入正轨，再到销售顾问自信心的建立，整个过程大概花了半年时间。这家店铺在第二年就取得了盈利，还销售出一只具有三问功能的大复杂腕表，价值近200万元。

在第一家品牌零售直营店取得成功之后，宝珀的第二家品牌零售直营店于2010年9月在上海和平饭店正式开业。2011年年底，宝珀在上海新天地开设了旗舰店，这是中国内地较早将维修服务中心、销售功能区与餐饮服务会所融为一体的品牌零售直营店。随后，宝珀的零售业务进入了高速发展的轨道，截至2024年年底，北京、成都、重庆、深圳、广州、杭州等地的品牌零售直营店数量已经达到了20家。

在宝珀前6家品牌零售直营店的筹备中，我一直坚持亲自面试每一个员工。现在宝珀中国已有将近200人，虽然我无法做到面试基层员工，但我仍然会参与每一次店铺经理及以上职位的零售管理人员的面试。从团队管理的角度来看，店铺经理的素质直接决定了店铺的业绩和管理水平的上限。

时至今日，虽然集团事务以及品牌事务使我非常繁忙，但我依然会按时参加月度会议、季度会议以及年度总结会议，以便及时了解一线团队的业务能力状况、品牌零售业务整体的运营管理和消费者市场信息，并参与针对零售团队的培训计划的讨论和制订。

经常有顾客提出疑问：奢侈品为什么会有如此高的溢价？奢侈品与普通消费品在零售上的区别到底是什么？

起初，我无法给出完整清晰的答案，带着以上疑问，我总在思考和探索，如今我或许可以尝试回答一二。

普通消费品提供的是实用价值，也可以说是使用价值。因此，普通消费品的零售服务讲求的是标准和效率。而奢侈品提供的是实用价值、工艺价值、情绪价值和服务价值的总和。因此，奢侈品零售需要提供顾问式的服务，使消费者能够产生对这四种价值的认同。

对于奢侈品零售来说，认识到以下几点非常重要。

1 如果销售顾问简单执行标准服务流程，就无法让消费者完全理解奢侈品的价值，那么让消费者达成对品牌价值的认同也就无从谈起。

2 品牌需要消费者认同品牌的价值，只有这样才有可能产生销售结果。销售顾问的工作就是要让消费者了解品牌的工艺价值（包括极高的品质、非凡的创意设计、产品的独特性）、品牌的文化、产品在

行业中的优势，并为消费者提供专业的行业背景知识。因此，销售顾问需要全面理解并掌握品牌文化和产品知识，并能够提供专业而准确的表述。这些与品牌相关的知识储备需要销售顾问长期训练和反复学习，只有如此才能最终清晰准确地向消费者陈述这些知识。

<u>3</u> 要能够提供情绪价值。为什么说奢侈品给消费者提供了情绪价值？首先，大多数消费者购买奢侈品的重要原因之一是愉悦自己。因此，奢侈品零售人员在服务过程中要和顾客产生情感联结，要有为其提供情绪价值的能力。很多销售顾问都有与他们的大客户沟通并倾听对方的本领，有些优秀的销售顾问还会成为客人生活方式的顾问。能够提供良好情绪价值的员工一般具备良好的素质和自我管理的能力，其言谈举止、形象衣着、面部表情等必须具备高级感。要知道，销售顾问的一个微表情、一句话、一个细微的动作都会影响顾客的购物心情。高情商也是一种重要的能力：会聊天，会问问题，会建立情感联结和信任关系，会挖掘需求。只有具备这些能力，才能成为优秀的销售顾问。

<u>4</u> 购买奢侈品往往只是整个服务链的开始。从开始使用、维护，到保养、售后，个性化的一对一服务将长期持续。而普通消费品不具备这个特点。比如 iPhone 手机虽然是个高档消费品，但 iPhone 手机消费者需要的售后服务，仅一个标准化的服务流程就足以提供，品牌方不需要一对一地、个性化地提供情绪价值。而高级复杂腕表需要得到长期的维护保养，腕表品牌需要一对一地提供预约式个性化服务，甚至要上门提供尊贵服务。

此外，等到 iPhone 15 出现，iPhone 1 早已被淘汰。而高级复杂腕表的特点之一是可以传承下去。哪怕经过上百年，品牌对这只腕表的维护保养服务也要传承下去，一直伴随着品牌尊贵的客人。

关于提供情绪价值的重要性，我可以举一个亲身经历的例子。记得几年前，（全国）零售经理向我汇报，说有个主管想升职成店铺经理。我的习惯是亲自面试店铺经理这个职位的候选人，于是我请候选人和零售经理一起到办公室，打算面对面聊一聊。我知道这个候选人是从店铺的资深销售（senior sales）一路升上来的，而且一直保持着店铺业绩前两名的成绩。但是我发现，她在过去几年里几乎一直是店铺第二名，从未得到第一名。此人自身形象条件不错，具有高级奢侈品牌的优秀销售顾问的潜质。于是我开始思考，为什么店铺另外一个外貌条件并不优秀的销售顾问总是第一名，而这个第二名很难超越第一名。当然，并不是所有的第一名都愿意成为管理压力比较大的店铺经理，而这个第二名非常喜欢做管理工作。我在面试过程中提出了各种相对犀利的问题，试探她的情绪变化：问题涉及她对不同员工的性格和心理特点的分析，以及她如何根据分析结论调整管理方式；也涉及如何与不同类型的顾客沟通，以及她如何应对自身短板可能引发的管理问题……面对这些问题，候选人的表情慢慢失控，看得出她内心情绪在不断显现。她极力控制情绪，但是表情依然会微微露出尴尬或者不屑，甚至通过肢体语言对个别问题表现出轻微抗拒。从整体上看，这位候选人个人形象条件比较好，但是在沟通中比较任性，给出的各项反应比较直接，缺乏一个领导者该有的应变能力和圆融变通能力。

在谈话快要结束的时候，我给出总结：候选人需要改进的重点是，她没有充分认识到，在与人沟通的过程中，建立情感联结和给予情绪价值的重要性。建立情感联结，建立信任关系，是奢侈品牌为顾客提供情绪价值的重要环节。而要与各种性格类型的顾客建立情感联结和信任关系，需要在沟通全程中控制好自己的情绪，体现出高情商及较强的沟通能力。所谓的高情商，就是善于倾听、理解与表达，与对方产生共鸣。在需要时，使用积极的语言赞美并鼓励对方表达，在意见出现分歧时委婉表达自己的观点，甚至表示对不同意见的理解。在沟通中要善于控制自己的情绪，照顾对方的情绪。微表情、肢体语言都是非语言沟通的一部分，如若管理不善，会给顾客带来不愉悦的感受。

通过这次谈话，我清楚了这名员工在业绩上一直无法超越第一名的主要原因。我对零售经理的建议是，针对这位候选人制订一个为期三到六个月的培训计划，重点是微表情和肢体语言管理，使其深刻理解服务带来的情绪价值，并能够使培训成果体现在与顾客的日常沟通和管理工作的改善上。事实证明，这个问题的发现和解决是必要的，这位候选人日后在月度业绩上有几次超过了第一名，并且在后来的店铺经理的岗位上做得风生水起。

另外一个例子来自我个人的消费体验。我认为在这个案例中，销售顾问提供的服务体现了高水平的服务价值。

即便在很忙的时候，我也会抽出时间去一些品牌的店铺里转转，包括各种时尚大牌，比如爱马仕、路易·威登、古驰，等等。有一次，我去圣罗兰的店里，本来没想买东西，但一个叫Amy的员工在接待过程中的表现非常得体，让我最终下了单。她很热情却并不过分，眼神里没有一些大牌"柜哥""柜姐"隐藏在热情背后的傲慢。Amy的接待过程堪称完美，站位不远不近，需要她的时候她能够随时出现在身边。见我一直在看牛仔裤，她马上表示，当她脱下工服时，她最喜欢穿的就是牛仔裤——通过私人话题，她很快与我建立起情感联结。她还进一步分享了不同风格的牛仔裤，并提供了三条尺码相近的牛仔裤请我试穿。其实我知道，一条牛仔裤在店铺如此之多的SKU（Stock Keeping Unit，最小存货单位）里面属于比较便宜的产品，但我关注到她的微表情始终没有任何异样。我当时确定需要一条黑色牛仔裤，但是没有找到合适的尺码。她查看了库存说，后天调货给我。按流程，我被要求留下微信号码，这个时候，她才开始她的连带销售。因为当时是秋季，她推荐了两款版型很好的羊绒大衣，羊绒的工艺、细节的设计都被她介绍得很好，她选的式样也很适合我。虽然我以拥有的大衣款式足够多为由婉拒了她，但这个连带销售做得亲切自然，没有产生任何压迫感。两天后，我接到了她的微信，牛仔裤到店了，可以去取了。这个成交过程不算惊艳，但是后面的跟进服务让我眼前一亮。

Amy会定期发送微信给我，但这些微信内容大多无关乎产品介绍。在天气变化的时候，特别是暴雨来临之前，她会提醒我。她不仅会发来节日问候，也因为知道我是商务人士，会在商品销售旺季提醒我注意旅途安全，不要过度劳累。这些提醒和问候都很轻松，不是品牌群发的那种流于形式的、程式化的问候。关于新品的推荐也有，但不多，且推荐过程非常自然，不会让我感到生硬。我很少回应她的微信，最多会回复"谢谢"或者"好的"，不超过两个字。但是她几乎在长达一年的时间里坚持不懈地做这件事情。而很多品牌的销售顾问在发送了一两条或者几条微信没有收到回复的情况下，就放弃了进一步的联系。因此，虽然我认识众多的销售顾问，但依然对Amy的印象最为深刻。后来，我在她那里买过一双鞋和几条裤子。我当然清楚，所有销售顾问在售前、售中、售后环节与顾客保持联系都是为了进一步从顾客身上挖掘消费潜力。但是Amy作为一个品牌的销售顾问，其沟通方式是我完全能够接受的，并不会引发我的抵触和反感。

虽然我在圣罗兰这个品牌的消费不多，肯定不是店铺的VIP客人，但是我从Amy身上看到了一个优秀的销售顾问应该具备的品质，即拥有非常好的沟通技巧，能够快速且得体地与顾客建立情感联结，热爱服务工作，发自内心地把热情和关怀传递给客人，同时非常具有耐心。奢侈品牌拥有具备这些素质的员工，可以让顾客真正领略到奢侈品牌的服务价值。

只有认识到奢侈品内在的四种价值，才会深刻体会到奢侈品零售的管理难点和应该关注的重要节点。比如，销售顾问应该如何挖掘客人的需求呢？据我所见，一般来说，客人往往不清楚自己的需求到底是什么。那么，销售顾问又如何确定买十几万元、几十万元甚至上百万元的高级奢侈品腕表的顾客的需求呢？

是送礼还是自用？送礼的对象是谁？具体想要什么价位的腕表？这些在很多销售顾问看来是标准服务流程的话术一旦被用在奢侈品零售的场合，是多么的愚蠢啊！问这种问题等同于打探客人的隐私，客人凭什么要告诉你呢？我想，双方需要先建立信任关系。也就是在施展任何所谓的销售技巧之前，都应该真诚地与客人建立信任关系。优秀的销售顾问都有迅速与客人建立信任关系的能力，他们能打开话题，挖掘客户真正的需求，进而销售让客人满意的产品。

以上只是对从事零售工作的员工应该被重点关注、重点培养的一些方面，品牌管理者、店铺经理的日常工作就是抓好每一个方面。好的工作习惯以及能力的养成需要品牌平时持续且严格的要求和训练。每一个人都是有惰性的，即便是再优秀的人。因此，店铺经理的角色除了是优秀的品牌政策执行者、店铺的管理者，还应该是好老师、好政委、好的心理按摩师。

最后，对奢侈品零售员工基本素养的考查与培养，我认为可以通过以下几点来进行。

<u>1</u> 员工状态：言谈举止、精神面貌、亲和力等。员工的状态将直接影响顾客的购物体验。

<u>2</u> 专业潜力：评估员工与顾客交流时的言谈举止能否体现出专业性，以及他们是否具备足够的产品知识和行业知识，以确保他们能准确地传达信息。

<u>3</u> 沟通技巧：建立情感联结和信任关系，挖掘客户需求，并长期维护客人的技巧。

<u>4</u> 是否热爱品牌文化，热爱服务行业：员工是否认同品牌文化以及自己的职业身份，是他们能否长期从事服务工作的关键。要渴望成为销售顾问，而不是售货员。

<u>5</u> 学习能力与上进心：身处高速发展的奢侈品行业，员工是否能

够不断学习产品知识、市场动态和销售技巧,以及是否有追求进步和面对挑战的积极态度,十分重要。

<u>6</u> 培养方向:根据不同员工的特点,对销售类型与管理类型的员工做区别培养。

总的来说,宝珀十多年来在中国内地的零售业务的发展是成功的,不仅取得了非常好的销售业绩,也为品牌树立了高级奢侈品腕表的形象。同时,宝珀总部对宝珀中国的零售业务拓展充满信心并给予了全力支持。然而,经济环境与市场的变化、消费者审美和需求的变化时刻对零售团队提出新的需求和挑战。只有保持谦虚的态度,不断关注变化,不断学习,不断调整步伐,才能跟上时代的发展。

第一家旗舰店

奢侈品通常意味着极高的品质、非凡的艺术创意以及卓越的服务。然而在现实中，服务的价值往往为大众甚至品牌自身所忽略。在一个成熟的市场中，无论是对品牌还是对消费者而言，服务的价值都是奢侈品至关重要且不可分割的一部分。

自2008年以来，我将大力发展品牌零售直营店作为阶段性重点目标，品牌零售直营店以平均每年两家的速度在一线城市扩张。

与此同时，我一直在思考，高级钟表品牌在服务体验上的边界在哪里？除了手表销售，一家专业的钟表店还能提供哪些服务，才能超越顾客的预期？为了回答这些问题，我们需要在门店的服务功能上不断寻求突破和创新，同时对线下购物场景持续进行多元化的构建。海耶克先生也提出，宝珀的售后服务应当带给顾客尊贵感和便利感，并且应该靠近一线店铺，以便更好地为消费者服务。

时间到了2011年，这是我进入宝珀的第十个年头。在这一年，宝珀的销售网络已经遍布中国内地，拥有了近40家经销商店铺和5家品牌零售直营店，其中包括一家旗舰店。

宝珀上海新天地旗舰店于2011年年底开业，这是中国内地较早开设的集手表零售、休闲餐饮、售后服务、维修中心等于一体的综合性品牌体验店。店铺位于上海黄浦区太仓路，避开了熙熙攘攘的商业区，开在一栋闹中取静的古典建筑中，总面积超过600平方米。其最大的亮点在于，建筑二层有一处视野开阔的露台，客人可在此凭栏远眺，欣赏新天地石库门的美景。

我们团队很幸运在上海新天地这个具有悠久历史和石库门特色的片区获得了这样一个位置绝佳的两层店面。在这家店里，我们将"高级制表"的展示销售、售后服务与瑞士美酒美食体验的概念融合在一起，为顾客带来全新的服务体验。

售后服务中心占地近70平方米，有4位制表师在其中工作。他们的维修技术覆盖全面，从基础的三针表款到带有陀飞轮功能的复杂表款，他们全部都能驾驭。得益于这样的技术优势，我们能够确保绝大多数手表的维修服务都可以在中国完成，无须将手表寄回位于瑞士的宝珀总部，这大大提升了服务效率和顾客的满意度。

除了售后服务中心，我们还特别设立了会所概念的休息区域。会所占地269平方米，由室内和户外两个区域构成。在这里，客人既可以享受独具特色的休闲餐饮服务，也可以在等待维修服务完成的同时，深入地了解产品，体验品牌文化。

我对于把宝珀上海新天地腕表旗舰店打造成一个生活艺术的展示窗口而深感自豪。在这个精心打造的休闲会所中，我们提供精挑细选的酒水和饮料，不仅向顾客传递一种原产气质，更表达了我们对纯正品质的承诺。

2011年年底，宝珀上海新天地旗舰店在一栋闹中取静的古典建筑中开业，我期待用它刷新高端腕表品牌能够带给消费者的用户体验。

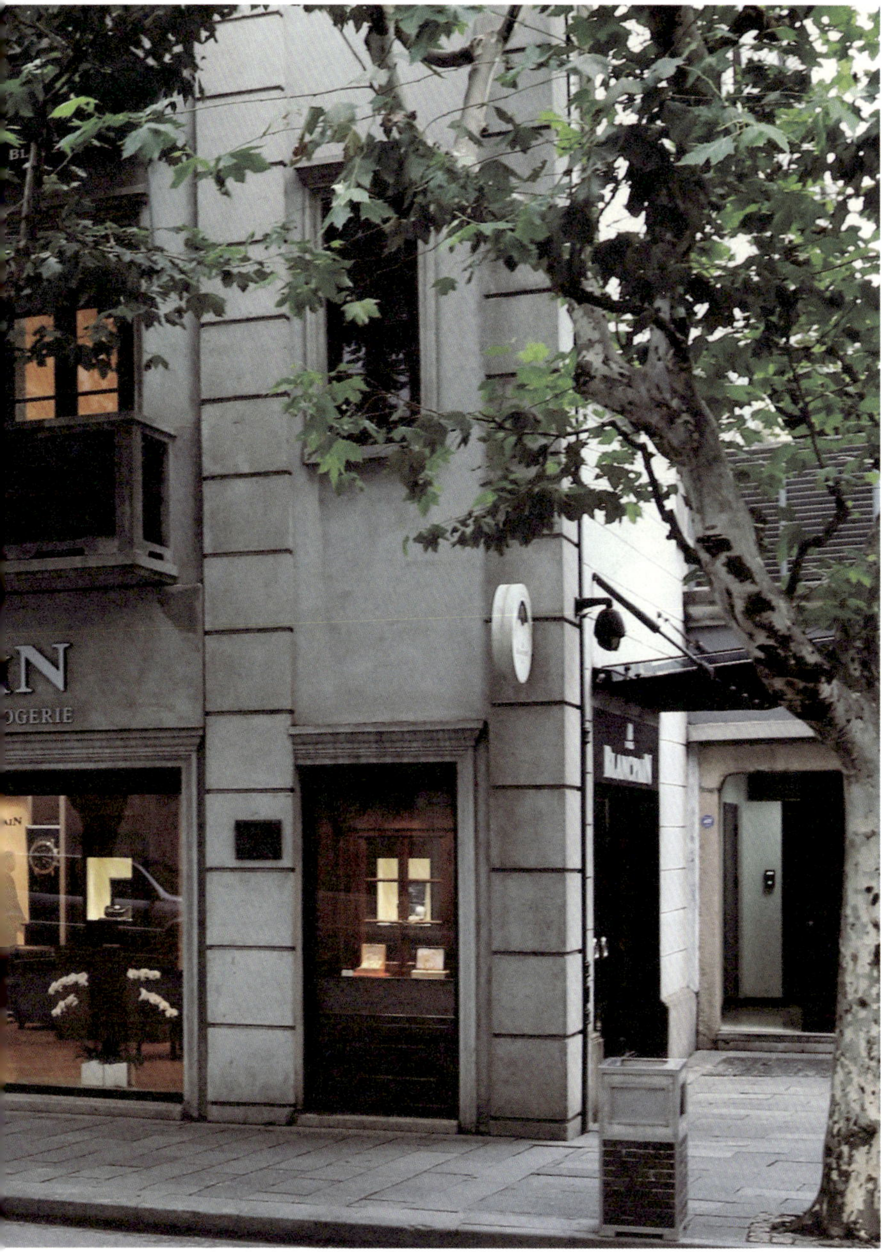
BLANCPAIN

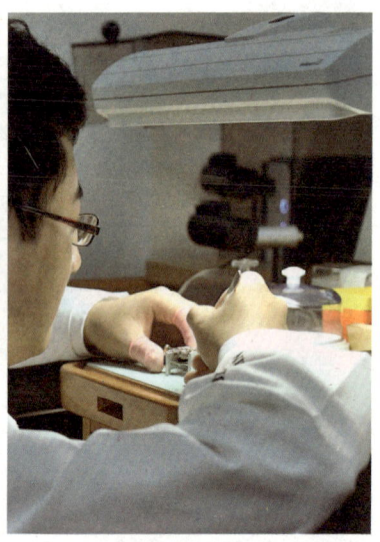

左图：坐在店铺二层的户外露台，客人可以一边欣赏石库门美景，一边品味来自瑞士的美食美酒。
右图：店内的维修服务可以覆盖绝大多数表款，客人无须再将手表寄回瑞士总部。

在会所中备受客人称赞的La Marzocco咖啡机，单台价值10万元，来自意大利著名品牌。我们选用这样的咖啡机，不仅是对咖啡制作艺术的尊重，也体现了对每一位顾客味蕾的负责。我们选用的咖啡豆经过专业烘焙和精心调配，确保顾客喝到的每一口都是香醇与回味无穷的。

"特级白中白"香槟产自法国阿维兹（Avize）特级村，具有细腻的气泡和优雅的口感，稀缺而珍贵。精妙古典的黑皮诺红葡萄酒则产自瑞士瓦莱州中部罗讷河上游左岸的石灰梯田，这款酒难得兼具黑皮诺的细腻芳香和熟草莓的甜美，还带有标志性的香料和泥土的清香。白葡萄酒"地狱之火"来自"被三个太阳宠爱"的瑞士沃州葡萄园，制作这款酒的白葡萄品种被称为"莎斯拉（Chasselas）天花板"。"地狱之火"那浅金色的酒液和甜美的果香，让人饮下就仿佛置身于瑞士的葡萄园。此外，我们供应百分之百瑞士生产的天然香料可乐Vivi Kola，这款可乐曾荣获"欧洲最佳可乐"称号。即便在瑞士当地，也只有高级餐厅及酒吧特供，是市场上难得一见的珍品。

这些风味独特的饮品吸引了众多鉴赏家和爱好者，也让每一位踏入宝珀会所的客人都能感受到源自瑞士的纯粹与精致。此外，我们还提供中国传统功夫茶，既强调了客户体验的独特性，也彰显了品牌服务的差异性。我们精选了知名茶庄的上等茶叶，围绕名家、有机、技艺传承等维度，结合传统与现代的泡茶技艺，为顾客呈现一场又一场东方茶文化的深度品鉴之旅。

宝珀会所初期与五星级酒店安达仕合作，由安达仕酒店日常为来宾提供奶酪、巧克力等一系列从瑞士采购的特色美食。此外，会所还提供私人晚宴和聚会等定制化服务。我们与包括新荣记、遇外滩、淮扬府、中国大饭店等在内的米其林星级餐厅合作，为顾客定制一系列高端的餐饮体验。在这里，每一位客人都能享受到与众不同的个性化服务，从精选的食材到独特的烹饪技艺，每一道菜品都是味觉与视觉的双重盛宴。我们的私人晚宴更展现了非凡的餐饮艺术，米其林星级餐厅的主厨会根据客人的喜好，为客人当面制作一道道令人难忘的佳肴。这些隐藏在日常菜单之外的定制菜品，是对美食的极致探索，也满足了客人对独特体验的渴望。

宝珀会所不仅是一个提供高端餐饮体验的场所，也是举办品牌主题活动的绝佳场地。我们在这里成功举办了宝珀理想国文学奖评审和入围作者的晚宴，发布新品的小型晚宴，以及客户的家庭聚会和节日主题庆典等活动。每一次活动，我们都致力于为客户创造一次难忘的体验，让宝珀的品牌文化与客户的生活艺术完美融合。

会所内的陈列作品大多是能够代表宝珀制表工艺的特殊表款，我们也向顾客提供私人定制服务。宝珀的最新作品也会优先在上海新天地旗舰店展出，供顾客欣赏和选购。

在2013年宝珀上海新天地旗舰店的开业庆典上，我们邀请了宝珀品牌艺术大使冯远征先生来到现场。他以一身厨师的打扮惊喜亮相，并为在场的嘉宾们烹饪了他的拿手好菜——老北京炸酱面。

在将商业与生活艺术在线下渠道进行融合这方面，宝珀是钟表品牌中的先行者。在宝珀上海新天地旗舰店开业后的十余年间，不乏其他品牌试图效仿，出现了奢侈品销售与咖啡馆、酒吧、电影院等多种场景的搭配组合。奢侈品零售直营店逐渐摆脱了传统印象中"卖货"的单一属性，成了品牌与顾客之间分享知识、沟通情感、传递价值的桥梁。

我始终相信，消费满足的不只是物质需求，更是情感需求。而优美的环境、舒适的氛围和良好的形象可以提升消费者对品牌的信心，从而提升顾客的购买力。

奢侈品牌零售直营店的核心使命在于，为顾客创造独特且超出预期的购物体验。为了实现这一目标，可以从以下几个方面着手。

1 品牌定位与形象：奢侈品牌需要明确自身的市场定位与品牌形象，并将其贯穿于零售直营店的各个环节，包括店铺选址、与周边同档次品牌的协同、店铺设计、产品陈列、服务标准等。在选址上，周

冯远征在开业庆典现场制作"冯氏炸酱面"。

边品牌组合对店铺形象的塑造尤为重要,一个地理位置的微小差异就有可能造成客流质量和数量上的显著差异。

  <u>2</u> 产品:奢侈品牌零售直营店应提供高品质、稀缺的产品,以满足消费者对产品独特性的需求。此外,还需要定期更新产品线,保持店铺陈列的新鲜感,吸引消费者持续关注。

_3_ 服务：奢侈品牌零售直营店成功的关键是提供高水平的服务，让消费者感受到被尊重，彰显其尊贵的地位。高水平的服务即"满足顾客购买需求和情绪价值"的个性化定制服务。零售员工需要接受严格的长期培训，确保服务水平和专业素养始终保持高水准。

_4_ 顾客体验：一个舒适、愉悦的购物氛围，对于吸引消费者光顾和延长逗留时间至关重要。奢侈品牌零售直营店可以通过提供休息区、免费的茶点饮料等便利服务来提升顾客的购物体验。

_5_ 数字化：随着数字化技术的普及和应用，奢侈品牌零售直营店也需要拥抱数字化。通过对客户画像的了解，零售直营店可以根据客户的具体需求，为之提供更加个性化的服务，这有助于进一步提升顾客的满意度和忠诚度。

橱窗的艺术

线下门店是奢侈品销售的主战场,在商业广告还未能像今天一样铺天盖地、无孔不入的年代,店铺的设计、店内的商品陈列和橱窗展示是品牌向消费者传递其产品、设计理念以及价值观的直接途径,也是品牌占领消费者心智的重要环节。橱窗作为产品的最佳展示位,往往决定了消费者对品牌的第一印象,也是品牌向消费者分享品牌理念、传达品牌价值的重要场景。

橱窗艺术是一种视觉营销艺术。橱窗既是门面总体装饰的组成部分,又是品牌商品的第一展厅。橱窗艺术以商品展示为主要目的,以背景画面装饰为衬托,搭配合适的灯光、道具、色彩和文字说明,用一种别出心裁的方式对商品进行视觉呈现,是一种综合性的广告艺术。正如一个会讲故事的人善于运用各种修辞手法对故事情节进行艺术包装,好的橱窗艺术也一定善于制造亮点和冲突,以有趣的方式展现橱窗商品的特性和品牌的风格调性。这种视觉艺术除了传递品牌形象,吸引消费者的注意力,还营造了购物氛围,能激发顾客的购买欲望。

在橱窗设计和道具陈列上，宝珀针对不同的产品和主题做出了不少独具匠心的尝试和别具一格的探索。

在被称作"现代机械潜水腕表鼻祖"的宝珀"五十噚"系列60周年华诞中国巡展期间，为了打破传统潜水腕表在功能展示上的单调和在顾客心目中的刻板印象，橱窗设计团队采用了场景模拟的手法，精心再现了深海的奇妙景象。宝珀中国团队与总部共同商讨了设计方案，巧妙地将珊瑚、海星等海洋生物和氧气瓶、罗盘等潜水装备，与人偶模型、手表结合展示，构建出一个完整的海洋生态系统。顾客在观赏橱窗时，仿佛置身于深海，与海洋生物和潜水者共享神秘而迷人的海底世界。值得骄傲的是，这次橱窗陈列中的很多道具都是由宝珀中国团队设计并生产的，并被发往全球店铺使用。

在彰显中国传统计时方式神秘之美的中华年历表推出时，宝珀总部采纳了我的建议，将中国元素，如屏风、扇面、生肖、书法等融入橱窗设计。这样的设计不仅是向中国传统文化致敬，也能通过橱窗这一展示形式，将中国传统文化的精髓传播至世界各地。

对品牌来说，橱窗不仅是展示产品的空间，更是讲述品牌故事的舞台。橱窗艺术作为一种商业展示的艺术形式，将品牌文化和产品属性通过艺术性的表现进行展示与传播，以提高消费者对品牌的好感度和对商品的购买意愿。在我看来，橱窗就相当于一家店铺的眼睛，它是与消费者进行视觉交流的重要媒介。橱窗通过视觉交流吸引消费者的注意力，激发他们的好奇心，最终赢得他们的心理认同。而品牌通过橱窗展示核心产品，并随着季节变化对橱窗展示进行调整，以其创意性和艺术性在消费者心中留下深刻的印象。

奢侈品橱窗设计的主旨在于有效展示品牌的核心理念和核心产

品,它是品牌创意和产品迅速进入顾客心智、吸引顾客关注的重要窗口,其设计要点如下。

<u>1</u> 艺术化展示:橱窗不仅仅是商品的陈列空间,更是品牌文化和产品特性的艺术化展示途径。通过艺术性的布置和创意设计,橱窗能够吸引顾客的注意力,提升品牌形象。

<u>2</u> 情感联结:橱窗要通过讲述品牌故事、展现产品的独特性,激发消费者的兴趣和好奇心,与消费者建立情感上的联系,进而推动消费者购买。

<u>3</u> 动态调整:为了保持橱窗内容的新鲜感和时效性,奢侈品牌应当根据季节变化和市场动态调整橱窗展示,确保橱窗内容与当前的时尚趋势和消费者需求保持一致。

<u>4</u> 文化传播:橱窗也是品牌传播文化和价值观的重要渠道。通过融入特定的文化元素,设定特定的展示主题,橱窗能够向消费者传达品牌的深层文化理念,同时向世界各地传播和推广这些品牌价值观。

掌控供应链，就是掌控了品质

奢侈品行业不断推进产业链整合，主要目的是增强对供应链的掌控力，确保原材料的稳定供应以及对生产环节的质量把控。

2010年，有"高级制表"领域"机芯梦工厂"之称的FP机芯工厂正式更名为宝珀机芯工厂，加入宝珀大家庭。

FP机芯工厂始创于1858年，一百多年来始终专注于高级腕表机芯的研发制造，是目前全球规模较大的高级机芯工厂。毫无疑问，它已跻身于瑞士优秀的独立机芯制造商之列。除了宝珀，它为几乎所有的高级腕表品牌提供机芯。1983年，FP机芯工厂与宝珀开始紧密合作，成为宝珀的机芯生产商。当时FP机芯工厂为两家公司所有，两家公司各占48%的股份，宝珀的首席执行官兼任FP机芯工厂的首席执行官。FP机芯工厂的主要任务是，为宝珀开发生产机芯，将优质的机芯提供给宝珀使用，同时依旧向其他知名品牌提供高端机芯。10年后，宝珀与FP机芯工厂一同被斯沃琪集团收购。虽然股权结构发生了变动，但两家公司的合作依然在继续，这确保了宝珀在机芯产业链上能够持续进行垂直化生产。

2010年，宝珀全面收购了FP机芯工厂，进一步巩固了自身在机芯垂直化生产方面的领先地位。从设计、研发，到零配件的生产、加工、装饰，再到最终的组装、测试，宝珀在机芯领域已经实现了完全自主，甚至生产配件的模具也都是宝珀自主研发生产的。对FP机芯工厂的100%收购保障了宝珀在机芯制造能力上的独特性和品质的可靠性，还加强了宝珀在钟表行业内机芯供应链上游的话语权。FP机芯工厂与宝珀有四十多年的合作历史，为宝珀研发和制造了多枚极具代表性的机芯，"五十噚"系列、全历月相表，以及代表宝珀获得故宫博物院首只当代典藏腕表荣耀的乾坤卡罗素腕表等宝珀腕表，采用的都是FP机芯工厂研发生产的机芯。

随着宝珀产品销量的持续大幅增长，我早有预感，奢侈品牌的产业链布局势在必行。而宝珀对FP机芯工厂的正式兼并只是品牌产业链整合布局的第一步。

精益求精，突破制表界限，不断提升腕表的复杂功能，是宝珀的永恒信仰，也是品牌价值的基石。作为"经典时计的缔造者"，宝珀始终在精进制表能力，坚持"创新即传统"，致力于打造高品质的高级机械腕表。为了保障产品的卓越品质和独特性，宝珀在供应链上进行了紧密的投资和布局。其中较为引人注目的两起事件：其一是前文提到的收购FP机芯工厂；其二则是宝珀在2020年对表壳制造公司Simon et Membrez SA及其关联公司Termiboites SA 60%股权的收购。

Simon et Membrez SA是一家拥有250名员工的工厂，主要生产以金、钛、铂、铑以及优质钢材为原材料的高端表壳，与多个高级腕表品牌保持着长期业务往来，宝珀是其重要的客户之一。表壳的制造对于手表来说至关重要，Simon et Membrez SA在表壳制造领域展现出对

左图：弗雷德里克·皮盖，皮盖家族成员。皮盖家族创立了著名的 FP 机芯工厂，即宝珀机芯工厂前身。
右图：当机芯成为一种艺术。宝珀一款手工雕刻的镂空腕表。

工艺细节的精准把控，从冲压环节后精细复杂的雕刻车削，到几十次的手铣打磨、印刻、精整加工、元件组装等，每一个步骤都需要极高的技艺。特别是表耳的造型弧度，以及与表壳衔接处的内角处理，难度极大，最终的手工抛光更是只有专业技师才能完成。宝珀对表壳加工的精度要求极高，如对双层表圈内外双环衔接处进行抛光时，既要保证边缘的锋利度，也要确保内外环形的完整契合。目前宝珀表壳的细节加工仅允许最大3微米的误差。

包括表壳、表链在内的配件的制造是腕表制造的重要环节，直接影响到产品的品相和品质。通过收购表壳工厂，宝珀能够更好地掌控

左图:"是啊,说真心话,我为我们获得的成就感到惊奇不已。有些部件只允许 3/1000 毫米的机加工公差,这简直不可思议,但我们确实做到了!"精密机械制表师盖·万德尔(Guy Vandel),1973 年受皮盖家族继承人雅克·皮盖聘请加入团队,当时瑞士制表业刚从"石英风暴"的毁灭性打击中走出来不过两年。在近 40 年的时间里,他一直是宝珀的中流砥柱。他所负责的腕表原型工坊肩负的就是机芯加工这一重任:将机芯从设计理念变为实体,然后把这些机芯送到实验室接受各类极端情况的检测。

右图:1992 年,阿兰·德利兹(Alain Delizée)加入 FP 机芯工厂,4 年后开始管理工厂的实验中心。身为实验室的"首席检测官",任何表或机芯都无法逃过他的法眼。在这里,如果看到价值不菲的陀飞轮手表在测试过程中遭到恣意粗暴的对待,也无须太过惊讶。只有无畏成本牺牲,才能成就每一款可靠的产品,这是德利兹团队的工作精神。他们需要核准机芯构成,执行疲乏测试。如果机芯能够抵挡这些严峻考验而不形成任何磨损,则可保证其质量品质出众。

这一关键环节,优化生产流程,确保每一只腕表都达到极高的品质标准。同时,这为宝珀提高了生产的灵活性,使宝珀能够根据市场需求快速调整生产。可以说,这一举措进一步强化了宝珀在供应链上的优势。全产业链布局能够确保品牌对每一个环节都有足够的掌控力,从而在产品质量、创新、市场反应速度等方面获得优势。

宝珀的母公司斯沃琪集团是一家完全实现了垂直化生产的公司，这得益于其自1983年以来对瑞士制表业上游供应链的持续整合与兼并。斯沃琪集团掌握了钟表行业各方面的基础产业，包括机械机芯和石英机芯，以及所有外观组件，如表盘、表壳、指针、玻璃、表链等。截至2024年，斯沃琪集团共拥有30家与钟表生产相关的公司，有超过150个生产基地，其中不乏在瑞士制表业地位举足轻重的配件及机芯供应商。

ETA公司是瑞士较大的钟表机芯供应商，不仅为斯沃琪集团内部的品牌提供机芯，也为众多外部品牌供货。在其巅峰时期，超过80%的瑞士钟表品牌都需要向ETA公司采购机芯。尼瓦洛克斯-法尔（Nivarox-FAR）公司是瑞士制表工业供应链整合生产的典范，专注于生产机芯内最核心的零件——游丝。1895年瑞士五大游丝制造商合并成立联合游丝制造公司，1930年尼瓦洛克斯游丝制造厂成立且并入其中，这是瑞士制表史上第一次产业集中的标志。1983年，尼古拉斯·海耶克先生再度对游丝产业进行整合，成立了尼瓦洛克斯-法尔公司的前身，彻底完成了机械表核心零部件游丝产业的集中，几乎垄断了瑞士钟表行业的游丝市场。

正如斯沃琪集团创始人尼古拉斯·海耶克先生所言："如果斯沃琪集团没有完整的手表产业体系，很多品牌根本生产不出一只完整的手表。"对于奢侈品牌而言，拥有自己的供应链意味着能够在最大限度上确保产品的品质和独特性，同时能够更好地应对市场变化和需求波动。通过垂直整合，奢侈品牌可以降低成本、提高效率，并且更快地推出新产品，以满足消费者的需求。

随着全球消费者对奢侈品需求的日益增长，奢侈品牌对于供应链也越发重视。对于公众形象建立在稀缺材料和高超工艺基础上的奢侈品牌而言，无论是直接设厂还是投资、收购现有工厂，稳定的供应链能够在最大限度上确保产品的品质，并维持品牌的纯正"血统"。同时，通过垂直整合，将品牌核心技术牢牢掌握在自己手中，能够有效避免在商业竞争中遭遇产能损耗和恶意倾轧，品牌也能够更好地应对市场变化。

爱马仕于2009年开始在澳大利亚大范围地人工养殖鳄鱼，以确保品牌鳄鱼皮产品的供应。这种颇具前瞻性的投资策略，使得爱马仕在皮具原料的供应上具有了独特的优势，进一步巩固了其品牌地位。香奈儿也采取了类似的策略。2016年，该品牌一口气拿下了法国四家长期合作的丝绸供应商，以更好地把控丝绸制作、纱线制造、编织和印染的每一步流程，让品牌在快速获取所需面料的同时保证面料品质。香奈儿首席财务官菲利普·布隆迪奥（Philippe Blondiaux）在2022年财报发布后的会议中透露，品牌并购战略的对象依然会以供应链上的企业为主，将优先考虑垂直整合供应商和环保材料研发商。

奢侈品牌的供应链之战由来已久。一方面，业内意识到了供应链对于传承工匠精神所起到的关键性作用；另一方面，品牌也意识到了拥有可控的供应链的重要性。

如今，奢侈品牌在整合供应链的过程中，开始注重从源头对可持续性、数字化等方面加大投入。此外，工匠精神是奢侈品牌形象的内核。为了传承宝贵的工匠技艺，品牌也会通过加大在供应链上的投入来培养人才。种种整合举措有助于提升品牌的市场竞争力，拓展业务范围。这一趋势也将增强奢侈品行业的产业集中度，并对整个行业的竞争格局产生重大影响。

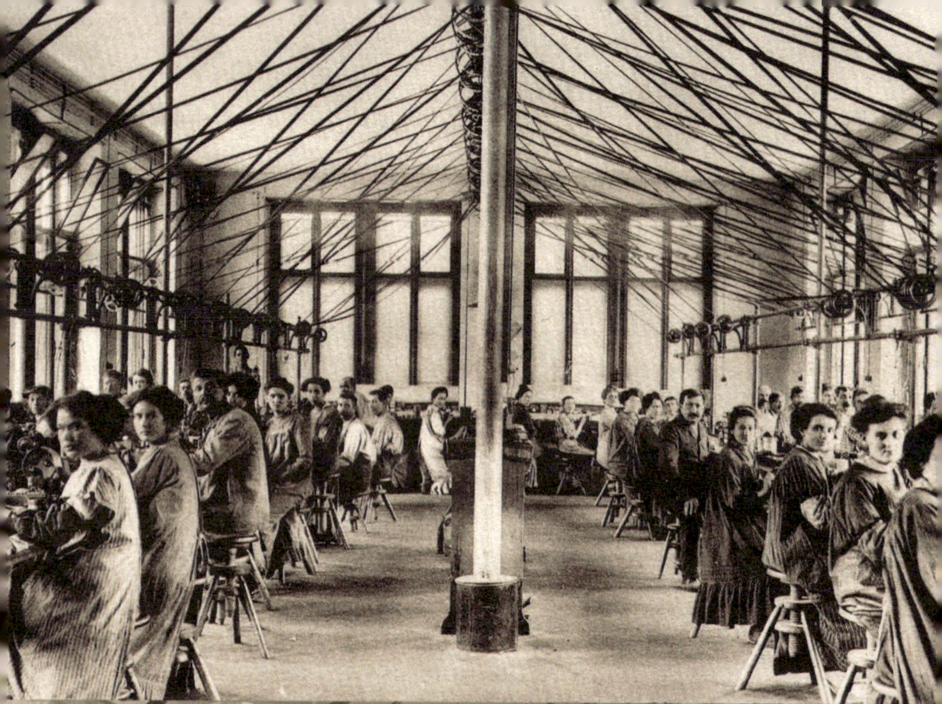
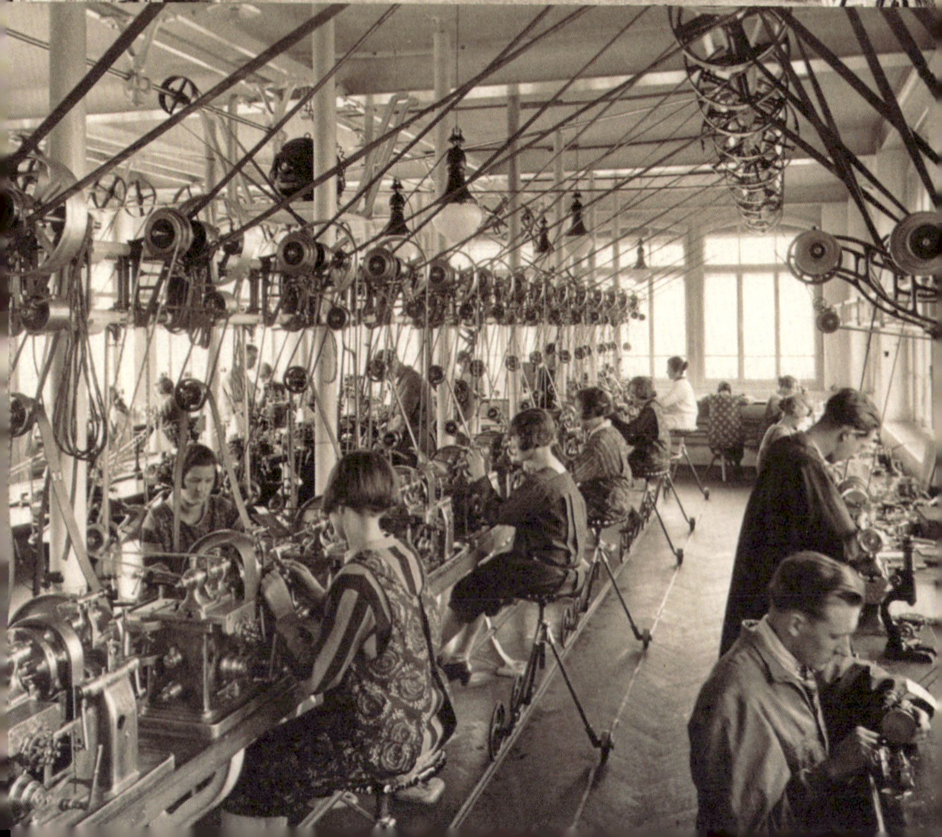

零部件:机械腕表的生命力

擒纵组件、摆轮、游丝,这些最早由家庭作坊所研发出来的零部件技术形成了独特的专业技艺基础。在不断的整合之后,围绕这些零部件的工业体系最终建立起来。1983年,在尼古拉斯·海耶克先生的推动下,联合摆轮制造厂(FBA)与联合擒纵组件制造厂(FAR)这两家瑞士机械腕表零部件的核心制造商合并,这就是尼瓦洛克斯-法尔公司的前身。这次合并标志着瑞士机械表核心零件的产业集中彻底完成。

表壳、指针、摆轮、游丝。冲压、印刻、抛光、组装。这些被认真对待的零部件和技术为机械腕表注入了生命,那经典不歇的"滴答"声仿佛是代表整个制表界的宏大发声。

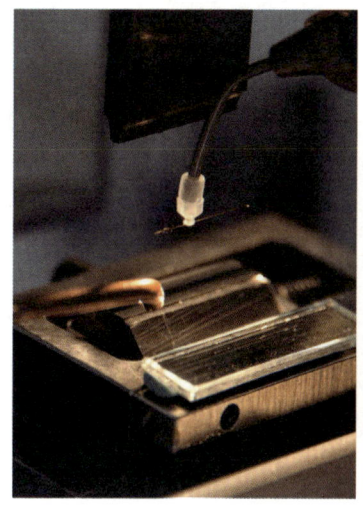

左图:用冲压工具将指针加工成形。

右图:对指针完成精细抛光之后,在指针尖端手工上色。

左页上图:1919年前后位于拉萨涅(La Sagne)的摆轮制造工坊。这家工坊于1932年并入联合摆轮制造厂。

左页下图:1925年前后位于力洛克(Le Locle)的擒纵组件制造工坊,于1932年并入联合擒纵组件制造厂。

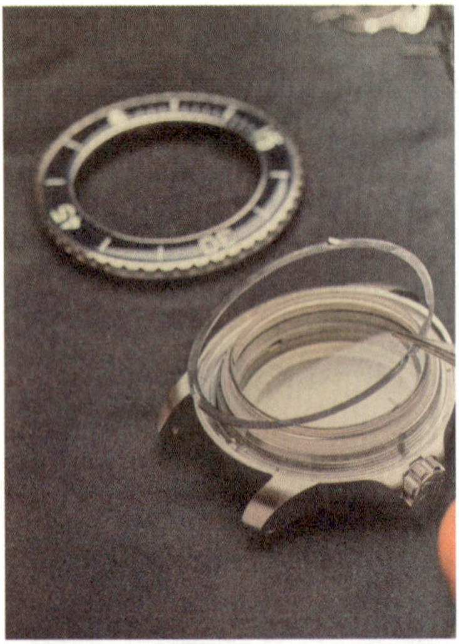

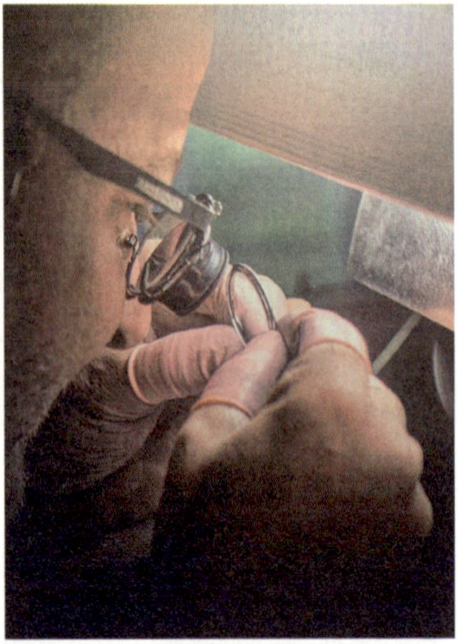

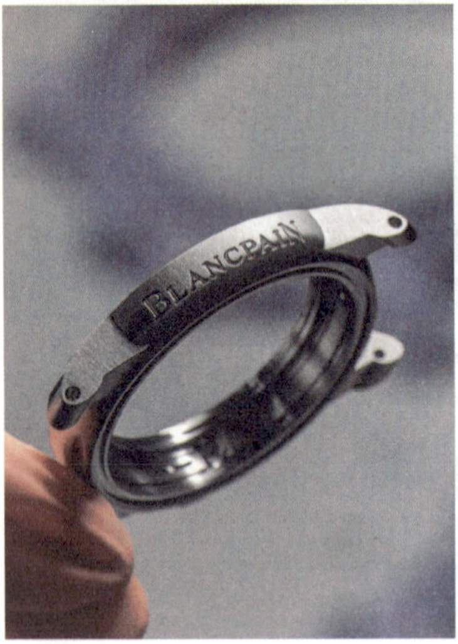
BLANCPAIN

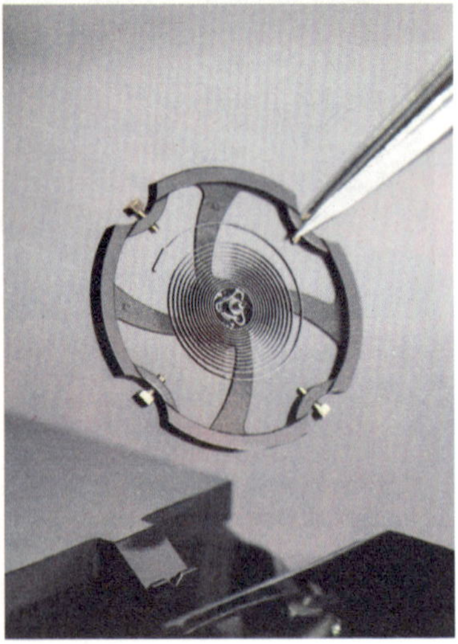

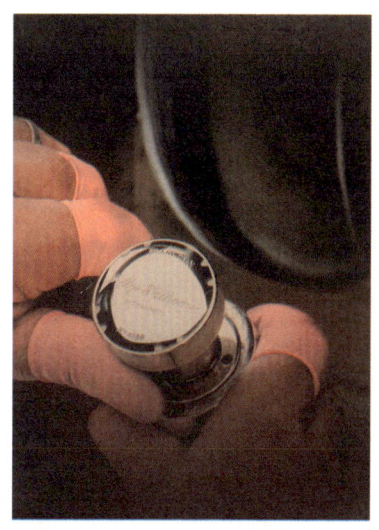

上排："五十噚"系列腕表的表圈组装。毫不夸张地说，制造一款表壳需要经过数十道加工工序（左图）。对双层表圈的内外环衔接处进行抛光，需要精湛娴熟的技艺，不仅需要确保内外环形的完整契合，同时还需要保证边缘的尖锐度（中图）。只有一丝不苟的手工抛光，才能成就铿亮光滑的表壳（右图）。

下排：钛具有金属中最高强度密度比、重量轻、耐腐蚀及磨损、不易引发皮肤过敏的优点，是运动腕表所需的首选材料（左图）。宝珀机芯中的擒纵组件与振荡器，让精准成为永恒（中图）。硅质游丝的弹性将通过测量振荡器的振频来检测。这些极其精细的游丝直径仅 35 微米，粗细相当于发丝的一半，重量仅为一粒大米的 1/7（右图）。

寒冬来袭

任何事物的发展都是一个呈螺旋式成长的动态过程。在品牌创立初期,操盘者需要明确品牌定位,打造品牌形象,积累品牌价值。随着品牌步入成长阶段,应着重提升创新和营销管理能力,同时增强抵御风险的能力。当品牌进入成熟期,应持续维护并强化品牌定位,进一步提升品牌的影响力。而当品牌面临困境时,操盘者要坚守初心,明确哪些战略方向是恒定不变的,哪些则是可以根据市场环境进行调整的。

2012年,中国消费者取代美国消费者,成为全球规模最大的个人奢侈品买家群体,包揽了全球奢侈品消费总额的29%。中国成为世界最大的奢侈品消费国。作为奢侈品行业从业者,我与有荣焉。我们正行驶在商业的快车道上,一切都欣欣向荣,一切看起来都充满希望。我带领着我的团队向着未来奋力狂奔,怀揣着酷暑般炽热的心。殊不知,一场严寒即将来临。

进入2013年,中国内地的奢侈品消费市场增速明显放缓。贝恩咨询在《2013年中国奢侈品市场研究》的开篇就下了结论:"2013年对于中国内地的奢侈品市场而言,是表现平平的一年。"

据统计,2013年中国内地奢侈品市场的增长率仅为2%,而仅仅在两年前的2011年,这个数字还是30%。其中,腕表品类受到的影响尤为严重。腕表品类的消费金额占内地奢侈品消费总额的1/5以上。而据瑞士钟表工业联合会2013年年初发布的数据,瑞士钟表出口在30个月以来首先出现负增长,中国在其统计的30个国家里跌幅最大。事实上,自2012年下半年起,瑞士钟表在中国香港地区和中国内地的出口额就开始出现下滑。曾经在中国市场享受高增长率近10年的瑞士钟表风光不再。

消费的下滑也让曾经乐观的高端腕表品牌纷纷减缓在中国内地市场的扩张步伐。以我所在的斯沃琪集团为例,其旗下以都市白领、高收入工薪阶层为主要客户群体的浪琴和以中产及以上群体为目标客户群体的欧米茄在进入中国内地市场后,销量连年持续高速增长,被视作高端腕表行业在中国的"指标股"和"风向标"。然而在2013年之后,以上两个品牌均在中国内地市场"退了烧",销量增长从两位数降至个位数。许多高端腕表品牌陆续关闭了部分店铺,逐渐放缓了扩张的脚步。

以上种种现象共同释放出一个信号:中国内地的奢侈品市场即将摆脱野蛮生长,日趋走向理性成熟。

宝珀作为进入中国内地市场较晚、市场占有率较低的品牌,同样受到了不小的冲击。但值得庆幸的是,此前的全速奔跑和全面布局在此时已初见成效。能否在市场整体低迷的趋势下及时调整战略、积极应对,将由负面影响带来的损失降至最低,是我在这个阶段面临的重大挑战。对此,我做了两件事:调整销售布局,提升店铺精细化运作的能力。

首先是对销售布局的调整。该说是运气使然，还是我有先见之明呢？早在2013年寒冬来临之前，宝珀的线下销售渠道就已基本布局完成。在品牌的快速成长阶段，我尽可能多地布局增长潜力较大的城市和平台，也预见了快速增长带来的风险。面对低迷的市场，宝珀通过调整和关闭部分运营及服务管理水平较低的店铺，确保了品牌能够继续保持健康的发展态势。

截至2012年年底，宝珀在北京、上海两座一线城市的八家店铺全部升级为品牌零售直营店，其中五家在北京，三家在上海。这标志着品牌已经直接掌握了内地一线城市的战略资源，确保了品牌在关键市场和潜在增长区域的稳固地位。

于2011年年底开业的杭州大厦店就是一个正面案例。作为华东地区的重要城市，杭州的战略性意义仅次于上海。当时"新一线城市"的概念尚未全面普及，杭州就已凭借经济、商业资源、环境、人才、教育等方面的优势在全国遥遥领先，当地居民的消费水平自然不容小觑。事实证明，这一开店选择做得正确而及时。杭州大厦店自开业至今，销售数据一直位居宝珀经销商店铺的前3名，销售额接近经销商店铺总销售额的6%，这在一定程度上弥补了奢侈品市场下行给宝珀造成的销售损失。

随着市场形势的不断变化，单纯的门店扩张已不足以推动品牌整体增长。据奢侈品调研机构统计，从2012年至2013年，全球奢侈品牌在中国内地市场的新店数量下降幅度约为1/3，由于大多数奢侈品门店的销售额不及预期，停业、整修、合并、迁址等现象不在少数。由于当地市场不成熟，运营成本过高，我们也在2015年关闭了宝珀苏

2011年年底开业的宝珀杭州大厦店

州美罗商城店。

销售网络的搭建是一个不断整合的过程,每一家店铺都相当于一条动脉,由无数的毛细血管连接。只有系统不断供能,持续进行造血再循环,这些动脉才能维持动力。危机同时意味着转机,当中国内地市场不被看好,国际奢侈品牌相继关店、撤店时,我却敏锐地捕捉到了新的商机。

2012年,北京国贸商城启动三期工程改造,我主动接触业主,积极争取使宝珀入驻。直到2014年,此事才有所推进。当时宝珀上海新天地旗舰店因会所和服务在业内声名大噪,对品牌的销售和口碑都带来了不少助益,我就想趁热打铁,尽快在北京开设一家提供零售、餐饮、售后、维修等服务的大型综合性门店,提升宝珀在一线城市的服务体验和品牌形象。对于是否要在市场前景尚不明朗的时期开新店,宝珀总部是有过犹豫的。前期成本投入过高，销售回报难以得到有力保障，此时逆势而行，需要承担比以往更高的风险。在此期间，我与宝珀总部进行了多次沟通，我坚持认为：中国内地市场销售增长放缓只是暂时现象，中国人对奢侈品的消费需求终将回暖，而我们不该错过当下这个关键时机。

事实证明，我又一次赌对了。2019年，宝珀北京国贸商城旗舰店开业了。仅仅在两个月以后，店铺就开始赢利，当年该店的销售额更是跻身全国品牌零售直营店前三。而这家店的意义不只是这样。北京国贸商城旗舰店优化和升级服务标准，因其颇具战略性的地理位置和良好的品牌口碑成为业界的标杆，有助于品牌进一步扩大在中国内地市场的影响力，也为宝珀未来的发展带来了更多的可能性。

其次是回到店铺经营现场，提升团队精耕细作的能力。

在2013年以前，由于市场形势有利，门店迅速扩张，团队的成长没能与品牌的成长保持同步，不少员工的业务能力和素质水平并未得到提升，许多店铺还在沿用上一代经销商的批发销售模式，未能根据时代和市场的变化及时做出调整。

在品牌高速增长的阶段，销量的提升往往依赖奢侈品市场的自然成长，销售人员的主观能动性得不到体现，个人能力和素质的参差往往也被忽略。然而，当市场环境冷却下来，由销售人员能力不强、素质不高引发的问题便开始浮出水面。这就如同当波浪来袭时，浪花可以暂时掩盖那些不规则的暗礁；而当潮水退去，暗礁便一览无余。当品牌在市场上取得显著的成功时，员工往往会误以为自己的能力已经足够，或是在追求短期业绩的驱使下忽视个人成长和团队协同的重要性。当市场环境变得更加复杂，竞争变得更加激烈时，如果员工没有

宝珀北京国贸商城旗舰店，这家集零售、餐饮、维修服务于一体的综合性门店已经成为业界的标杆。

进化出更全面的能力来应对变化，那些原本被高速发展所掩盖的问题就会越发明显。

在此背景下，我提出了精耕细作的方针，即对店铺实施规范化的运营管理和精细化的行政管理。我强调对工作流程的深入执行，并明确了各项关键绩效指标，包括成交率、回购率、试戴率、客户满意度以及客户资料收集率，以确保客户信息的准确获取，为后续销售和服务提供支持。

这种精细化的管理体现在销售过程中的每一个环节上，包括动作、表情以及服务的主动性。例如，我们制定了提供酒水和饮料的标准化操作流程，以确保每位顾客都能体验到一致的关怀；迎宾和送客的标准化流程展现了我们对客人的尊重和热情；售后服务的标准化流程保证了服务的专业性和一致性；高级服务体验的标准化流程旨在为顾客提供亲切、贴心、专业且尊贵的购物体验。

我们把这些标准制定得颗粒度非常细。比如，给客人提供送茶服务时，茶杯的手柄要如何朝向，在不同季节茶水应该设定在怎样的温度，茶点和纸巾应该放在托盘的什么位置，茶杯与茶盘用多大的尺寸合适，茶水放在什么位置才能既不影响销售又方便客人拿取，等等。再比如，销售顾问在为客人讲解腕表的过程中通常会使用指示棒，用来指示腕表的不同功能。有的销售顾问在讲得激动时，指示棒会随着手势上下挥舞，这看起来很不专业。我们针对指示棒的使用做了细致的规范，让销售顾问清楚指示棒不是指挥棒，使用它的目的是使讲解时指示更清晰，让顾客的注意力更聚焦。因此使用时动作必须要优雅，不能手舞足蹈，指示完应该立刻将指示棒放于托盘侧方，不影响腕表的展示。

这些标准化流程不仅规范了员工的业务操作，促进了销售业绩的提升，也帮助品牌更有效地检测和评估了各门店的运营效率和效果。

在服务过程中，一线销售人员扮演着至关重要的角色，他们的目的不只是完成销售业绩，更重要的是让顾客在服务中感受到品牌文化和价值，从而提升顾客对品牌的信任度和忠诚度。销售人员的职责不仅仅是售卖商品，更是为顾客提供优质的购物体验和专业的咨询服务，从而传递品牌服务精神，提升品牌的市场竞争力。

正如贝恩咨询全球合伙人布鲁诺·兰纳（Bruno Lannes）所说："中国内地的奢侈品市场已经从'圈地'阶段转向持续关注客户体验和门店销售额的阶段。全球品牌的心态正在从'我们在哪里寻找增长'转向'我们如何创造增长'。"

服务的价值

虽然品牌力、店铺的地理位置和产品价格是决定品牌零售的重要因素，但唯有优质的服务是品牌零售的灵魂。

随着奢侈品消费市场的成熟，奢侈品牌的销售逐渐从依赖经销商转向以直营为主的模式。自2008年宝珀的第一家品牌零售直营店在上海南京西路开业以来，截至2024年，宝珀已经在中国内地拥有了20家零售直营店；而经销商店铺的数量则稳定维持在35家左右。尽管品牌零售直营店在店铺面积、租金承担和员工薪资等方面的投入远超经销商店铺，但随着销售的稳步成长，拥有强大品牌力的零售直营店取得了盈利，这标志着品牌完全依靠经销商打天下的时代基本结束，零售直营店引领奢侈品零售市场发展的时代已经到来。

近年来，宝珀以自身在推进品牌直营化方面的表现走在了奢侈品腕表行业的前列。从2008年到2012年，宝珀实现了北京和上海两地店铺的全部直营化。从2013年到2024年，继北京和上海之后，宝珀还将品牌零售直营店拓展到了成都、重庆、西安、杭州、深圳、广州、郑州、长沙等"准一线"城市。虽然在全面直营化的过程中有过不少波折，部分经销商对此表示不理解，但我们双方都明白，这是时代发展的必然趋势：没有零售直营店的钟表品牌没有未来。而经销商只有提升自身素质和经营管理水平，加大投入，才能跟上品牌的发展和市场的需求。

为了确保每一家经销商店铺的员工素质和运营水平都能与品牌零售直营店保持一致，保证经销商店铺整体水平的持续提升，宝珀中国首先根据品牌定位对经销商店铺的位置进行了更加严格的筛选，同时对一些销量不佳、管理落后、人员素质不高的经销商店铺采取了关店处理。

其次，宝珀自2017年起着手建立面向经销商的零售运营管理系统，并在2019年正式运用这一系统。这要求负责经销商业务的团队进行业务转型。长期以来，品牌的批发团队和零售团队属于销售部门内两个不同的业务团队，批发团队对零售业务不熟悉，而零售团队虽然精通零售业务，其职责却并不包括对经销商的管理。

为了解决这一问题，我要求批发团队的同事必须学习零售运营管理知识，接受零售团队的培训，了解零售直营店的运营管理规范、标准操作程序、数据分析方法，以及如何根据数据评估运营水平，找出管理中存在的不足并提供解决方案。

这个转型的过程极为艰难，其间员工的思想观念和工作方法要同时转变。经过近两年的持续培训、学习和实践，批发团队的同事已经能够熟练运用零售管理工具，并为品牌和经销商建立了一套行之有效的管理方式。

除去从2020年到2022年这受到新冠疫情影响的3年，到了2023年，参与宝珀零售运营管理系统的经销商店铺接近经销商店铺总量的70%，销售额同比增长了近100%。

餐盘的选择、茶点的位置、茶杯手柄的朝向，都应该成为高级服务体验的标准化细节。

在从依靠经销商到开设零售直营店的转型过程中，提升服务和客户满意度是品牌发展的重中之重。当品牌进入直营化阶段，曾经以产品为核心的经营模式转变为以客户为核心的经营模式。品牌之间的竞争也从单纯的产品销售竞争转向了包括综合服务水平在内的整体运营实力的竞争。

奢侈品店铺往往因其高端的品牌定位、高档优雅的装修风格，以及店内服务人员的精致形象，令普通人望而却步。知乎上曾有一个热门帖子："怎样才能踏实地走进奢侈品店？"该帖子被网友浏览了超过6400万次，最高赞的回答赢得了近10万个点赞，足见此话题所受关注程度之高，引发共鸣之广。

奢侈品常常带给普通人一种距离感，因为奢侈品并不是每一个人都能拥有的。对于奢侈品店铺的员工而言，提供得体、专业且符合品牌要求的服务显得至关重要。品牌所提供的服务只有始终超出顾客预期才是好的服务。宝珀在建立了面向经销商的零售管理运营系统之后，有两个发生在经销商店铺的案例颇有代表性。

2022年，一条顾客随手拍摄的视频让宝珀上了热搜，视频收获了超过10万次点赞。起因是一位6岁的小女孩在天津海信广场的宝珀零售直营店内看中了一只手表，便和店员说，我喜欢这只表，想戴上试试。店员见孩子喜欢，便细心地帮助她试戴。孩子的母亲表示，当时她也不清楚这块手表的价格，直到看到柜台里的标价牌，她才意识到这是一只超过20万元的手表。令这位母亲感动的是，店员并没有因为顾客是小孩子而有所轻视和怠慢，也没有进行任何话术上的推销，而是一边耐心地从柜台里拿出手表，一边鼓励孩子："现在买不起，将来未必买不起。"孩子的家长在视频中感慨："我没想到那是一只价值二十多万元的手表，在那一刻我感觉被温柔以待了。"

对一个品牌的评价不该局限于销量这个单一的维度，用户的口碑往往更具参考价值；而好口碑也能够作用在销售上，从而形成正向循环。

另一个有意思的正面案例发生在深圳亨吉利万象城。由于距离香港较近且交通便利，且香港一向因"零关税"的利好制度而被人们视为"购物天堂"，因此深圳亨吉利万象城店在开业之初并不被看好，人们担心它会因为地理位置而流失客源。令人意外的是，这家店的销量不仅在内地一线城市的经销商店铺中一骑绝尘，甚至超过了一些位于香港的宝珀店铺，成为全国销售额较高的经销商店铺之一。另外，这家店铺的平均单价也是宝珀全国经销商店铺中最高的，其原因是，这家店铺销售的私人定制和大复杂手表（价值通常在100万元以上）在全国同类店铺中数量最多。在品牌每年进行的神秘访客调查中，深圳亨吉利万象城店的服务评分始终位居前列。同时，该店在客户关系管理系统的运用上也在全国各经销商店铺中表现最佳。这充分证明，对于奢侈品而言，极高的品质、无与伦比的设计品位和优质的服务是品牌真正的价值所在。地理位置和价格不是决定销量的关键因素，优质的服务才是品牌零售的灵魂，因为服务是有价值的！

经过多年的努力和发展，宝珀的经销商店铺在组织架构、人员招聘、流程管理、培训体系和服务标准建构等方面，已基本与宝珀零售直营店保持一致。宝珀中国团队也积极参与经销商店铺的日常运营管理，这确保了品牌零售直营店和经销商店铺能实现运营管理和服务标准的高度统一。高水平运营管理和服务体验的一致性，使得品牌形象得以统一。同时，双方能够相互学习，相互促进，共同成长。

奢侈品渠道建设法则

大多数奢侈品牌的经营渠道包括品牌零售直营店与经销商店铺。建立并管理这两个渠道，并使二者能够在运营管理和服务体验上达到高度一致，是品牌的重点任务。

两个渠道的共同点在于以下几点。

<u>1</u> 统一的品牌定位与品牌形象。经销商店铺和品牌零售直营店需要共同维护品牌的定位，即店铺所处位置的环境氛围和品牌组合要与品牌定位相吻合，并保持统一的品牌形象。

<u>2</u> 同样高品质的服务质量与一致的店铺运营管理标准。两个渠道的店铺都需要为顾客提供高品质、专业化、个性化的服务。

<u>3</u> 统一的产品陈列和展示方式。

两个渠道的差异在于以下几点。

<u>1</u> 在选址上，高端腕表品牌零售直营店一般选择开在一线城市或者准一线城市的高档百货商场或者购物中心里。这些城市的居民消费力强，加上品牌零售直营店的店铺位置、周边品牌组合较强，使得这些品牌零售直营店的销售额往往要比二三线城市的经销商店铺高。品

牌通常会将二线城市或者二线以下城市的店铺拓展交给经销商。一般来说，一个成熟的品牌，其零售直营店的数量可能占总的店铺数量的40%以上，但零售直营店的销售额会占到总销售额的60%甚至更高。

_2_ 品牌旗舰店或者体验店的面积相对较大，是普通店铺面积的2倍甚至更多。因此，旗舰店和体验店往往是由品牌投资并进行直营管理的。一般来说，经销商很难投资如此大型的品牌店铺。

_3_ 在产品配置上，也需要将两个渠道区别开来。一般来说，品牌零售直营店的货品相对齐全，高单价的产品也更多。另外，由于零售直营店的投资和人员成本较高，品牌可能会把个别特殊款式和热卖款式留给零售直营店，以保证其具备一定的直营优势。

_4_ 高端腕表品牌的产品功能往往相对复杂，这就要求产品维修人员具备较强的专业性，因此品牌不会把售后服务交给经销商。消费者只能到品牌零售直营店或者由售后服务分公司设立的品牌售后服务中心对产品进行维修和保养。实行这一措施也是为了保障消费者能获得品牌专业、优质和个性化的售后服务。

_5_ 人员和组织架构不同。经销商经常会在同一个场所内同时经营好几个品牌，因此，经销商经常用一个负责人管理几个品牌的店铺，而不会为某个品牌单独设立店铺经理。经销商还有可能让销售顾问在各个店铺之间换岗，从而能以极高的效率使用劳动力，节约人力成本。这种管理方式可能会造成店铺经理和店内员工对品牌的专注度不够、忠诚度不高，这也是品牌在管理经销商店铺时需要特别注意的问题。宝珀要求经销商店铺的人员配置要达到零售直营店的人员配置标准，为此，我们制定了各种激励政策、管理标准，以确保80%的经销商参与宝珀的零售运营管理项目。

此外，品牌经销商渠道的管理人员自身应该改变传统的管理方法，具备零售运营管理知识和管理能力，能够根据品牌的要求对经销商店铺做出标准化管理，参与经销商店铺的日常管理，包括店铺年度及阶段性目标的设立、各项关键KPI指标的考核、为员工提供培训及转训服务，等等。这些工作的最终目标是让品牌经销商店铺的运营服务标准与品牌零售直营店的运营服务标准保持一致，并保证服务体验的一致性。

1956年问世的Ladybird（贵妇鸟）腕表，搭载了当时世界上最小的圆形机械机芯。

Part Five

第五部分　长期主义

宝珀在产品上的长期主义建立在敢于突破传统想象的产品野心、清晰的策略规划、创造性解决问题的能力、从用户思维出发以及对品质和技术专利的不懈追求上。这些要素共同构筑了宝珀的产品力，确立了宝珀在市场上独树一帜的品牌地位。

中华年历表：让世界看中国时间

创新能力是品牌力的重要体现，也是品牌长期保持行业地位和话语权的重要手段。产品上的不断创新对于持续满足忠实消费者的需求、提升品牌影响力以及保持品牌长久的活力至关重要。在这方面，宝珀无疑是行业中的佼佼者。

2012年3月，宝珀推出了一款中华年历表，将中国传统文化中的阴阳干支纪年与历法完美呈现于表盘。事实上，这样的探讨和研究从2005年就开始了。

在2005年巴塞尔国际钟表珠宝展期间，我在与宝珀总部的制表师及其他市场人员的闲谈中，第一次了解到中国传统的历法和计时习惯。当时，中国台湾地区的负责人Erica热情地向我们介绍了相关的知识，我和负责技术研发的同事都听得非常专注。过去，我对这方面仅有粗浅的认知，经过讨论和不断提问，我逐渐了解了中国农历的双轨制、二十四节气的划分、时辰的概念，以及闰月和闰年的计算方法。

农历是中国长期采用的一种阴阳合历的传统历法。相传农历始创于夏代，完善于汉代，经历了四五千年的演变，既符合月亮的运动周期（朔望月），又符合太阳的运动周期（回归年），可以说是人类历史上较为科学的历法之一，对中国文化与中华文明产生了重大影响。农历包含的月相变化能反映潮汐、日食、月食等天象和月亮对气候的影响，它还考虑了太阳的运动周期，是一部双轨制历法，能体现中华民族"天人合一"的传统文化。

农历选取阴阳二体为时间参照，与现行公历（即格里高利历）只以太阳一体为时间参照不同，由此决定了其内容的复杂性与丰富性。如何将复杂而丰富的中国传统历法呈现于表盘，同时将规律性极强的公历与不规律的"19年7闰"的中国传统历法结合在一起，可能是制表技术面临的最大挑战。

当天的讨论有趣又尽兴，包括我在内的大多数人都以为这不过是一次富有创意的头脑风暴，谁都没有预料到，这场讨论居然会引起宝珀首席执行官海耶克先生的重视。他对此加以可行性研究，并最终推动了"中华年历表"这个项目的研发执行。

项目的研发过程并不会一帆风顺。对于宝珀制表师团队来说，研发这款中华年历表，不仅面临着两种计时方法上的差异，更面临着两种计时方法背后的东西方文化的差异。为了克服难题，宝珀制表师团队参考了大量的中国历法文献资料，同时邀请了日内瓦大学的中国籍教授加入研发团队。

在学习研究的过程中，宝珀制表师团队加深了对中国传统历法的理解，更深刻体会到了中国传统文化的博大精深。例如，十二生肖时辰的选用与排列，与自然界动物的习性和活动时间密切相关。子时（23点至1点）以鼠为代表，因为这是老鼠最为活跃的时刻；丑时（1点至3点）对应牛，反映了牛在深夜反刍的习性；寅时（3点至5点）

则与虎相关联，因为这是老虎开始游荡觅食的时间。

特别荣幸的是，宝珀中国团队一直参与其中，配合并协助完成了中华年历表的整个研发过程。

经过历时五年半的研发，宝珀制表师团队攻克了各项难题。

在表盘字体的细节方面，设计师们经过了无数次尝试，探索了数十种字体风格，最终选择了古代汉字的书法体之一——篆体。它不仅与时间和历史相契合，也满足了审美上的要求。针对表盘字体的决策在10年后仍被行业内的专家高度评价，证明了宝珀在设计上的前瞻性和专业性。此外，宝珀团队也解决了天干、地支、闰月、时辰、生肖年的显示问题，加入了与中国历法息息相关的月相盈亏功能，还为手表开发了7天长动力功能。

宝珀的中华年历表在2012年巴塞尔国际钟表珠宝展上一经亮相，就引起了不小的轰动。人们惊叹于宝珀竟能将464个零件组装在直径仅有45毫米的小表盘上，而且还整合了与中国传统历法相关的元素。珐琅盘面就像包含宇宙的罗盘一样，将中国文字与阿拉伯数字结合在一起且毫无违和感。

中华年历表实现了21世纪钟表行业在历法功能方面取得的重大创新，融合了东方文明和西方智慧，体现了东西方文化的碰撞，更是对中国传统文化之博大精深发出的由衷赞叹。

除了中华年历表，宝珀在技术创新的道路上始终稳步前行，不断取得突破。仅在2006年至2017年间，宝珀就成功研出39枚机芯（此处仅指全新功能的机芯，不包含过去机芯的拓展型号和改进型号）。到了2023年，这一数字则增长到了59枚。这是很多高级腕表品牌在上百年甚至品牌的整个历史上都难以企及的成就。

第五部分　长期主义　225

上图：中华年历表的机芯共含 464 个零件，单从一张白纸开始设计的日历夹板就包含了整整 6 个零件组，有超过 20 条线性弹簧，机械复杂程度远超想象。

下图：12 点刻度下方的小表盘显示的是中国传统时辰，每过两小时，指针就会移动到下一个动物所代表的时辰。位于 3 点刻度的表盘与阴阳五行息息相关，根据中国传统思想，五行（即金、木、水、火、土）是宇宙万物的基本构成，并各有阴阳。每个五行元素跨越两年，第一年是阳，第二年是阴，因此第一个火年（阳）象征着熊熊烈火，第二个火年（阴）则代表余烬末了。位于 9 点的表盘则显示了中华农历的日期。

在高级奢侈品牌腕表领域,宝珀在全新机芯的研发数量与技术创新的深度和广度上均居前列。持续的研发和创新能力,让宝珀在实现价值传承的同时,不断刷新自己的能力边界,以应对不断变化的市场竞争,推动品牌的可持续发展。

王者归来："五十噚"的传承与开拓

宝珀"五十噚"系列之所以能够成为定义潜水腕表行业标准的传奇，不仅在于品牌对产品品质的长期坚持，更在于对专业人士需求的洞察，并不断创新以适应时代的变化。

"五十噚"系列作为宝珀极受欢迎的"明星产品"之一，如今已成为许多消费者初次购买宝珀时的首选。然而就在十几年前，潜水表在内地市场乏人问津，大众对"五十噚"系列也知之甚少，很多店铺货柜里的"五十噚"系列产品甚至不足三只。"五十噚"系列的诞生和在当代的复兴是一个充满创新与开拓的传奇故事，在这个过程中，宝珀的两任掌门人展现出了共同的产品执念——敢想前人之未想，敢疑前人所未疑，敢做前人之未做。

第二次世界大战结束后，随着水肺潜水技术的兴起，探索海洋奥秘的渴望在业余爱好者和以军人为主要组成的专业潜水员中迅速蔓延。对于一个新兴领域而言，当时的装备功能尚不完善，无法满足潜水者的需求。正是在这样的背景下，宝珀"五十噚"系列应运而生，成为潜水史上的一个里程碑。"五十噚"系列的诞生，得益于宝珀当时的首席执行官费希特先生与法国蛙人潜水突击队创立者罗伯特·马卢比耶（Robert Maloubier）和克劳德·里福德（Claude Riffaud）的共同努力。

费希特先生本人是一名潜水爱好者。在一次潜水中，由于缺少精确的水下计时工具，他险些耗尽氧气。在生死关头，他冷静求生。虽然最终战胜了恐惧，但这次经历让他深刻意识到潜水者对水下计时工具的迫切需求。他决心根据自身的经验，设计一款能够确保潜水者水下安全且兼具易读性和可靠性的腕表。

对于费希特先生的设计构想，如今有人可能会想当然地认为："这不就是潜水腕表应该有的样子嘛。"但费希特先生在研发初代"五十噚"系列腕表时，是毫无先例可循的。他从潜水者的需求出发，深入考虑了腕表的多个关键要素。他首先关注的是腕表的优越防水性能，他通过两项重大发明——密封表冠系统和旋入式表背防水技术，有效解决了防水问题。接着，他引入了单向旋转表圈，以满足潜水者对下水时长计量的需求，并研发了锁定机制，防止表圈意外转动。

费希特先生还特别重视腕表的易读性，为初代"五十噚"系列腕表设计了宽大的表盘、黑底白字的配色方案以及夜光指针与刻度。此外，自动上链功能的加入，减少了对表冠和密封装置的磨损。考虑到潜水环境中的磁场问题，他还为初代"五十噚"系列腕表配置了软铁内表壳，以保护机芯免受磁性影响。

这些创新性的设计和改进，不仅成为初代"五十噚"系列腕表的关键产品要素，更为现代潜水腕表创造了初始的模板。直到今天，这些设计元素仍然是整个腕表界在制造潜水腕表时所普遍采用的。

在费希特先生的努力下，一款潜水腕表诞生了，费希特先生将其命名为"五十噚"。首款"五十噚"腕表的诞生，标志着一个以用户需求为导向的产品时代的开启。

首款"五十噚"腕表于1953年年初正式投产上市，被称为"现代机械潜水腕表鼻祖"。首款"五十噚"腕表以潜水工具的面貌出现，以三项专利、七个行业标准，奠定了现代潜水腕表的国际标准。令人惊叹的是，当1996年国际标准化组织（ISO）颁布现代潜水腕表的标准（ISO-6425）时，人们发现这些标准几乎与宝珀"五十噚"系列的设计完全一致。

同样在1953年，负责筹建蛙人潜水突击队的法国海军上校罗伯特·马卢比耶和海军中尉克劳德·里福德见到了费希特先生。在马卢比耶和里福德的计划中，腕表将是蛙人潜水突击队潜水员的基本装备之一。两人多次在法国尝试寻找合格的腕表供应商，却均以失败告终。他们在瑞士与费希特先生会面后，带回"五十噚"腕表的样品进行测试，结果令人满意。法国人发现，这些测试样表完全具备军方潜水员需要的所有功能，也就是说，法国海军对执行水下任务的要求与费希特先生源自自身潜水经历的需求紧密地结合在一起，共同体现在"五十噚"腕表的样品上。法国海军遂以"五十噚"腕表作为指定潜水表，"五十噚"系列的身影随之开始出现在法国蛙人潜水突击队所执行的所有艰巨而危险的水下军事作业中。

美国海军也对许多腕表进行过严格的测试，测试包括在极端条件下的性能检测，以确保腕表能够在各种环境下提供精确的时间信息。最终，"五十噚"腕表以其无可匹敌的功能和耐用性，通过了美国海军的检测。当时，在检测报告的最后，美国海军对"五十噚"腕表的评价是：无法再为该腕表提出改进建议。

在20世纪80年代之前，"五十噚"系列已被法国、以色列、美国、德国及北欧多国的海军部队所采用，成为众多海军的标准制式装备，是真正经历过实战检验的现代潜水腕表。"五十噚"系列创立的潜水腕表行业规范，已成为潜水表坛公认的标准以及共同遵守的准则。

在民用方面，"五十噚"腕表的卓越性能也得到了广泛认可。1956年，法国海洋生态学家、电影导演雅克-伊夫·库斯托（Jacques-Yves Cousteau）拍摄了世界电影史上第一部全景记录海底生态奇观的纪录片《寂静的世界》（*The Slient World*），他在拍摄片中的潜水场景时就佩戴了宝珀"五十噚"腕表。该片摘得了1956年第九届戛纳电影节最佳摄影、最佳影片两项金棕榈大奖，获得了1957年第二十九届奥斯卡金像奖最佳纪录片（长片）奖，还获得了1957年英国电影学院奖提名。

从20世纪80年代到2001年，"五十噚"系列一直没有得到全面的升级和更新，直到2002年海耶克先生成为宝珀的新舵手。收藏于宝珀古董表工作室的旧款"五十噚"腕表让同为潜水爱好者的海耶克先生被费希特先生的设计魅力所折服，他立志续写历史，让宝珀的这份制表传统重焕新生。

海耶克先生认识到，潜水表不仅需要具备专业功能，还要能够满足现代消费者的审美和日常佩戴需求。在他的主导下，宝珀于2003年推出了"五十噚"50周年纪念款腕表。这款腕表承载着开拓和传承的双重意义，既保留了1953年"五十噚"腕表的表盘、超大的夜光数字和时标等设计，也根据这些年潜水装备的发展，在功能和材质上进行了与时俱进的升级，其防水深度达到了300米。新款腕表还加入了机械测深记录、个人最深纪录显示、安全停留倒计时显示、深潜3小

20 世纪 40 年代的水下摄影爱好者。

"五十噚"的诞生

1943 年，水肺装备发明。这是一种由环境压力控制的压力调节器，它通常与一个压缩气瓶相结合。水肺装备的普及使得冒险下潜到 60 米深的地方成为可能，水下摄影成了潜水爱好者最喜爱的一项活动。使用水肺装备的代价是需要在返程途中做减压停留，而进行这种减压操作需要计时，费希特设计的潜水腕表便成为新探险家们潜水途中不可或缺的工具。

接下来的这组照片，捕捉了"五十噚"诞生初期如何一步步打开了军用和民用市场，以及初期的几款著名产品和早期广告。

上图:"'五十噚'之父"费希特(左二)在法国南部潜水。
下图:法国蛙人潜水突击队创始人罗伯特·马卢比耶在"五十噚"系列 275 周年庆特别展会现场,老爷子穿戴着蛙人潜水突击队的制服和配饰。罗伯特·马卢比耶表示:"我们为法国蛙人潜水突击队所需的潜水腕表构想了一切细节,并提案给当时法国最大的腕表公司 LIP,却遭到了对方的当场讥讽,他们宣称'潜水腕表没有未来'。后来,我们联系了宝珀,他们同意供应'五十噚'系列腕表。"

上图：在费希特与罗伯特·马卢比耶的共同努力下，法国蛙人潜水突击队成为第一个为国家潜水战队配备现代潜水腕表的组织。

下图：20 世纪 50 年代的法兰克福军火库，曾是美国海军的军用腕表检测地点。美国海军遴选潜水腕表的流程耗时极长，从 1955 年一直持续到 1959 年，甚至公布了长达 15 页的《潜水腕表规范草案》。在美国海军对几个品牌的潜水腕表展开全方位测试后，只有"五十噚"腕表在精准性、防水性、易读性、计时环（表圈）、打磨工艺、表带等各项测试中，均获得"优秀"评价。

Watch – Wrist Submersible
400 Foot Non-Magnetic

MIL-W-22176A(SH

OPERATING INSTRUCTIONS

TORNEK - RAYVILLE

DEPTH 400 FOOT   NON-MAGNETIC

SELF-WINDING

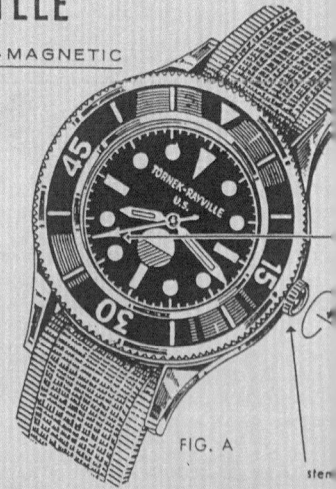

Setting Time & Synchronization

1. Fasten watch on wrist.
2. Wind stem 20 times.
3. When second hand reaches 12 o'clock position, pull stem into setting position. This stops second hand on marker.
4. Turn stem to set minute and hour hands exactly at time shown on master clock.
5. When master clock's second hand reaches 12, push stem on watch. This starts watch's second hand in synchronization with master clock.

FIG. A

Timing a Dive

Finger   Finger   Finger

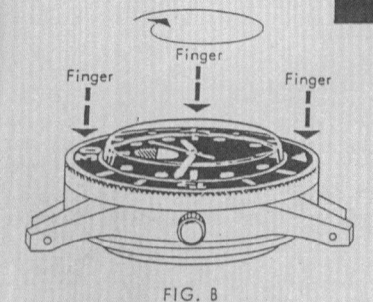

FIG. B

1. Push down outer dial with 3 Fingers. (picture left)
2. Turn outer dial to set its index opposite the minute hand at start of timing (picture right).

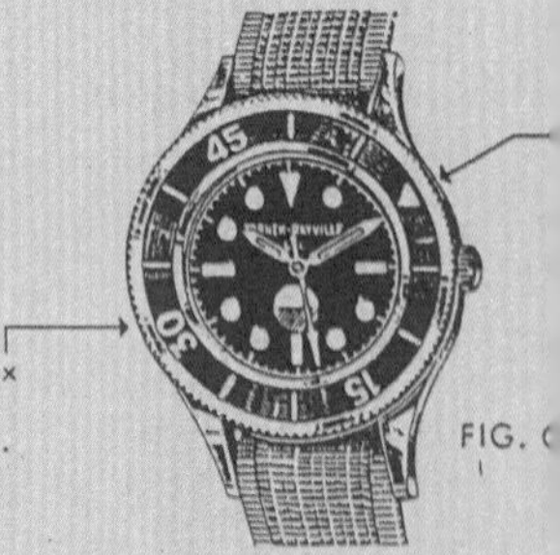

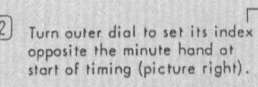

FIG. C

3. Number of minutes elapsed is read on dial (read "8 minutes" on picture below

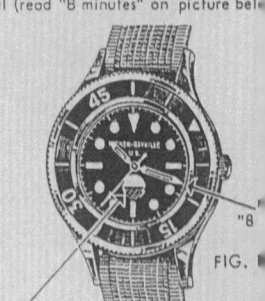

WARNING:

This watch contains radioactive material. Personnel handling and using this watch should be cautioned against opening the watch or in any way exposing the compound the elapsed time ring, dial, or hands. If the watch becomes damaged or unserviceable, it should be returned to designated supply points for disposal or repair in accordance with existing instructions. Packaging and marking of damaged watches to be returned shall be at least equal to that specified for new watches. If radioactive material is exposed, carefully wrap the watch and seal all joints in wrapping and packaging, or seal the watch in a plastic bag to assure no leakage of radioactive material to the exterior of the package.

"8
FIG.

4. Humidity Indicator: As long as blue section can be distinguished from pi section, there is no humidity in the watch. When whole indicator is pin water moisture has penetrated the w and it should be returned for repairs

TORNEK - RAYVILLE
5 WEST 45TH ST., NEW YORK

第五部分　长期主义　235

左页：早期的"五十噚"系列使用操作指南，包括如何设置时间、潜水时如何计时、如何锁定表圈。

左图：表盘上刻有 Aqualung 商标的"五十噚"。法国军用产品的供应链极为复杂，法国政府要求蛙人潜水突击队必须从法国公司采购所有潜水员的补给物资，这便促成了宝珀和 Spirotechaique 公司之间的合作。这家公司是法国液化空气集团的分公司，本身也出售各类潜水器械，它当时拥有的品牌之一"Aqualung"成了宝珀早期出售"五十噚"时使用的商标。

右图：一块有"LIP BLANCPAIN"商标字样的"五十噚"手表。在蛙人潜水突击队与宝珀的合作大获成功之后，LIP 逐渐意识到潜水腕表同样有灿烂光明的未来，便开始向宝珀订购"五十噚"系列的特别版手表，并在表盘上刻上 LIP 的名号。

左图：无辐射版"五十噚"古董表。同样诞生于 20 世纪 50 年代的还有一款享有盛名的无辐射版"五十噚"腕表，也就是在电影《我和我的祖国》中出现的其中一款宝珀古董表。表盘上 6 点位置有一个"无辐射"标记。之所以称之为"无辐射版'五十噚'"，是因为宝珀使用了无放射性的氚材料来打造指针和刻度。

右图：一只"五十噚"Barakuda 古董腕表。20 世纪 50 年代末，由德国前海军潜水员汉斯 - 约阿希姆·贝尔冈创办的 Barakuda 公司，发展成为欧洲最大的潜水设备供应商，各种不同版本的"五十噚"腕表都被列入了 Barakuda 公司的潜水装备目录。贝尔冈曾向宝珀定制了一只特别版"五十噚"Barakuda。它的表盘独一无二，每个刻度标记看起来都像是一面由红黄色块构成的旗帜。在国内，表迷们亲切地称呼这只腕表为"梭子鱼"。

Barakuda 公司 1958 年、1964 年产品目录封面。

时倒计时显示等功能。另外，宝珀还将其独特的复杂腕表功能，如计时、月相、两地时、年历、陀飞轮等融入潜水表，这些都是前所未有的创新。

海耶克先生认为，一个成熟的品牌必须拥有完整的产品线和全面的服务。而"五十噚"系列腕表的复兴，让宝珀变得更加完整了。

七十多年以前，当费希特先生着手研发"五十噚"腕表时，他面临着整个行业的怀疑和不认可。当时，其他手表厂商专注于航空航天系列产品的开发，并不看好潜水腕表的前景，他们有的甚至宣称"潜水表没有未来"。可即便如此，费希特先生也依然坚持自己的理念和愿景，哪怕与时尚潮流背道而驰。

这份对产品的坚持和执着在海耶克先生身上同样有所体现。虽然当时制表界已不再将潜水表和运动表视为主流，但海耶克先生依然决定依据自己的直觉和热情，凭借对市场变化的理解和洞察，迈出了"五十噚"系列复兴的第一步。

海耶克先生非常清楚，市场需要时间来理解和接受新一代的"五十噚"腕表。因此，他制订了一个明确而务实的长期计划。通过20年的不懈努力和产品的迭代更新，"五十噚"系列逐渐成长为宝珀的核心支柱之一。

海耶克先生曾说过："在当今这个潜水电脑广泛普及的时代，我相信已经很少有人会佩戴潜水表进行潜水活动了。但是，我们仍要确保宝珀生产的每一只'五十噚'系列手表都严格遵循潜水腕表的标准，每一个细节都100%符合。'五十噚'系列依然是潜水爱好者们可以信赖的潜水工具。"

在长达20年的产品进化历程中，海耶克先生始终坚持一个清晰的产品原则："'五十噚'是一只潜水腕表,潜水并非'五十噚'腕表的附加功能,而是其核心功能。"即便很多人可能永远不会佩戴"五十噚"系列去潜水,但海耶克先生对产品品质和性能的要求一如既往,从未有过任何改变——确保每一只"五十噚"腕表都能满足潜水的需要。

"五十噚"系列的诞生和它不断自我革新的复兴过程,正呼应了宝珀在产品上的野心——"敢为先驱,无畏来者"。

右页上排:1953年年初问世的首批"五十噚"腕表中的一只,具备三项宝珀专利,并囊括了现代潜水腕表的所有关键性设计元素(左图)。现代版"五十噚",搭配有可更换的各式 NATO 表带(右图)。
右页下排:1957年,宝珀为美国海军打造的"五十噚"MIL-SPEC1 腕表,因为数量极其稀少,是"五十噚"系列古董表中极为珍贵的一款(左图)。2017年,海耶克推出了全新"五十噚"MIL-SPEC 复刻限量腕表。复刻版保留了原版诸多标志性的细节,比如表盘上位于6点位置的湿度指示计(右图)。

第五部分　长期主义　239

20 世纪 50 年代，宝珀首席执行官费希特在法国沿海潜水。费希特说："没有人预料到年轻人会对潜水表感兴趣。我很高兴能在这一浪潮的序幕中发挥作用。"

海耶克在"腔棘鱼探险研究项目"中的一次潜水。海耶克对五十噚系列的复兴,是一个极具野心与耐心的工程。他花了 20 年的时间,打破了运动腕表不被看好的质疑。

海耶克说:"'五十噚'的意义超越了腕表本身。它最早是一件潜水仪器,如今却不只是一只腕表了……随着'心系海洋'公益事业的启动,它已经走向了更为宏大的海洋主题。我很高兴'五十噚'系列正在重燃它 20 世纪 50 年代曾经历的辉煌。"

Ladybird 腕表：只为"她"而生

经典产品不仅是品牌历史的载体，更是品牌影响力的延伸。对于品牌来说，深入人心的产品相当于品牌的第二个 logo，深植于消费者心中，成为消费者品牌认同与情感联结的纽带。

在20世纪50年代之前，腕表市场以男性需求为主导，而女装表作为边缘性品类，大多采用石英机芯，或是缩小版的男装表机芯。这反映了当时社会中的性别偏见——女性地位低微，不掌握话语权，难以理解复杂的机械原理，甚至被视为"依附、庸俗、虚荣而无知"的。

1956年，宝珀Ladybird腕表问世，搭载了圆形机械机芯，为制表行业带来了革命性的变革。Ladybird腕表不仅改变了女装表的外观，也开创和引领了一个新时代的风尚。宝珀作为致敬女性的制表商，受到了好莱坞黄金时代诸多女星的青睐，玛丽莲·梦露和琼·克劳馥都对宝珀女装表情有独钟。

这一切辉煌的成就都离不开一位同样堪称传奇的女性——贝蒂·费希特。

贝蒂·费希特生于1896年，于1912年以制表学徒的身份加入宝珀，开启了她超过50年的职业生涯。1932年，贝蒂从第七代"宝珀先生"弗雷德里克-埃米尔·宝珀手中接过了企业所有权，成为宝珀的掌门人。自此，由宝珀家族创建并执掌了近两个世纪的宝珀开始在贝蒂的领导下续写新篇章。

接手宝珀之初，贝蒂就遇上了难题。彼时正值经济大萧条，瑞士制表业遭受了前所未有的冲击，市场上出现了大规模的失业现象。不景气的经济形势让她敏锐地意识到，传统的制表模式已不再适用，若想生存下去，就只能另辟蹊径。贝蒂并未刻意将宝珀打造为一个兼顾市面上所有腕表类型的品牌，她选择了一条专业化的发展道路——主攻女装表和女装表机芯。

这一决策要求品牌具备极高的制表技艺，因为相较于大型腕表，小型腕表和机芯的研发与生产无疑更具有挑战。宝珀在小型时计技术上的专长，自弗雷德里克-埃米尔·宝珀时代便已开始积累，而贝蒂凭借她在制表领域深耕多年的工作经验，以及对制表技术的深刻理解和掌握，成功地让宝珀在女装表领域确立了专业地位，并在制表界赢得了更广阔的发展空间。

1956年，宝珀推出了一款标志性的女装表。这只表的机芯直径仅为11.85毫米，其坚固性和稳定性却远超市面上的同类产品。为了实现尺寸与性能的双重优化，宝珀进行了两大关键性创新。第一，在传统的四齿轮轮系中，额外增加了一个齿轮，以维持机芯的可靠性。这样一来不仅能够保持机芯的尺寸，还通过控制传递到擒纵组件的动力大小，增强了腕表的稳健性。第二，为平衡摆轮增添了防震保护装置，防震保护装置能够被巧妙地安装在微小尺径（空间）中，确保在任何情况下，都能保持稳定性和耐用性。此外，这枚机芯中的平衡摆轮尺

了不起的贝蒂。自1912年入职宝珀，到1968年退位为荣誉主席，贝蒂在宝珀的职业生涯超过了半个世纪。这位极富远见的女性，曾激励宝珀打造出诸多具有开创性的时计作品，并将品牌发展为机芯制造业的巨擘。贝蒂是瑞士制表公司里第一位女性首席执行官，而在她有生之年，瑞士女性甚至还尚未拥有普选的权利。

1950 年，当贝蒂被确诊癌症后，她邀请自己的侄子费希特协助她一起管理宝珀。姑侄二人开始了近 20 年的联合管理合作伙伴关系。两人的精诚合作为品牌带来了巨大的成功，他们携手创造了堪称传奇的"五十噚"腕表、Ladybird 腕表和玛丽莲·梦露的宝珀鸡尾酒珠宝腕表。

上图：1965 年，贝蒂与侄子费希特共同出席日内瓦 Les Ambassadeurs 精品店的开幕典礼。

下图：梦露生前钟爱的一只珠宝腕表——宝珀鸡尾酒珠宝腕表。

当时最小的圆形机械腕表——Ladybird 腕表，机芯直径仅为 11.85 毫米，摆轮直径仅为 5 毫米。

寸之小，也创下了新的纪录。以当时的技术，只有极为熟练的制表师才能完成这一精密部件的制作，即将22颗金质螺丝安装到位，组成极其小巧的平衡摆轮。贝蒂将这一创新发明命名为"Ladybird"。

Ladybird腕表一经推出，便取得了商业上的巨大成功。不仅在市场上被争相抢购，还频频被名人佩戴。美国剧作家亚瑟·米勒送给妻子玛丽莲·梦露的鸡尾酒珠宝腕表也属于这个系列。

Ladybird腕表的设计理念和制造工艺赢得了业界的高度评价，多次在日内瓦高级钟表大赏的前身——日内瓦城市大奖上拔得头筹。自问世以来，Ladybird腕表一直是宝珀产品系列中的核心成员。其外观设计和搭载的机芯虽然不断更新，但小尺径腕表的特征从未改变。

贝蒂不仅对市场动向十分敏感，她的商业策略同样高明。她很快意识到，与全球其他地方相比，美国的经济受到的影响更小，于是

早期的 Ladybird 腕表，以及该腕表于 1956 年上市时的广告。

她决定将美国市场作为业务发展的重点。为了促进女装表在美国的销售，她不仅与美国市场建立了紧密的合作关系，还巧妙规避了高额的出口关税。

贝蒂女士的做法是，不直接销售成品腕表，而是推出半成品腕表。具体来说，她将腕表的机芯、表盘和指针预先安装在一个简单的内部表壳内，然后让客户根据自己的喜好来设计外部表壳。这样不仅避免了美国对成品腕表收取的惩罚性关税，也为消费者提供了个性化定制的空间。

如果说Ladybird腕表的诞生确立了宝珀在女装表领域的先驱地位，那么全历月相表的推出，则让宝珀在女装表的美学工艺和艺术价值上走向了新的高度，并引领了瑞士"高级制表"行业的全面复兴。

时间进入20世纪70年代，石英表以低廉的成本和亲民的价格对传统钟表市场造成了巨大冲击。日本的精工、西铁城和卡西欧等品牌迅速崛起，几乎占据了全球钟表市场的大部分份额，以机械表制造为主营业务的瑞士制表产业遭到重创，这一事件在历史上被称为"石英风暴"。

在此之前，瑞士钟表企业常年占据世界钟表市场份额的50%以上，曾被视为国家的象征。而在石英表的价格冲击下，一些著名的瑞士表行纷纷停产甚至倒闭，从业人数从9万人迅速缩减到3万人。截至1985年，瑞士一半的钟表公司关门歇业。与此同时，为了顺应市场的变化，很多传统品牌或是不得不转向石英表的生产，或是将上百年累积和发展的复杂功能简化，以削减成本和价格。这标志着代表制表技术最高境界的高级工艺开始从市场上逐渐消失。

然而，宝珀选择了不同的道路。面对市场环境的内忧外患，宝珀为瑞士机械制表行业给出了答案：不与石英表打价格战，而是致力于将机械表打造得更具吸引力。宝珀反其道而行，为了全方位展现数百年来积累的精湛制表工艺，宝珀细化了机械表的设计和制作流程，将其制作得更为复杂和精致。

1983年，宝珀推出了全历月相表，让人们重新认识到机械腕表的独特魅力，并引发了众多品牌跟随，复兴了传统制表文化。

自古以来，月亮都是具有浪漫意义的象征。苏轼以"明月几时有"来寄托对亲人的思念，杜甫借"月是故乡明"来表达对家乡的牵挂。而在西方文化中，月亮则被赋予了神秘和朦胧的意味。总之，无论是在东方还是在西方，人们普遍习惯于借助月亮来诉说衷肠。

月相，即从地球上所观察到的月亮形状。月相表通过精密的齿轮转动，每天准确地展示月亮的盈亏变化，反映真实的天文状态。宝珀月相表的表盘设计独具特色，上面有五种不同的月相表情，极具辨识度。其中极具代表性的一个月相表情，以其垂眸浅笑的表情和嘴角的一颗美人痣，令人印象深刻，被称为"月亮美人"。

美人痣在18世纪法国文化中代表着挑逗与玩味，宫廷贵妇会画上一颗美人痣，作为对追求者的回应。而20世纪的传奇巨星玛丽莲·梦露让美人痣成了浪漫与迷人的标志。宝珀严谨而浪漫的基因在其为手表设计的月相呈现上得到了完美体现，不仅生动地在表盘上呈现了月亮的阴晴圆缺，更以"月亮美人"这一月相表情，向世人展示了时间的诗意。

在复兴传统月相功能的基础上，宝珀还进一步发展了丰富而完整的月相家族，给月相表做了"全历"功能。在月相之外，宝珀的全历月相表还显示日期、星期和月份。宝珀在1983年为对抗"石英风暴"、引领机械腕表复兴所推出的女装表，是一款全历月相表，搭载了全历月相机芯，兼顾了腕表的实用性和美学价值。宝珀还推出了经典的表盘设计——月相显示在6点位置，对称的12点位置有星期和月份的显示窗口，日期显示排布在表盘边缘，用指针进行指示。这一经典设计延续至今，从未过时，一直被其他制表品牌效仿。

全历月相表的推出，不仅体现了月亮对人类时间观念的影响，更是对古代天文历法的现代演绎。全历月相表不仅在当时拯救了宝珀，更让这个已有两百多年历史的品牌在时代的浪潮中焕发新生，以引领者的姿态重塑潮流，为整个机械表产业的复兴注入了信心。

此后，宝珀在全历月相显示功能上持续创新，不断尝试将月相与其他复杂功能巧妙结合，使之和谐地呈现于表盘之上。由于在表内实现精细功能对技术的要求极高，故以往只有大尺寸的男装表才配备

左图：1983年宝珀推出的全历月相表。
右图：对"女性可以欣赏机械之美"的尊重延续至今，2023年宝珀推出的Ladybird Colors钻石舞会炫彩腕表，拥有两个主发条盒，动力储存可达100小时。

所有传统的复杂功能，而女性对于复杂功能的需求长期以来都被忽视了。2005年，宝珀推出了女装万年历月相显示腕表，该表机芯厚度仅有2.91mm，配备了40小时动力储存。在这之后，宝珀推出了以女装表专属机芯Calibre 953为基础机芯的5495腕表，该表升级了自动上链功能；宝珀还推出了将动力储存提升至100小时的5453腕表。这些创新不仅展示了宝珀在"月相"系列女装表上的技术实力，也最大限度地表达了宝珀对女性的尊重。

2022年，宝珀将女装表系列正式更名为"Ladybird系列"，以此向贝蒂·费希特这位杰出女性致敬。

贝蒂以其清醒、果敢的品质和智慧，为制表界带来了革命性的影响，并为应对时代危机提供了一种新的思路。更重要的是，她让腕表市场看到了女性的需求。贝蒂的愿景是打造既能展现女性高雅品位又不失复杂机械工艺的腕表，她的承诺和努力为高端女装表领域开创了崭新的时代。在她的影响下，女装表不再处于陪衬的位置，而成为与男装表同等重要的产品线。

2023年，宝珀推出了Ladybird Colors钻石舞会炫彩腕表，该表在材质选择和装饰工艺上都有极高要求。该表表盘由珍珠母贝和海瑞温斯顿原矿钻石制成，不仅拥有光泽夺目的外表，更因对多次上色工艺的使用而获得了立体感。此外，宝珀还推出了速换表带的功能，让用户能更加便捷地更换装饰，以适应不同场合的需求。这些创新设计体现出宝珀对女性持续的关怀，蕴含着宝珀对女性用户佩戴习惯的理解和重视，以及对女性美学细致入微的观察。

Ladybird系列的每一项功能都是对贝蒂独立精神的颂扬，每一种造型都是对女性的赞美，每一个设计都是对复杂工艺的探索和对女性欣赏机械之美的尊重。Ladybird系列是宝珀对女性独立、浪漫和智慧的具象化诠释，品牌背后所承载的价值观得以通过产品传承和展现出来。

奢侈品的长期主义法则

国际品牌的品牌建设需要坚持长期主义战略,其意义是品牌不仅要关注短期利益,更要注重长期的品牌建设、品牌价值的创造和可持续发展。长期主义战略包括以下内容。

_1_ 坚持产品的长期主义。这包括拥有完整的产品线、优秀的明星产品,以及对极高品质的坚守。宝珀的实践证明,明星产品的长盛不衰既带动了品牌的长盛不衰,也带动了其他产品线的销售增长。长期坚持极高的产品品质,是品牌在无论遇到销售波峰还是销售波谷时,都必须坚守的底线。

_2_ 长期坚持技术创新、设计创新。在传承品牌独特性的基础之上,保持产品在生产技术和设计创意上的不断创新。但要明白的是,创新并不是为迎合潮流而丢掉自己的风格,也不是吸引眼球、创造公关话题,创新的宗旨在于给消费者带来实际使用上的便利,提供新的具有价值的功能,以及对极高手工艺技术的再创造。

_3_ 坚持用户思维,持续不断地关注消费者对品牌的反馈,了解他们在审美、消费心态和需求上的变化。忠于从用户思维出发得出的产品愿景与竞争策略,敢于引领潮流,哪怕它们与当时的主流不相符。

_4_ 坚持长期的、持续的品牌形象建设。品牌形象源于对品牌核心文化的提取,比如创始人和掌舵人的理念、品牌对传统技艺和独特工艺的传承、品牌的行业地位、品牌在发展过程中建立的行业标准和重大的历史事件，等等。我对品牌传播的理解是，所谓宣传就是不断重复，重复地向消费者传达品牌的核心理念，以不同的表达方式、不同角度去表达品牌的核心理念。说过了还可以继续说（比如宝珀坚持不做石英表的理念），因为用户群体是不断更新的，总有年轻一代出现，总有不同的圈层出现。

<u>5</u> 关注公益事业与可持续发展。随着消费者环保意识的提高，品牌应该越来越关注环境保护以及品牌的可持续发展，比如更多地使用高科技的环保材料，在生产过程中采取减少环境污染的措施，等等。

总之，奢侈品牌坚持长期主义是一个需要从多个方面入手的系统工程。品牌只有在以上多个方面持续长期投入和不断努力，才能不断提高自身的知名度和美誉度，强化品牌形象，最终使消费者产生品牌忠诚度。

钛，具有金属中最高强度密度比，且重量轻、耐腐蚀，是运动腕表表壳所需的首选材料。

Part Six

第六部分　品牌大使们

　　寻找合适的品牌大使是塑造品牌形象、加强市场传播、建立情感联结和传递品牌价值观的关键策略。通过品牌大使的个人魅力和社会影响力，品牌能够提升目标消费者的认同感，吸引潜在消费者，同时树立品牌在社会中的正面形象，增强品牌的责任感，为品牌的长期发展和市场细分提供支持。

梁文道

对于品牌来说，选择具有大众知名度和影响力的艺人来获取明星效应、提升品牌知名度是一件相对容易的事情，而持续制作和输出展现品牌价值观的优质内容却是一件难以坚持的事情。但也许这件难以坚持的事情，正是构筑消费者对品牌认同感的关键。

2013年6月，在宝珀上海新天地旗舰店的剪彩揭幕仪式上，宝珀总裁兼首席执行官海耶克先生首次造访中国，与梁文道先生进行了一场关于瑞士"高级制表"文化与社会经典传承的高峰对谈，并正式授予梁文道先生宝珀"品牌文化大使"的称号。

回顾我和文道的相识与合作，还要从更久以前说起。

2012年，宝珀中华年历表一经问世，便在国际市场上备受瞩目。当全世界的目光聚焦在这只具有划时代意义的计时工具上时，我开始为中华年历表在中国内地的首次亮相物色合适的推广大使。文道是我的第一选择。

作为中国当代备受瞩目的跨媒体文化名人，梁文道曾担任凤凰卫视《开卷八分钟》的主持人、凤凰卫视评论员，他还是中国及马来西亚等多个国家和地区多家报刊的专栏作者。

我从《锵锵三人行》开始认识文道。他在那个以各抒己见为特色的节目上侃侃而谈，言语间的博学多闻和见多识广令人钦佩。他对历史、社会现象、文化潮流等各方面的深入了解和独到见解令人折服，对人类境遇的关注以及言谈举止间表现出来的悲悯情怀和儒雅风度更是让人印象深刻。在与文道正式见面之前，我就已经是他的粉丝了。

在正式发出邀请之前，我让市场部的同事与他进行了初步接触，以了解他的合作意向，结果得到了非常积极的反馈。文道对宝珀有很深的了解，同时对中国的节气和民俗文化也有很高的研究水平，这让我对合作充满了信心。品牌大使不仅要在商业上符合品牌形象，更需要对品牌价值观有深刻的认同，像文道这样的人无疑是宝珀理想的合作伙伴。

宝珀中华年历表的首场发布会在北京举办，我们特意将日期定在2012年4月20日——这一天恰逢中国传统二十四节气之一的谷雨。谷雨取自"雨生百谷"之义，这一安排不仅彰显了宝珀对中国传统文化的崇高敬意，同时寄托了我们对新系列表款的美好期许。

在发布会开始前的两天，我第一次见到文道。在那之前，我强迫自己以囫囵吞枣般的方式匆匆读了他的几本书——自从离开学校，我已很少能静下心来完整地阅读一本书。工作的繁忙和生活的不规律使我的时间被切割得支离破碎，而读书需要投入大量的时间和精力，常常让我望而却步。

文道当天背了一个看上去很沉的书包，我好奇地问他，里面装了什么，他坦诚地告诉我，那是他今天要阅读的两本书。他每天都会携带两本书出门，睡前至少要读完一本。如果有一天没有读书，他就会感到不安，读书已成为他生活中的固定习惯，如同饮食一样不可或缺。

我对此感到十分惊奇，他的阅读量如此之大，他是否真的能记住所读的内容呢？他微笑着回答："我有我自己的记忆方式。"文道向我解释，他会用一种格栅式的方法来储存记忆，每一种不同的知识都会被放在不同的格子里。关于阅读速度的问题，他也有自己独特的见解，他并不一定要求自己通读全书，而是根据内容的重要性和相关性来决定是精读还是快速略过。

他还告诉我，读书是训练一个人专注度的最佳工具，如果能持续专注地沉浸在书中的世界，不被外界所干扰，那么日常工作的效率也会随之提高。这一番话令我大为受益，令我意识到，我的思维虽然活跃，但专注度不够，这在一定程度上限制了我的积累。

从那时起，我开始有意识地培养自己的阅读习惯，经常在包里放一本书，每天给自己一定的时间，放下手机，进行阅读，这成了我训练自己专注度的一种方式。

在和文道接触的过程中，我受益良多。他的谦虚低调是发自内心并长期养成的一种良好教养。他对奢侈品文化颇有研究，非常注重使用细节，在各个场合都表现得体。他善于提出问题，并能持续地质疑和探究，了解一件事背后的原因和动机，洞悉事物之间的内在联系和脉络，因此常常能够看到事物的本质。

自2013年以来，文道作为宝珀的品牌文化大使，已经与我们共同走过了10个年头。他不仅是宝珀长期的合作伙伴，更是我们一路前行的坚定支持者。在这十多年里，品牌与我都得到了成长，文道也与我们一同成长。我们一起经历了许多重要的时刻，一起分享过成功的喜悦，也一同面对过低谷的挑战。

文道的加入，不仅提升了宝珀的品牌影响力，更在传承和弘扬宝珀的品牌文化方面起到了重要的作用。

在我看来，品牌文化大使不仅是品牌形象的展示，更是品牌价值观的重要体现。品牌文化大使通过个人的形象和言行，为品牌树立积极正面的形象，帮助品牌在市场上获得更多的曝光和认可。同时，他们也被视为品牌与外界进行沟通的重要渠道之一，代表着品牌的文化价值观，在品牌传播中扮演着举足轻重的角色。文道作为品牌文化大使，毫不意外地获得了客人们的高度认可，在我们的私人客户分享会上，现场来宾大多是他的粉丝。

我期望宝珀的品牌文化大使不仅能够出席商业活动，提升品牌的关注度和曝光率，更能深入参与策划品牌公关内容，与我们共同书写品牌的历史，成为宝珀品牌文化不可或缺的一部分。

我想要宝珀与品牌文化大使建立这样的连接，机会很快就来了。

在宝珀官宣梁文道成为品牌文化大使后不久，我们便共同策划和开发了一档关于"时间"的节目，想要通过回顾人类建立时间体系的历史，讲述人类如何理解时间以及探索计时方法的过程。文道付出了大量的精力和时间来参与这个项目。

2014年4月，由宝珀和文道共同参与拍摄录制的14集短片《时间简史：宝珀·梁文道导赏计时之道》正式发布。该短片在文道娓娓道来的讲述中，探索了人类历法与时间的来龙去脉，诉说了人类文明的伟大与光荣。

在系列短片中，文道带领观众从一根鹰骨开始，一路徜徉，游历古今，导赏人类计时之道：从尼罗河畔的古埃及，到美索不达米亚平原之上的古巴比伦,再到拉丁美洲的古玛雅以及雄踞东方的中国……随后,探寻之旅在中华文明的时空中延展开来,中国人所特有的周而复始的历法观念、天人合一的哲学体系得到了完整的诠释。

该短片于宝珀官方微博、微信公众号首发,随后登陆搜狐的《午夜表情》栏目,以及优酷、腾讯、爱表族等网站,反响热烈。不久后,该短片被开发为音频内容,登陆喜马拉雅"BLANCPAIN宝珀频道",这个由品牌在喜马拉雅开通的官方频道持续更新内容至今。目前,喜马拉雅"BLANCPAIN宝珀频道"已推出包括《宝珀丨梁文道:时间简史》《3D时光之声》《宝珀·答案之书》在内的10张专辑,共计97集节目,引领了奢侈品牌入驻音频平台的风气,也践行了宝珀长期坚持内容输出的理念。

因为《时间简史:宝珀·梁文道导赏计时之道》使宝珀在内容营销方面的试水大获成功,后续我们和梁文道又一起推出了全新的纪录短片《匠人·匠心》。该短片以宝珀大复杂制表工坊所在地汝拉山谷为背景,通过梁文道的视角,讲述了三位钟表匠人的故事。

这三位瑞士制表工艺大师代表的不仅是宝珀的品牌形象和高端品质,更是瑞士钟表行业精益求精的价值观在个体身上的体现。观众通过纪录短片,可以深入了解宝珀的历史、文化和传统,感受他们对艺术的热爱和追求。这种追求卓越的精神,不仅体现在大师们精湛的技艺上,更体现在他们对每个细节的关注和把握上。这种精神也让宝珀在观众心中留下了更深刻的印象,进一步深化了品牌文化的影响力。

持续的内容产出是品牌的最佳名片。2017年10月,宝珀联合梁文道、吴晓波、冯远征三位品牌大使,共同发布了以"坚持,让时间更有价值"为主题的微纪录片。这部微纪录片由宝珀与Lens联合发布,镜头跟随吴晓波、冯远征、梁文道三人，分别前往对他们具有特殊意义的城市——杭州、柏林和香港，探寻他们各自坚守的场域和精神的源头，寻觅坚持的意义所在。微纪录片通过讲述三位品牌大使的经历并分享他们的思考，展现了宝珀自1735年创立以来的价值观——无论是个体还是品牌，只有通过坚持长期主义，坚持追求卓越，才能最终获得成功。

对于品牌来说，选择具有大众知名度和影响力的艺人来获取明星效应、提升品牌知名度是一件相对容易的事情，而持续制作和输出展现品牌价值观的优质内容却是一件难以坚持的事情。多年来宝珀一直致力于优质文化内容的打造。尽管这些内容并不是每次都能对销售产生立竿见影的效果，尽管同事们总是面临策划难度大、制作周期长等挑战，但我坚信，传递品牌文化、品牌价值观对于消费者认同品牌长期发挥着至关重要的作用。

有些事情是困难的，但必须有人去做。作为一个历经近三个世纪的匠心品牌，宝珀必须具备沉得下心、拒绝快速收割的诱惑的勇气以及坚守本心的能力。

由梁文道领衔讲解的纪录短片《匠人·匠心》截图。梁文道深入汝拉山谷，拜访了三位瑞士非凡的制表工艺大师，分别是中华年历表研发匠人之一、机芯研发大师穆斯塔法·阿瓦尼（Mustapha Ahouani），我在前文中提及的宝珀艺术大师工作室前负责人、珐琅微绘大师克里斯托弗·博纳多，以及摘得"法兰西手工技艺最高奖"桂冠的雕刻大师玛丽-洛瑞·塔布里。

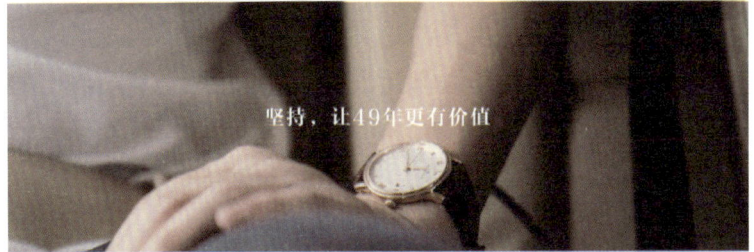

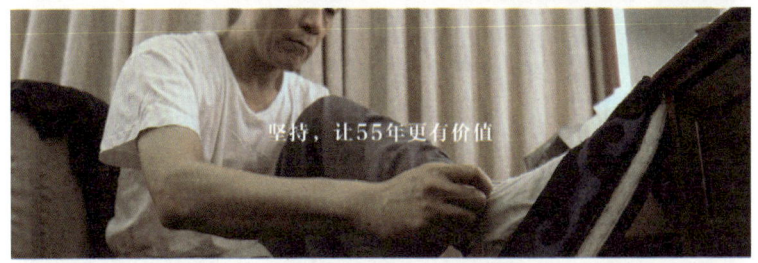

宝珀与三位品牌大使共同打造的以"坚持，让时间更有价值"为主题的微纪录片。微纪录片分别从他们各自的视角，讲述了他们如何看待自己坚持了数十年的阅读、写作与表演。

文道这支短片的末尾刚好是我记忆里第一次见到他的样子：在奔波的路上，背着一个装着书的很沉的书包。他说："我再怎么旅行，每天仍然会在路上看书。我有些朋友，几年没见，不是因为这些朋友我不觉得重要。而是因为，我还要读书。"

宝珀理想国文学奖：往时间纵深行进

品牌的文化符号、品牌资产、历史积累、创新能力以及品牌大事件，共同构筑了品牌力不断提升的基石。我们在经营品牌的同时，也在为品牌的明天书写历史。

宝珀理想国文学奖这个如今在国内颇具分量和影响力的文学类奖项，起源于我和文道在2017年秋天的一次闲谈。

自从与文道结识，我便经常主动登门拜访，或是邀请他前来小聚。与文人雅士交往，可陶冶性情，涤荡身心，故我常有收获。那次我请他推荐一些书给我，他同我感慨国内缺乏权威公正的图书推荐渠道和推选机制，几个广为人知的文学奖的评选也缺少公开、公正、专业的机制。他向我提起英国的布克奖（The Booker Prize），说这个奖项每年颁发一次，所有作家，无论国别，只要其作品以英文形式发表或有英文译本，就有资格参与评奖。布克奖奖励作家的任何文学成就，体裁不仅限于小说，被认为是当代英语文学界的重要奖项之一，也是世界文坛上影响力较大的文学大奖之一。

我当即福至心灵，遂向他提议：如果由宝珀来发起一个全新的文学类奖项，面向当代年轻人建立一套新的评价体系和标准，是否可行？文道对此表示极大的兴趣和认同，作为文化品牌理想国的顾问，他立刻为我引荐了品牌创始人刘瑞琳女士。

理想国作为一个追求品质、提供优质书籍、以培养优秀青年作家为己任的文化品牌，在出版界是有口碑、有坚持、有情怀的存在。理想国的这些特点与宝珀不谋而合。对于宝珀而言，文学与腕表一样，都是用来衡量和记录时间的艺术。宝珀希望与理想国共同举办文学奖项，为年轻人提供更多的机会和平台，鼓励他们发挥自己的才华和潜力。同时，这一奖项将成为宝珀品牌文化内涵的延伸，进一步丰富和拓展宝珀的品牌形象。

我们双方很快就确定了评奖的基本原则。第一，将入选作者的年龄设置为45周岁以下，面向更广泛的年轻群体。第二，入选作品均要求在当年出版，鼓励新作者和新作品。第三，获奖结果由专业评审投票产生，每年都要更换评委会成员。第四，过程公开、透明，为保证公正性和多样性，从征集、入围、初选、决选到最终奖项揭晓，全程公示，由广大网友监督。第五，首奖得主将获得由宝珀提供的30万元奖金，宝珀以此资助其专注写作。

多年来，评奖的规则细节在不断地进行优化和完善，但总体原则从未发生过改变：我们的宗旨是创立中国公平、公正、权威的青年文学奖项，发掘和鼓励优秀、具有远大潜力的华语作家，给他们一个舞台、一盏灯，让读者关注他们、喜欢他们。我们将这一奖项命名为"宝珀理想国文学奖"。这个奖项的口号是：读书，让时间更有价值。

首届宝珀理想国文学奖于2018年3月24日正式启动，我们邀请了阎连科、金宇澄、唐诺、许子东、高晓松作为评委。前四位都是较为专业的文学创作者，只有最后一位的身份与众不同，这也成了宝珀理想国文学奖历届的传统——建立一个更宽泛的文学概念，一个更丰富的评价体系。每一届，我们都会邀请一位在传统文学圈外的评委参与，除了高晓松，历届"圈外"评委还包括贾樟柯、张亚东、李宗盛和罗翔。2023年5月8日，原定担任第六届"圈外"评委的万玛才旦意外离世，经反复讨论，评委团一致决定，不再请另一位评委填补空缺，而是以四人阵容完成投票评选。

"万玛导演不是能够被取代的，所以为了保持我们对他的最大的尊重，今年留空这个位置。"文道如此表示。

每一年，宝珀理想国文学奖都面向全国各大出版社和个人征稿，作品类型多样，题材广泛，不局限于严肃文学作品，还包括武侠、科幻、悬疑和其他类型的小说，每年参评作品都达到了上百部。

与有的文学奖项每年仅公布得主的做法不同，我们致力于打造一个贯穿全年的文化盛会：从启动到颁奖，跨越半年时间，在这期间通过长、短入围名单公布，以及论坛、直播、播客节目等形式，持续跟读者互动。我们希望经由这一系列行为推出文学群像，从而逐渐构建出中文写作的编年史。

宝珀理想国文学奖是一个由商业品牌和出版机构合作推出的文学奖项。设立这个奖项，可能不会为品牌带来直接的商业回报，然而这一举动使我们忘记了传统的市场营销思维，为需要帮助的群体提供了实质性的资助和支持。我们希望通过宝珀理想国文学奖，让大家感受到宝珀对社会公益的真诚关怀，这是一种价值观的传递。

在首届宝珀理想国文学奖的颁奖典礼上，我期许道："我们期待

上图：2018 年，五位评委在第一届宝珀理想国文学颁奖典礼现场，从左至右依次为：阎连科、金宇澄、唐诺、许子东、高晓松。

下图：我与梁文道（左一）、许子东（左二）一起，为第一届宝珀理想国文学奖首奖得主王占黑（左三）颁奖。

这个文学奖能够走过5年、10年、20年。当我们在未来回望这个文学奖，我们能够清晰地看见文学的年轮，同时从文学的镜像中洞察时代的变迁。"这不仅是我对宝珀理想国文学奖的期许，也是我对文学和时代的坚定信念。

在碎片化阅读的时代，人们不停地质疑长阅读和深阅读的价值，而宝珀理想国文学奖从一开始就提出了明确的价值主张："往时间纵深行进，以文学做时间的延长线。"这个主张一方面紧扣宝珀作为制表品牌与文学的联系；另一方面，回应了当代年轻人的精神迷思，让文学和"高级制表"重新成为有时代价值的议题。

2024年是宝珀理想国文学奖走过的第七年。在这七年间，宝珀在中国从零开始打造了一个文学奖，用时间让其积淀成一个全新的、独立的IP，成为中国当代文学领域及文学青年心目中非常有价值和影响力的奖项之一。

很多读者将宝珀理想国文学奖每年的入选名单当作一份阅读指南，一份代表当年文学风向的动态书单，这也符合我的初衷。而对于参赛作者而言，宝珀理想国文学奖为文学作品起到了更加直接的正向推动作用。在第六届宝珀理想国文学奖颁奖当天，首奖得主杨知寒的得奖作品《一团坚冰》在网络平台迅速售罄。据报名参赛的出版社透露，在公布入围名单之后，很多作者的书往往需要加印，也有很多作者因入围宝珀理想国文学奖而引起影视行业的关注。

七年来，不只是我和文道，宝珀理想国文学奖多多少少也改变和影响了很多人的生命进程。第一届首奖获得者王占黑当时是一名高三年级的班主任，她特意请了两天假来参加颁奖典礼，在那之后就踏上了专业写作的道路；第四届首奖获得者陈春成原本在泉州一家植物园工作，获奖后辞职，专职写作，并在2023年被武汉市文学艺术理论研究所（芳草杂志社）录用，从事文学创作工作；第三届首奖得主双雪涛和两次入围的郑执如今都备受影视资本青睐，由双雪涛的小说改编的电影《刺杀小说家》、网剧《平原上的摩西》和由郑执的小说《生吞》改编的短剧《胆小鬼》都收获了高度评价。

对宝珀来说，设立宝珀理想国文学奖是具有实际意义和社会价值的投资。一个品牌的影响力最终由人物、历史事件、成就和标准等多方面组成，这些元素不断地沉淀，持续地产生新的内容，以致形成独特的品牌文化。宝珀理想国文学奖除了成为中国文学领域举足轻重的奖项，也成为宝珀重要的品牌资产。

正如首届及第六届宝珀理想国文学奖评委唐诺所言："商业当然要用它所创造的利润来衡量，可是文学、文化教育是不赚钱的。要培植一个不能用商业和数字立刻转换出来的美好的东西。这个美好的结果不是为某一个人所享用的，而是上升到整个社会公共、公益层面的。"

无论是被故宫博物院典藏的首只当代腕表还是跟"蛟龙号"载人潜水器一起出海，这些在宝珀发展中里程碑式的重要事件，不仅深植于品牌的历史文化之中，更塑造着品牌的基因和灵魂。它们的影响力深远而长久，却难以复制或重现。而宝珀理想国文学奖却可以连年举办，作为品牌倾力打造的标志性文化产品，它独树一帜且无法被效仿，是品牌极为难得的宝贵财富。它既是品牌对文化传承的贡献，也是对人类精神追求的致敬。我相信，我们在为未来书写历史。

书籍封面合集

飞行家	挣扎多在下雨	冬泳	（封面）	迟子
色说 NOVEL NOIR	流溪	我循着火光而来	小行星掉在下午 沈大成	空⋯
南货店 张忌 著	故事集 北京西郊 徐则臣 著	铜座全集	天棠传奇	（封面）
老实好人	大地中心的人	国王的游戏	南方巴赫 郑小驴 著	土产木⋯

宝珀理想国文学奖 2018—2024 年决选名单入围作品。它们改变了很多人的生命轨迹，也构成了当代中国文学的年轮。梁文道说："我们之所以把 45 岁定为基本的年龄上限，将持续写作的潜能当作评审方向，就是为了让那些到了今天还在这条路上的作者不必那么孤单。叫他们知道，有人看见了你，并且懂得。"

吴晓波

与品牌大使的合作讲求持续性，不能维持一两年便不了了之。合作的关键在于，对方能够真正理解并认同品牌的价值观，如此双方才能持久进行价值创造。

梁文道是文化领域的代表，他具备广博的知识和深刻的见解，不追求表面的浮华和名利，与宝珀的品牌形象相得益彰。可若要在财经领域寻找一位与宝珀相匹配的人物，吴晓波当之无愧。梁文道和吴晓波分别代表了不同的专业领域，也必将成为品牌在两个不同圈层之间的沟通桥梁。

吴晓波作为著名的财经作家，蓝狮子财经图书出版人，常年从事企业研究。他不仅从商业实践中获取经验，每年还要深入国内一线企业调研，参观国外的各种工业展览。他擅长著书立说，授业解惑，同时擅长利用新媒体平台进行知识的传播。2009年，因其杰出的跨界成就，吴晓波被《南方人物周刊》评为年度"中国青年领袖"。吴晓波在财经界享有盛名，不仅以其深厚的知识积累和独特的学术见地引领理论方向，更在大胆的实践拓展中成为商业领域的先行者。他与宝珀

2019 年,我与晓波在西安城墙上。

的契合之处,不仅体现在追求卓越的精神上,更在于对未来发展的远见和担当。

我依然记得我们第一次见面的情景,那是在上海新天地附近的一家餐厅。虽是初次见面,但我们的对话却流畅自然,我们之间就有如多年老友一般。晓波谈吐幽默风趣,见解深刻独到,让我对他产生了极大的好感。坦白说,在与晓波接触之前,他并不是宝珀在财经领域品牌文化大使上的唯一人选,但在与他第一次见面交谈之后,我便将其他几位候选人从名单上划去。晓波是一位坦率而随和的人,让人感到舒适且易于沟通。我曾担心他身上是否会有知识分子的自负和孤傲,或是商人的圆滑和伪善。然而,经过多次交流,我看得出来,他为人正直真诚,且极具社会责任感。

商业合作不仅仅是商业利益的交换,更是性情相投的人之间的合作。我一次性自费购买了500本他所著的《历代经济变革得失》送给周围的朋友，表达我对他的欣赏和认可。晓波最开心的事情莫过于以书会友，遇到知音。

2013年11月，宝珀上海新天地旗舰店会所举行了一场盛大的新闻发布会，宣布财经作家吴晓波先生正式成为宝珀的品牌文化大使。

宝珀与吴晓波的合作模式在业界引起了广泛关注，吸引了众多品牌效仿。一些品牌也选择财经领域的专家进行合作，试图复制宝珀的成功。然而这些追随者往往只能维持短暂的热情，合作仅维持了一两年便不了了之。相比之下，宝珀与吴晓波的合作却长期持续并深化下去——宝珀不断进行创新，探索品牌与财经的深度融合。其中的差别在于，只有真正理解并认同品牌价值的合作伙伴，才能够与品牌共同成长，创造持久的价值。

在某一次的饭局中，吴太太无意间的一句玩笑话让我有些措手不及。她说晓波的粉丝都是50岁以上的妇女。我当时的判断是，晓波的粉丝群应该也包含了部分年轻人。我相信自己的判断没错，同时也暗自思量：要凭这次合作改变晓波的粉丝结构，让其中年轻人的占比增加。

我们很快找到了第一个交会点。2014年5月，由宝珀赞助的财经自媒体"吴晓波频道"正式上线。这是晓波从传统媒体向新媒体迈出的全新一步，他以独到的视角和睿智的见解，聚焦财经领域的精彩事件和人物，打造属于自己的话语空间。在吴晓波频道上线之际，晓波坦言，心中虽有忐忑，但面对新媒体平台的蓬勃发展，他还是要勇敢地"骑到它的背上"。他希望在这个话语空间里，能够自由地讨论，传播多元的声音。

开通仅半年，吴晓波频道的粉丝数就迅速增长到了300万人，一年后更是突破了600万人，截至2024年，其粉丝数量已经超过千万人。据统计，吴晓波频道的粉丝年龄主要集中在18～34岁，其中30～34岁的粉丝占比最高，且以男性为主体。我成功地实现了当时内心设下的目标，即通过与宝珀的合作，改变了晓波粉丝的年龄和性别结构，让更多有活力的年轻人看到他的才华和影响力。宝珀在赞助吴晓波频道的同时，也收获了很多目标客户，这次合作达到了双赢的效果。

必须要承认，晓波除了担任宝珀品牌文化大使，还在我的职业生涯中扮演了不可或缺的角色，既是良师也是益友。每次与他交流，他都能从宏观经济的角度为我带来新的商业和管理洞见，帮助我更好地把握市场变化的趋势。在他的影响下，我养成了定期梳理工作的习惯，倒逼自己进行职业生涯的战略总结。没有他的督促，我可能永远不会将我二十多年的从业经验认真整理成书。这一过程不仅帮助我形成了清晰的思路，还对我未来的工作具有指导意义。这种战略性的思考和总结，让我更有信心面对未来市场的挑战，推动自己持续成长。

随着宝珀与晓波的合作不断深入，我们共同萌生了一个想法：我们的合作不应只局限于媒体宣传和客户互动的层面，我们应当共同打造有实际价值的项目。于是，"宝珀·吴晓波青年午餐会"诞生了。

宝珀·吴晓波青年午餐会：
今天的青年就是未来的传奇

  品牌不仅要服务核心消费者，更需着眼未来，积极拓展并吸引潜在消费者。年轻人代表着时代的发展和未来的趋势，关注青年的发展，是宝珀发起宝珀·吴晓波青年午餐会的初衷。宝珀·吴晓波青年午餐会是"宝珀青年计划"的重要组成部分。"宝珀青年计划"旨在发掘不同领域的优秀年轻人，鼓励他们为时代注入更多活力。

  宝珀·吴晓波青年午餐会诞生于2018年，正如宝珀理想国文学奖受到了英国布克奖的启发，宝珀·吴晓波青年午餐会对标的正是与"股神"巴菲特共进午餐的计划。

  首届宝珀·吴晓波青年午餐会于2018年6月28日正式启动，公开招募45周岁及以下具有卓越商业成就的中国青年企业家。其中那些颇具商业抱负和社会贡献的参与者，将受邀与宝珀品牌文化大使吴晓波先生共进午餐，同时出席午餐会的还有权威商业财经媒体英国《金融时报》全球高管团队成员和FT中文网出版人张延，以及其他财经领域的专家。

  招募持续了一个月，第一轮由组委会在参选者中筛选出30名青年企业家，第二轮由网友与专业评委再从30名青年企业家中评选出5名候选人。5名来自不同领域的候选人通过现场路演的方式同台竞技，分别从产品设计、企业管理、行业前景、社会贡献等维度讲述自己的创业经历，分享一路走来的匠心与坚持。最终，由专业评委依据商业成就、前瞻创新、视野抱负、前景与可持续性等多个维度，遴选极具潜力的未来商业领袖。

自2018年至2020年，宝珀·吴晓波青年午餐会已经成功举办了三届。来自食品、家居、电商、公益、教育等各个热门领域的青年企业家们先后登上路演舞台。他们以自己的实战经验为出发点，分享创业故事，展示品牌形象，并与财经领域的资深专家展开对谈，探讨企业发展与行业前沿的诸多议题，分享独到的洞见。三届以来，环球捕手创始人暨格家网络董事长李潇、BrainCo（强脑科技）创始人兼首席执行官韩璧丞、保准牛创始人兼首席执行官晁晓娟分别获得"青年企业家年度面孔"，并与吴晓波等业界大咖深度对话。他们以知识、经验与智慧的流通传递，探讨中国企业的发展方向以及新科技潮流——这也是举办宝珀·吴晓波青年午餐会的初衷。

"年轻人的进步，一定是对前辈的颠覆。与其复刻前人的商业神话，不如自己创造新的神话。"谈及中国年轻人的创业浪潮，晓波对这一代年轻人给予了高度评价。

观察每年宝珀·吴晓波青年午餐会的入围者，能从侧面感受到中国经济模式的变迁。青年群体已经成为中国奢侈品消费市场的中坚力量，他们对品牌未来的影响力不可忽视。

宝珀·吴晓波青年午餐会是"宝珀青年计划"的重要组成部分，致力于为优秀的青年企业家搭建一个展示自我的平台，不仅关注青年

2018年,第一届宝珀·吴晓波青年午餐会在宝珀上海新天地旗舰店开席,从右至左:FT中文网出版人张延、我、晓波、英国《金融时报》新兴市场编辑兼副主编金奇(James Kynge)、第一届宝珀·吴晓波青年午餐会"青年企业家年度面孔"获得者李潇。

企业家的成长与发展,还致力于为他们提供更多的机会和支持。此外,"宝珀青年计划"还涵盖多个领域,包括面向青年作家设立的宝珀理想国文学奖,以及旨在表彰美食行业杰出年轻人才的米其林"年轻厨师奖"等。

自2023年起,宝珀将宝珀·吴晓波青年午餐会的形式改变为与吴晓波主导的视频节目《吴聊》的合作,通过青年操盘者与资深洞察者的深度对话,让智慧的火种得以传递,以此点亮中国经济的未来。

时代变化迅猛,哪怕是如宝珀一般,拥有悠久的历史以及人才、技术、资源储备的品牌,也只有不断学习、创新,才能保持行业领导地位。而任何行业的创新,都离不开青年的参与。青年一代,特别是有文化、不盲从、有社会责任感的青年一代,正在描绘未来的种种可能。

冯远征

品牌艺术大使可以被视为品牌精神的具象化延伸，成为对品牌形象的一种投射。通过与品牌艺术大使的互动与合作，不仅能够进一步丰富品牌的内涵，更能在品牌的叙事中融入更多层次的情感，让品牌与消费者之间建立起深度的精神共鸣。

我和冯远征的缘分，要追溯到2008年。

那一年宝珀在青岛海信广场举办巡展，我在参观的人群中惊喜地发现了一个熟悉的身影——演员冯远征先生。他一身平常的打扮，悠然自得地溜达进来，在展台前停留。

当他的目光落在一只宝珀陀飞轮腕表上时，我意识到这位低调的来宾实际上是个深藏不露的钟表行家。我快步迎上前去，带着几分兴奋和好奇，向他展示并介绍宝珀腕表的各个款式。冯先生对高端腕表的了解令我惊讶，他对品牌历史、设计风格、工艺细节等如数家珍。初次见面的我们，就像两位相熟多年的老友一样，一边探讨腕表的技术和设计，一边分享着彼此对钟表的见解和热爱。

那次交谈让我感觉非常愉快，我给他留了一张名片，并告诉他有需要可以随时联系我。当时，这只是一个小插曲，我没有想到会有后续的故事，更没有预见这次偶然的相遇将成就一段长久而珍贵的友谊。

在之后的几年里，我没有再想起这件小事。然而在2012年的某一天，我意外地接到了宝珀北京银泰中心店店铺经理打来的电话。他告诉我，演员冯远征先生到店里选购手表，并提到了曾与我有过一面之缘。我立刻告诉店铺经理，请店员们给予冯先生周到的照顾，并请冯先生在方便的时候与我联系。

从那以后，我和远征便建立了良好的关系。我们经常一起探讨钟表文化和生活方式，他逐渐成了宝珀的忠实拥趸，我也开始关注他的话剧作品。作为演员，他逐渐减少在电视荧屏上的露面，将更多时间投入话剧舞台。我陆续看了他在北京人民艺术剧院（简称北京人艺）舞台上表演的话剧，包括《全家福》《茶馆》《日出》《杜甫》《司马迁》等。我还开始关注他的新闻，了解到他与妻子梁丹妮于拍摄电影时认识，婚后相知相伴已有十几年之久。

和远征成为朋友之后，我有更多机会了解他的过往。在得知他孤身一人奔赴德国学习表演的经历后，我为他和恩师露特·梅尔辛之间的情谊而深受感动。

那是一段跨越国界的师生情。梅尔辛女士是格洛托夫斯基表演流派的传承人。1986年，她受邀首次来到中国，在北京人艺授课期间结识了冯远征。梅尔辛教授对这个初出茅庐的小伙子给予了高度认可，认为他具有过人的表演潜力，并多次邀请他去德国深造。四年后，冯远征终于决定动身，带着对戏剧艺术的憧憬和追求，义无反顾地踏上了前往德国的旅程。

在德国生活期间，梅尔辛教授不仅在表演上对冯远征进行指导，更在生活上给予他无微不至的关怀。她帮助他跨越了语言障碍，为他提供了无条件的支持。冯远征在梅尔辛家中住了一年，梅尔辛对他视如己出，他还和梅尔辛的儿子一起在家里建造了一间地下剧场。

作为异乡人，冯远征强烈地感受到了文化和语言上的隔阂，但这些挑战并没有让他退缩，反而激发了他更深层次的思考和成长。他曾说，自己的坚持和选择，在很大程度上得益于在德国的那段经历，那段经历改变了他的世界观、生存观和价值观。2016年，远征再次返回德国，拜访了教授的故居。宝珀围绕远征这段经历拍摄了以"坚持，让时间更有价值"为主题的微纪录片之一——《冯远征：因为德国妈妈，我没有太迷失自己》。

这段故事让我对远征其人有了更具象化的认识，他身上所展现出的返璞归真和对艺术的执着追求，与宝珀的品牌理念高度契合。这种契合让我产生了强烈的兴趣。

2012年，在宝珀北京SKP店举办的一场盛大的VIP鉴赏活动中，我首次邀请冯远征以"表友"的身份出席。当晚，他携夫人梁丹妮女士一同到场，整场活动因他们的到来而变得更加温馨亲切。

2013年6月，宝珀上海新天地旗舰店盛大开业，远征亲临现场，为来宾展现了卓越的烹饪技艺，并分享了他独到的美食技艺和生活品位。宝珀总裁兼首席执行官海耶克先生在现场正式授予冯远征先生"品牌艺术大使"的荣誉称号。

远征曾说："表演其实并不难，每个人都具备做演员的潜质，任何人都有机会通过训练成为一名好演员。"

他不只是说说而已。2018年，我邀请远征作为艺术指导，为宝

上图：远征与恩师梅尔辛教授。

中、下图：2016 年，再次拜访教授的故居，面对镜头，远征潸然泪下："在德国的经历，更多的回忆是关于这座房子的。她既是教我表演的老师，又是我的德语老师。我们在这屋子里吃饭，她会突然跟我说：'我第一天带你来看的是什么地方？柏林墙。墙的德语是什么？是 Mauer.'然后我说：'Mauer.'说了 10 遍以后，她说：'好，吃饭。'对这个家，更多的是一种亲情……我做的一切，包括今天取得的很多成绩，可能就来源于我在这儿一年的居住经历。它告诉我，除了演戏，怎么样去面对我所从事的事业……我觉得可能她最欣慰的就是我至今还在从事戏剧工作。"

珀的员工排演话剧《日出》。参与演出的员工全部来自宝珀零售直营店和经销商店铺的一线岗位，没有任何表演经验。远征与他的太太丹妮，用了六天时间，对这群没有经过任何专业训练、表演基础为零且自身条件各异的男男女女进行培训和排练，从剧本精读、台词分析、发声练习、角色分析、情感共鸣、动作调整、走位安排等方面，进行了亲自指导和示范。

前期排练在北京人艺的菊隐剧场进行，几十名员工到位，一切从零开始。在排练过程中，一名员工迟迟难以进入状态，远征为他专门设计了一个单独的指导环节。经过几番点拨，这名员工竟然被调动出内心深处的悲伤，泪如泉涌，完全沉浸在角色的情绪之中。泪水虽然模糊了他的视线，但也让他真正地触碰到了角色的内心。这一特别的训练环节让所有在场人员大开眼界，旁观者称这是一次现实版的"情感解放"，整个剧场仿佛都进入了一个情感充沛的"现实扭曲场"。

随着排练的逐步深入，员工们的表现越来越出色，他们开始与角色融为一体，整个剧组也更加有凝聚力，配合也更加默契。在当年的全国经销商大会上，他们为现场观众们呈现了一场精彩绝伦的表演。

远征的指导卓有成效，员工们的情绪表达恰到好处，所有的观众都被舞台上的表演深深吸引，给予他们足够的尊重和欣赏。当表演结束，大幕缓缓落下时，观众们仍沉浸于刚才的演出，久久不能平静下来。等大家回过神来，全场随即爆发出雷鸣般的掌声，对这场感人至深的表演报以最高的赞誉。

远征不仅为我们的员工提供了专业的表演艺术指导，更让他们在舞台上找到了属于自己的自信和激情。这场话剧的意义不只在于成功演出，更重要的是，它创造了历史，这是一场前所未有的、全部由非

由远征指导的话剧《日出》。所有演员都是此前毫无表演经验的宝珀员工。

专业员工完成的专业级演出，足以被铭记于钟表圈的史册。有员工在演出后动情地表示："通过这次表演，我挖掘了自己身上从未见过的一面。"一位经销商伙伴也感慨道："在这场话剧中，我接受了艺术的洗礼，原来人对于美的感受是相通的。"这些发自内心的反馈，是对远征付出的最高肯定。

在与远征的合作过程中，我深切感受到了真实和真诚的力量。无论是在品牌活动中还是在日常交流中，他始终认真对待每一件事。他在舞台上对艺术的极致追求，在生活中对品质的执着和对朋友的真诚都令人敬佩。他的每一次出现，都让我看到一种百折不挠的坚持和信念。这种精神不仅丰富了宝珀的品牌内涵，也感染着我们身边的每一个人。

陈晓卿

选择品牌大使要充分考虑不同的维度，避免局限于单一领域，如此才能触达更广泛的受众群体。品牌要通过与各行业的佼佼者合作，向消费者展现品牌价值的多元化，品牌文化的多样性，品牌精神的包容性与普适性。

我倾心于美食家陈晓卿已久，但与他的交集直到两年前才开始。尽管他在宝珀的品牌"朋友圈"中尚属新晋成员，但我对他的仰慕与欣赏却早已深埋，只等待一个绝佳的机会破土而出。

10年前的某一个深夜，我加班回到家已超过0点，家里人早就睡了。饥肠辘辘的我打开冰箱，发现只有前一天吃剩的油饼，我便用微波炉加热了油饼，一边吃一边打开了电视。电视里正在播放一部美食纪录片，叫《舌尖上的中国》。我看到屏幕上的松茸滋滋地冒着油，伴随着"这是来自大自然的馈赠"的解说词，嘴里的油饼也不再寡淡无味。那是我吃过最美味的一个油饼，从此我便记住了纪录片导演的名字——陈晓卿。

与其说是那晚的油饼解救了饥肠辘辘的我，不如说是陈晓卿用绝美的视觉影像和感官体验让我品尝到了难以忘怀的"珍馐"。在那之前，我对食物算不上有多挑剔，但是经过陈晓卿执导和制作的美食节目的洗礼，我逐渐领悟了味觉的另一重体验。

在看过他参与的《圆桌派》节目以及一系列访谈后，我更加由衷地钦佩他借助食物所传达的思想和哲学。在我看来，他不仅仅是一个美食家，更是一个懂生活的哲学家。

早在20年前，宝珀就开始与美食界的米其林星级餐厅和星级厨师合作。直到2020年，宝珀成为米其林"年轻厨师奖"[①]（Young Chef Award）的赞助商。这也成为我邀请陈晓卿成为宝珀品牌挚友（一年后，陈晓卿成为品牌文化大使）的最好契机。

在宝珀上海新天地旗舰店会所当时的经理杨雯和美食家小宽老师的引荐下，我终于有幸与仰慕已久的陈晓卿相识。他比我想象中的更加高大挺拔，笑声爽朗，虽然是安徽人，却颇具北方汉子的粗犷气质。在与他深入交流时，我能感受到他的内心柔软而细腻，与外表颇有反差。他说话干脆利落，言语间充满了韵味，总是能引人深思。他喜欢讲故事，对各类典故掌握之熟练令人叹为观止。

与晓卿一起用餐是一种独特的体验。他研究的不仅是食物本身，而且还深入探讨人与自然的关系。他的洞察力和独特的见解让我深受启发。他以食物为媒介，带人进入另一重感官境界。每每与他交流，我都能感受到他对自然的敬畏和对生活的热爱。他将食物视为一种文化传承和人类情感的表达方式。他的研究领域并不仅限于食材的来源和烹饪技巧，他的研究往往深入食物背后的文化、历史和衍生脉络。这种对饮食和人类社会关系的探讨，让我对食物有了更加深入的认识

---

① 该奖项的评选截止到2024年。

和理解。

晓卿的智慧、学识和敏锐的洞察力让我深感敬佩。他不仅是美食家，更是生活家和艺术家。他因《舌尖上的中国》《风味人间》《森林之歌》《龙脊》等作品在海内外享有盛名。他对技艺、文化的坚持与尊重，对交流的广泛促成，与宝珀的品牌理念和核心价值观十分契合。我希望在精致生活方式，特别是在美食领域，与他持续展开深入合作。2021年8月，我邀请晓卿出席"宝珀会客厅"北京站，以"风味时间"为主题，与宝珀文化大使梁文道共同探索"高级制表"与高级美食的共鸣。

在这次分享中，对于餐饮与美食，晓卿谈道："有些创造力是属于美食的。餐饮就是餐饮，做餐饮要做到不坏，有利润，目标是挣钱。而美食是在另外一条道路上狂奔，它要有想象力，要创造，要不停地挑战自己。根据时代、根据自己对这个世界的看法，菜肴会出现变化。可能更重要的是，你服务谁？你要服务大众，菜肴最好是标准化的；你要服务一些希望感受到你的作品的精致工艺和你的用心的人，那菜肴肯定是小众的。"

这番话深入浅出地阐释了餐饮与美食之间的差异，这个差异也是奢侈品与普通商品之间的差异。晓卿的分享让不少在场的听众都对美食文化有了更丰富和深入的认识和理解，也进一步展现了高级腕表品牌宝珀与高级美食之间的联系。晓卿的语言在风趣之中不乏犀利，在轻松愉快的氛围中，引导人们珍视美食背后的文化和情感价值。

2024年年初，正值农历新年，宝珀生肖限量款中华年历表同步上市。生肖限量款中华年历表是宝珀向中华历法致敬的经典产品，于2012年龙年首次亮相，在2024年迎来了12生肖的轮回，也迎来了这款复杂功能腕表的新纪元。为了庆祝这一刻，总部特别推出了新款中华年历限量版"贵绿金龙"腕表。腕表的红金摆陀上雕刻了一条腾跃的祥龙，象征着一个新的生肖轮次的开始。

当服务品牌的公关团队提出关键词"年夜饭"时，我立即意识到，这不仅仅是拍摄一个节日场景那么简单，这是一次展现制表文化与中国传统文化深度融合的机会。经过反复讨论，我们初步达成了共识——"重逢"才是过年的意义。那么如何在视频中体现这一主题，是阔别多年的老友相聚，还是远赴重洋的游子回家？这个视频放在特殊的大年三十这一天播出，既要展现传统的新年习俗——比如不同时辰代表什么意义，在不同时辰分别要做什么事情——还要展现亲朋好友之间的关爱。最终，视频以晓卿的视角，在大年三十这一天，新年来临之际，讲述了一个关于时间与味道的故事。

2024年1月9日，视频的构思初步形成。在宝珀中国市场部、制作团队及陈晓卿团队的共同协作和精心打磨下，项目在1月22日进入执行阶段，并在2月8日大年二十九当晚准时上线。在短短一个月的时间里，我们经历了无数次通宵达旦的讨论和修改。在几十个修订版本和上百条的微信沟通之后，我们交出了一份令所有人满意的答卷。大年二十九3点30分，我将视频发送给一直在等候的总部市场部负责人，总部要将这部片子同步发布在全球的社交媒体账号上。

《能重逢就是年》这条视频的传播效果显著，在发布当天即成为当时品牌视频号阅读量最高的内容之一。在整个推广期间，该视频获得了超过300万次的总曝光量，在多个平台被转发，相关文章也在各大资讯平台同步推送。品牌关键词"宝珀"的百度指数和微信指数均大幅上涨，其中百度指数环比增长接近100%，微信单日整体指数环比增长125.5%。

第六部分 品牌大使们

2月8日 未时相见

能重逢就是年

华历上的轮回 时辰里的年味

宝珀文化大使 陈晓卿

2024年年初与晓卿合作的这支短片《能重逢就是年》收获了非常好的传播数据与口碑，最感动的是，许多合作伙伴都在自发分享。

最让我感动的是，宝珀的合作伙伴们都在自发地分享这条内容。对我来说，这种自发的支持和认可，比任何数据都更有价值。通过这一次与晓卿的合作，宝珀不仅在春节期间向外界展示了中华年历表的魅力，让更多人感受到品牌背后深厚的文化积淀，也让我对于历法主题的延伸创意有了更多自信。

晓卿是中国美食纪录片界的"教父级"人物，借由与他的合作，宝珀的品牌影响力在美食领域也得到了极大的提升。许多美食爱好者对宝珀产生了兴趣，这不仅源于腕表本身的魅力，更是因为美食与制表艺术共有的文化联系。晓卿的参与，为宝珀的品牌文化注入了新的活力，吸引了更多热爱生活、追求品质的消费者。

从钟表到餐桌

美食是宝珀生活艺术领域的重要关注点,美食和宝珀两者数十年的紧密结合有目共睹。宝珀是《米其林指南》全球唯一的奢侈品合作伙伴,是米其林"年轻厨师奖"的发起人和合作伙伴。"高级制表"和高级美食共享了很多价值观,比如精湛准确的技艺,对工匠精神的坚守,以及对传统的创新。

一直以来,宝珀都致力于与世界一流的主厨携手,共同传递品牌所倡导的精致生活品位。

传统制表与高级美食有着许多共同的价值理念。无论是制表大师还是厨艺大师,都需要一丝不苟地手工制作,在传承精湛技艺的同时,坚持开拓创新,追求卓越的品质,将满腔热情融入作品的每一个细节。此外,高质量的时计作品和精心烹制的美味珍馐一样,都有赖于细节的精准调整,从而实现传统与创新的和谐平衡。

2020年,宝珀宣布与《米其林指南》展开合作,在全球范围内联手打造美食艺术的巡礼,这是宝珀与高级烹饪圈多年不解情缘的自然延伸。

宝珀是世界知名烹饪大赛的官方时计，宝珀旗下杂志《勒布拉叙来信》（*Lettres du Brassus*）的美食专栏已经成为人们鉴赏和发现世界优秀餐厅的窗口。三十多年来，宝珀与高级烹饪界一直保持着密切合作，为许多优秀的主厨提供精准计时，陪伴他们的团队烹饪出美味佳肴。迄今为止，宝珀的美食界密友已摘取了超过100枚米其林星徽，宝珀打造的挂表也遍布全球各地的优秀餐厅。

1986年时，高级烹饪尚未受到如今这般广泛的关注和热爱。那一年，宝珀的品牌挚友弗雷迪·吉拉德特荣膺"世界最佳主厨"称号，为了纪念这一辉煌时刻，宝珀为他精心打造了一只经过特别镌刻的腕表。三年后，弗雷迪·吉拉德特与保罗·博古斯和乔尔·卢布松一同荣获了"世纪名厨"称号，宝珀再度为每位大师献上了一只镌刻腕表。从那时起，宝珀在美食界的"朋友圈"便不断壮大。

如今，宝珀与国际美食界的新生力量紧密合作，宝珀的合作者包括西班牙名厨马丁·贝拉塞特吉、瑞士主厨埃德加·博维尔（Edgard Bovier）以及来自法国普罗旺斯的主厨格伦·维尔（Glenn Viel）等，这些杰出的厨师都已获得《米其林指南》授予的星级荣誉。

激荡热情、专业精神、创新活力和精湛技艺是高级钟表和高档美食的共同价值。事实上，在这两大行业中，每一个环节、每一个步骤都必须极其精确。只有满足这种严苛的标准，最终的成品才能展现出全部魅力。无论是宝珀时计作品还是一道精致的高档美食料理，其品质都源于传统工艺和先锋创意的精妙调和。

宝珀希望通过与《米其林指南》的携手合作，贯彻双方共同秉持的从业准绳及核心价值观，并相信这一长期且广泛的合作关系定会在国际烹饪界持续大放异彩。

作为《米其林指南》的全球官方合作伙伴，宝珀多次参与米其林星赏星宴庆典，揭晓全球米其林星级餐厅的评选结果。自2020年宣布合作以来，已有数十个国家和地区的餐厅及主厨从评选中脱颖而出。除了著名的米其林星徽，《米其林指南》还为获奖者现场授予其他奖项，其中就包括由宝珀颁发的"主厨导师大奖"（Mentor Chef Award）和"年轻厨师奖"。

"主厨导师大奖"是宝珀对业界资深主厨导师的支持，以表彰他们终身致力于培养厨界新星，并将烹饪知识传授给新一代厨师的奉献精神。"年轻厨师奖"则是宝珀对年轻厨师的鼓励，是对他们的创新技艺和潜力的一种肯定。宝珀致力于推动高级美食艺术领域的传承与创新，"年轻厨师奖"的获得者将正式成为宝珀"青年挚友"。这一身份是一种互相认可，它代表宝珀对厨界青年才俊的欣赏与支持，也代表厨界青年才俊理解和认同宝珀的品牌价值观。目前，宝珀青年挚友有三个组成部分：青年企业家、青年作家和年轻厨师。

烹饪作为一门艺术，历来是精致生活文化的重要组成部分。在全球范围内，技艺精湛的厨师都备受尊崇。然而在中国，厨师这一职业在人们的认知中却有较大差异，从最初仅仅被视为谋生手段，到如今逐渐被大众所认可和尊重，厨师的地位和待遇经历了巨大的变化。

宝珀希望厨师在国内的地位能够得到提升，期待通过这个奖项的颁发，借由宝珀与星级主厨的合作，让更多人能够深入了解美食文化的独特魅力，欣赏美食作为艺术形式的创造力和价值。我们相信美食与其他艺术形式，如文学、音乐、绘画一样，是一个民族文化传承的关键组成部分，也是民族自信的重要来源之一。

通过宝珀与《米其林指南》的合作，我接触到了很多中国的年轻

从钟表到餐桌

高级制表与精致料理都讲求创意与对细节的专注。表盘与餐盘,它们是承载想象力与野心的画布。宝珀的这些美食界密友已摘取了超过 100 枚米其林星徽,这些摘得"年轻厨师奖"的米其林星级厨师们是宝珀"青年计划"的重要组成部分。宝珀中国团队与国内年轻主厨的合作,则带着我更多一份的期望:让中国的美食文化成为民族文化传承的一部分,也让更多人能欣赏美食作为艺术形式的创造力和价值。

左图:米其林星级厨师正在为料理撒上黑松露,打磨摆盘的细节。

右图:宝珀大复杂制表工坊的制表师正在进行制作备长炭表盘的第一步:洗去备长炭表面的白色附着物。

备长炭被认为是世界上最优质的烧烤用木炭,因为在极其复杂的生产过程中,杂质均已被焚烧殆尽,因此备长炭没有气味、硬度极高,足以媲美精钢,这使它可以被切割成片、钻孔并打磨抛光,最终被制作成极具创意的备长炭表盘。

第六部分 品牌大使们 295

上排：宝珀品牌挚友，前文提及的米其林三星主厨马丁·贝拉塞特吉（左图）与格伦·维尔（右图）。24 岁那年，经营家族餐馆的贝拉赛特吉就获得了《米其林指南》授予的第一枚星徽。在此之前，《米其林指南》还从未把一星荣誉颁给过一家开在地下室、必须先下 28 级台阶才能进门的餐厅。主厨维尔所经营的餐厅 Baumanière 已经有八十多年的历史，在普罗旺斯闻名遐迩。2020 年，维尔带领餐厅夺回了自 1990 年以来失去的米其林三星至高荣耀，维尔也一跃成为当时法国最年轻的米其林三星大厨。下排：贝拉塞特吉主厨作品：底部垫有欧芹叶及韭菜、点缀着鱼子酱的扇贝。他的菜品色彩鲜艳、风味浓烈，仿佛是在餐盘上展映一部精美的彩色有声电影（左图）。主厨维尔的科罗纳塔猪油鱿鱼意大利饺子佐贝类酱，在法国料理中常见的食材海鲂在这道菜中被激发出细腻的肉质口感（右图）。

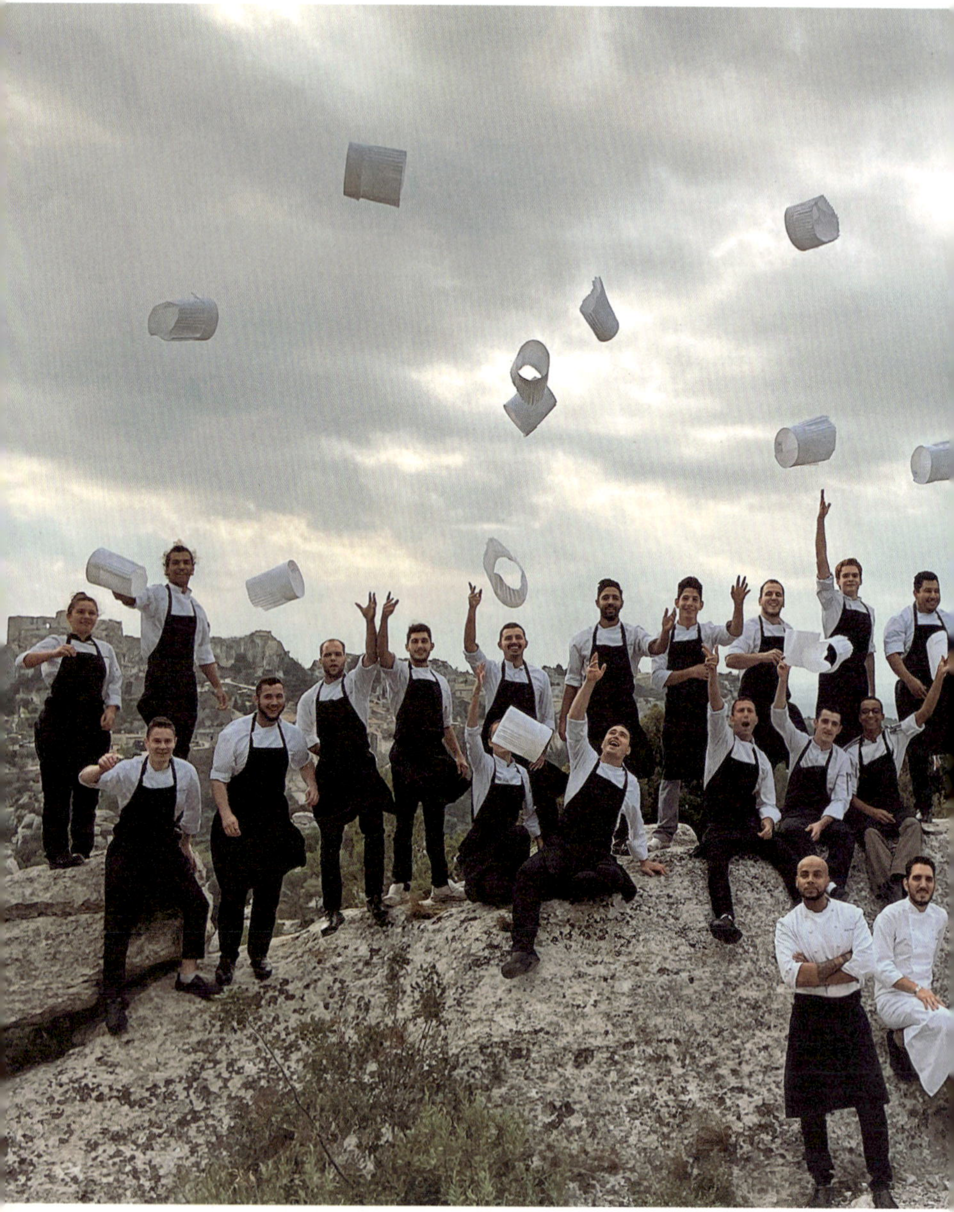

第六部分　品牌大使们　297

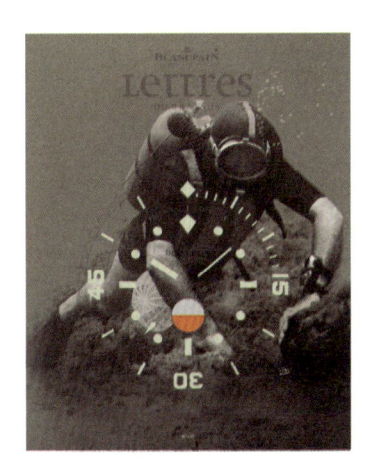

宝珀品牌杂志《勒布拉叙来信》第十八期封面及美食专栏内页。
该杂志每期的美食专栏都成了讲述星级厨师们的故事、了解世界顶级餐厅的窗口。

厨师。他们大多是80后或90后,成长环境优越,接受了良好的教育,并系统地学习了专业烹饪技能。他们中有不少人曾在世界各地深造和研习,有着开阔的国际视野,也积累了丰富的经验。这些年轻厨师具有独立思考的能力和独特的审美品位,紧跟世界潮流,勇于接受新鲜事物,注重交流与创新。他们思想开放,不局限于特定的菜系,不拘泥于技法,对新技术敏感,擅长发挥创意。

在这些年轻的厨师身上,我看到了中国饮食文化走向世界的无限可能性。他们是推动中国饮食文化发展的基础,也是国家未来发展的中坚力量。宝珀希望守护这种力量,为年轻的厨师提供必要的支持和帮助,让他们有更多机会和平台去展示才华。

2020年9月,广州瑰丽酒店广御轩中餐厅主厨司徒剑泉获得宝珀"年轻厨师奖",他是中国内地首位获得《米其林指南》个人奖项的厨师;同年10月,宝珀将第二枚"年轻厨师奖"颁给了上海遇外滩餐厅主厨陈志评;一个月后,来自北京王府半岛酒店Jing餐厅的主厨朱利安·卡迪欧(Julien Cadiou)也摘下"年轻厨师奖"的桂冠。在这之后,得奖的年轻厨师还有从欧洲留学归来的广州"Rêver·玥"法餐厅的洪彪,Ling Long餐厅的刘禾森(Jason Liu),等等。截至目前,宝珀已与11位来自中国内地的青年厨师成为挚友,并与他们建立了深厚而长远的合作关系。年轻的厨师们通过宝珀被更多人所知晓和关注,而宝珀也通过与年轻厨师们的交流互动,进一步丰富了品牌的文化内涵,深化了品牌在生活艺术和饮食文化领域的影响力。

作为《米其林指南》在奢侈品领域唯一的官方合作伙伴,宝珀鼓励与支持青年人才,携手《米其林指南》共同寻觅人才。每一年,宝

为中国内地首位获得《米其林指南》个人奖项的厨师司徒剑泉（右二）颁发宝珀"年轻厨师奖"。

珀和《米其林指南》都会联合举办数十场以高级烹饪为主题的线下活动，并为之提供相关服务，活动的举办场所遍及北京、上海、广州、成都、巴黎、纽约、伦敦、东京等地。宝珀将随着以美食为代表的精致生活的脚步，不断地拓展自己的品牌阵地。

对明星的选择

选择明星作为品牌的代言人以提高品牌知名度，一直是很多消费品牌的通用做法，奢侈品牌也不例外。在选择代言人时，品牌应考虑对方的气质、内涵及外在形象是否与品牌的精神和气质相契合。从长期塑造品牌形象的角度出发，选择代言人不能仅仅考虑短期的流量和热度，而应更加注重长期的价值和影响。

关于宝珀是否要使用"代言人"的称号，我有过反复的权衡和考量。像宝珀这样一个拥有近300年历史、有着深厚技术底蕴和核心文化的品牌，往往难以找到一个单独的个体来充分体现其独特的品牌价值。在我看来，"品牌文化大使"这个概念更加适合宝珀，这不仅能体现品牌对文化的传承和推广，也能展现品牌对历史和传统的尊重和珍视。

选择与品牌气质相契合的名人作为品牌文化大使，可以更精准地传递宝珀的品牌价值，进一步深化消费者对宝珀的认同感。而是否要选择当红明星作为品牌文化大使，则成了下一步需要考虑的问题。这一做法带来的好处显而易见：首先，当红明星的高知名度和大量粉丝，能够快速提升品牌的知名度和曝光率，当红明星的庞大粉丝群体会成为品牌的天然流量池。其次，明星的代言能够刺激消费者的购买欲望。粉丝们因为喜欢这位明星，会去关注或购买明星代言的产品，以此来支持他们的偶像。同时，明星的穿搭配饰也常常会成为潮流趋势，吸引大众消费者跟随。这样亦会增加品牌的潜在消费群体。

对于很多品牌而言，邀请当红明星为其代言确实是一种难以抗拒的诱惑，因为这能帮助品牌快速提升品牌声量和市场占有率，从而获取巨大的商业利益。然而，这种做法并非没有风险和隐患。明星的形象与品牌高度绑定，一旦代言人涉及娱乐圈丑闻、道德争议或其他负面事件，品牌形象就很可能会受到严重损害。另外，当红明星的"更新迭代"异常迅速，品牌为了保持关注度和吸引力，需要不断寻找新的代言人，这无疑会增加品牌的营销成本和风险。同时，长期依赖流量明星代言可能会让消费者对品牌产生审美疲劳，进而影响品牌的长远发展。而且当红明星的代言费用不菲，品牌需要投入大量资金，如若代言效果不佳，就将面临巨大的经济损失。

选择与知名度高的明星合作是一项重要决策，对于奢侈品牌来说尤其如此。为了保证双方的利益，品牌需要事先对有意向合作的对象进行充分的背调和评估，需要考虑的关键因素包括：明星的言行和品格是否与品牌气质相符，明星的情绪是否稳定，明星是否有潜力和未来发展空间，以及明星是否充分了解和认同品牌文化——明星只有真正认同品牌文化，才能够有效地传递品牌价值，提升品牌形象，吸引并保持消费者对品牌的关注和喜爱。代言人的数量也是需要注意的一点。近年来，部分奢侈品牌"批发"代言人、大使的现象已经让市场和消费者感到麻木，明星效应也被冲淡。因此，选择"少而精"的代言人反而能够在现阶段赢得消费者的好感。

宝珀选择品牌大使的思路，是基于品牌自身的历史、精神气质、价值认同和消费者圈层所选择的一条独特的"代言人"之路。这并非一条容易走的路，其最大的难点在于，我们必须基于对自身文化的理解，与品牌大使共同挖掘和创造出与宝珀紧密相关的、高品质且持续创新的文化内容。宝珀品牌团队的核心能力经受住了重大考验，在与品牌大使的合作中，宝珀创造出了丰富的文化内容，这些内容深刻地影响着品牌的核心受众，建立了宝珀独特的品牌形象，对于宝珀打造品牌文化、深耕圈层群体有着长远而深刻的意义，也为宝珀的品牌发展提供了强大的支撑。

宝珀确定合作明星人选的前提是，对方必须与宝珀拥有相似的特质。宝珀与品牌大使黄轩的合作便是基于此而确定的，这是双向选择。黄轩以电影《推拿》《芳华》《妖猫传》，电视剧《红高粱》《山海情》等作品深受广大观众喜爱。经典、优雅、低调、真诚、有质感，是黄轩身上鲜明的标签，也是宝珀在"表迷"心中的关键词。2019年，黄轩成为宝珀品牌挚友。2022年12月15日，由黄轩主演的品牌广告短片《10:10》正式上线，宝珀同步宣布黄轩将出任品牌大使。对职业的热爱与坚守，对品质的要求和打磨，是黄轩与宝珀彼此共享的核心精神，也是双方互相欣赏、不断开展深入合作的原因。

我对黄轩的印象极佳。他热衷修行，内心质朴，待人真诚，毫无明星的架子。他对自己的要求非常严格，时刻保持自我约束。我第一次通过活动接触黄轩是在南京，那次他很少说话，极为低调，眼神专注。在之后多次的活动接触中，我发现黄轩对细节的要求极高，即便是彩排，他对每一个细节、每一句台词也都极为认真地对待。他虽然

宝珀品牌大使黄轩

话不多，但说起修行却滔滔不绝，有说不完的话。修行是我们的共同话题。在工作以外，黄轩热衷于公益事业，他曾担任"中法环境月"推广大使、野生救援公益大使等职务，他个人的正面形象与他对待公益事业的积极态度，与宝珀的品牌理念完美契合。

在演员这条道路上，黄轩始终坚持追求对角色质感的打磨，他从未涉足当下热门的偶像潮流，而是想着成为无所不能的老戏骨。同样，宝珀的目标并不仅仅是在钟表行业制造一颗转瞬即逝的流星，而是致力于打造一颗恒久闪耀的恒星，与人们共同见证时间的价值与品质的力量。

近年来，奢侈品牌代言人"翻车"和"塌房"的事件屡见不鲜。尽管品牌很难彻底了解艺人的私生活和品行，但我们可以从过往的经历中吸取教训。为了降低风险，做好预案至关重要。作为一个为品牌选择过合作明星的"过来人"，我想分享一些心得，供大家参考。

<u>1</u> 严格筛选，多方考查：要充分了解对方的背景、品行、声誉和价值观，确保其形象与品牌定位相符；此外，品牌还需要关注对方的长期发展和潜力，尽可能规避可能存在的问题。

<u>2</u> 完善合同条款：在签订合同时，应明确约定代言人在合同期内的行为规范，以及在发生负面事件时应承担的违约责任。这将有助于保护品牌的权益，降低由代言人负面事件带来的损失。

<u>3</u> 分散风险：尝试与虚拟偶像、运动员、艺术家等不同领域的人物合作，可以减少对单一代言人的依赖。这样不仅有助于扩大品牌影

响力，而且即使其中某位代言人出现问题，品牌也可以通过其他代言人来维持市场影响力。

<u>4</u> 建立危机应对机制：在代言人面临舆论危机时，品牌要迅速做出反应并制定应对措施，包括调整市场推广计划、处理与代言人的合作关系、及时切割以弱化事件影响，并持续关注舆情发展，对公关策略进行评估和调整。

<u>5</u> 重视自身价值：品牌应该时刻关注产品品质、创新能力和服务水平，而不应仅仅依赖代言人的影响力。一个成熟的品牌即使失去代言人，也能依靠自身的优势维持市场地位。

奢侈品牌黏性法则

奢侈品以其独特性和稀缺性吸引了一批特定的消费者。随着奢侈品消费趋向年轻化，年轻消费者更加注重品牌的价值观表达和文化认同，奢侈品牌通过圈层传播清晰地表达自己的核心文化就显得更为重要了。因此，奢侈品牌要增强品牌黏性，实现消费者对自己的深度认同，需要在品牌形象的建设上实现三个目标：人格化、圈层化和年轻化。宝珀对品牌大使的选择就考虑了人格化、圈层化的特点，并建立了面向年轻消费群体的互动平台。

1 人格化。如果把品牌想象成一个人，这个人应该让消费者感受到怎样的人格特质呢？这个问题或许可以作为思考品牌人格化的起点。比如文化领域的代表人物梁文道，他的渊博、低调与品牌的气质相符。财经领域的代表人物吴晓波，实干、真实，拥有化繁为简的能力，符合宝珀追求真实、把复杂功能做得简单便利的制表理念。冯远征、陈晓卿分别是在舞台艺术、纪录片制片领域坚持不懈、从未放弃并且修得正果的两位艺术家，他们可以体现出品牌的坚持精神。这几位品牌大使首先是各自领域的领军人物，他们的价值观、人生态度、言谈举止与品牌精神极其匹配，相得益彰。

在选择宝珀的品牌大使时，我会考虑几个要素：是不是所在领域的领军人物，是否对其所在领域有深刻的见解，并具备充分的表达能力；其行业口碑如何；其特点与宝珀品牌文化的契合度如何。

2 圈层化。品牌选择的每一位品牌大使都对应着品牌的目标圈层，只有找到品牌大使个人气质与品牌价值观的结合点，并以此为原点，持续创造有深度、高质量的内容，才可以深度影响这个圈层的目标群体，获得他们的品牌忠诚度。

在品牌的日常传播中，需要关注每个圈层的关键意见领袖（KOL）和关键意见消费者（KOC），与这两者的互动可以提升品牌的知名度和认可度。除了选择目标圈层聚集的社交媒体平台，品牌还可以考虑为目标圈层的用户提供定制化的产品和服务，满足优质客户的个性化服务需求，提高品牌忠诚度。同时，品牌需要持续监测和分析目标圈层的活动数据，了解用户反馈，及时调整传播策略和内容，从而不断改进工作，提升效率。

3 年轻化。这些年，奢侈品消费者逐渐年轻化也是奢侈品民主化进程取得的成果。品牌可以根据目标群体设置年轻化的互动平台，举办面向年轻群体的专属活动。"宝珀青年计划"就是在不同圈层面向青年群体的品牌举措，比如面向青年作家和文学爱好者的宝珀理想国文学奖，面向青年企业家的宝珀·吴晓波青年午餐会，以及面向青年厨师的"年轻厨师奖"，等等。这些奖项和活动，通过切切实实地发掘和扶持不同领域的优秀年轻人，让青年群体构筑起对宝珀的品牌认同感。奢侈品牌只有在年轻一代的心智中抢先占据一席之地，才能在未来获得他们的青睐。

用备长炭制作的表盘，
拥有深黑色调与微妙木纹。

Part Seven

第七部分　新零售时代

在数字化浪潮的推动下，奢侈品行业正经历着前所未有的变革。从电商的兴起到线上线下的无缝融合，从跨界联名的营销到年轻消费群体的崛起，每一个环节都考验着品牌的适应力和创新力。面对瞬息万变的市场，品牌如何在保持其高端形象的同时，积极拥抱变化、培养符合当下需求的人才，是时代赋予我们的一个全新课题。

关于奢侈品电商的思考

如今，奢侈品牌面临线上价格冲击、购物场景冲突及消费者信任感缺失等诸多挑战，但通过数字化转型、线上线下资源整合、加强自营平台建设等措施，奢侈品牌依然有新的机遇和发展空间。

在经历了一段短暂的蛰伏期后，中国奢侈品市场自2017年开始逐渐复苏，并呈现出稳步增长的态势。伴随年轻一代的崛起，中国正在成为全球增速最快的奢侈品消费市场，市场规模不断扩张。寺库联合腾讯、德勤发布的《2017中国奢侈品网络消费白皮书》显示，2017年中国奢侈品消费规模仅次于美国，位居全球第二，消费群体的平均年龄已从35岁降至25岁。以80后为代表的新中产群体逐渐成为消费主力，自用高端消费品需求再度兴旺。

互联网电商平台的发展也推动了奢侈品市场的复苏。智能手机的普及和在线支付的便捷性使得线上购物成为更多人的选择。商务部发布的《中国电子商务发展报告2017》显示，2017年中国电子商务交易额达29.16万亿元，全国网上零售额达7.18万亿元，约占全球的50%。网购分流了线下商铺的客源，对传统的商业模式造成了巨大冲击。

互联网的大范围应用在一定程度上消除了信息壁垒，改变了人们获取信息的方式。年轻一代的消费者在网络平台，特别是在社交媒体上，表现非常活跃，数字媒体已成为他们获取信息的主要来源之一。自媒体的兴起改变了信息的传播方式，传统媒体的地位逐渐被取代，大量杂志社纷纷转型或倒闭。与此同时，广告投放渠道不断更迭，新媒体的广泛覆盖让传统时尚杂志和线下展位面临着巨大挑战。由于投入成本高、收益较低且受众范围有限，传统渠道在吸引消费者方面已逐渐失去优势。

受区域经济发展不平衡的影响，东北地区日渐衰落，而江浙、华南等地迅速崛起。这种经济发展格局的变化，导致奢侈品店铺的线下布局变得更为集中，使得一二线城市以外的消费者难以得到有效的覆盖。

以上种种表明，奢侈品行业的数字化转型已成为必然趋势。为了迎合年轻消费群体的需求，奢侈品牌需要积极主动地开拓多元的线上渠道。

2017年，阿里巴巴和京东都在积极推动奢侈品电商的发展，天猫推出了奢侈品频道Luxury Pavilion，京东也开发了奢侈品服务平台Toplife。然而，奢侈品牌的定位与电商平台的属性天然存在不匹配，各大奢侈品牌在尝试入驻电商平台时，都会面临诸多的不适和阵痛。因此，"何时入局""如何布局"就成了每一个品牌需要慎重考虑的问题。

如果我没记错，天梭是斯沃琪集团旗下第一个拥抱电商的品牌。彼时互联网行业方兴未艾，各大电商平台之间的竞争趋于白热化。为了争夺有限的资源，各个电商平台纷纷开出诱人的条件，不少品牌都希望能抓住这个机会，分享流量红利。

天猫、京东等大型综合电商平台拥有庞大的用户群体，并定期针对特定用户开展营销活动。品牌可以通过这些平台触达更多的潜在消费者，增加曝光度，降低营销成本。即使顾客最终选择在线下购买，他们也能通过平台了解丰富的品牌信息，利用线上咨询服务，实现线上线下消费的无缝衔接，从而形成完整的消费闭环。

但这同样会带来一些问题。奢侈品的价值在于其稀缺性、神秘感和高门槛。而电商平台上的价格竞争较为激烈，频繁的价格战会损害品牌形象，压缩其利润空间。此外，由于综合电商平台品类繁多，与其他品牌并列展示，可能会影响奢侈品牌在消费者心中的高端定位，使奢侈品牌面临品牌形象被稀释的风险。最重要的是，奢侈品的销售往往需要匹配专业的售后服务，优质的服务是奢侈品消费体验的一部分，而在线购物的消费者往往难以获得与奢侈品相匹配的售后服务。

在经历了最初"跑马圈地"的阶段后，电商平台的红利期逐渐消退。品牌获得的流量支持减少，获客成本上升，还需依赖平台资源并受制于平台规则，这可能导致品牌在一定程度上失去对自身发展的控制。有些品牌将资源过度集中于电商平台，导致投入产出比例失衡，在面临市场波动和政策变化时将陷入被动局面。当奢侈品牌在考虑入驻大型综合电商平台时，要根据自身的品牌定位和发展策略来制定合适的市场策略，考虑如何合理平衡线上和线下的资源分配。

近些年，奢侈品行业一直在积极进行线上的布局。2018年，瑞士奢侈品巨头历峰集团收购了奢侈品电商公司Yoox Net-a-Porter（YNAP），展示了其扩张线上市场的决心。2020年，历峰集团联合阿里巴巴向全球时尚电商平台FARFETCH发发奇注资，与之达成了全球战略合作伙伴关系。然而大型奢侈品集团的电商发展并未如预期般顺利，线上业务多年来持续亏损。

事实上，奢侈品的线上和线下客群并不完全重合，线上电商只是奢侈品牌销售渠道的补充。品牌不能完全依附第三方电商来实现全渠道覆盖，建立自营平台（品牌私域平台的建设是奢侈品牌线上工作的重点），可能是更为合适的选择。

"秒罄"

宝珀"秒罄"作为成功的线上营销案例，创造了极佳战绩，在短时间内为品牌吸引了大量关注。但奢侈品的主战场仍然在线下，线下的体验对于奢侈品消费者来说是无法取代的。而在线上购物环境中，体验的重要性往往容易被忽视。

宝珀进入互联网领域并不算早，这与斯沃琪集团一贯的谨慎作风有关。然而，行动慢在今天未必是一件坏事。在新生事物发展的未知过程中，入局者既有可能吃到红利，也有可能因冒进而陷入困境。

在我看来，天猫、京东等大型综合电商平台的发展速度过快，在平台的建设和服务上还无法满足高级品牌的要求。比如平台广告的投放模式过于僵化，缺乏灵活性，过多的"购物节"以及对销量和折扣的过分追求，都可能对入驻品牌的形象有所损害。对于国际高端品牌来说，品牌形象的展示和购物体验始终是品牌首先要考虑因素，其次才是销量的提升。

在目前看来，打造线上自营平台是品牌普遍采取的做法，如创建品牌官网、开通微信商城等。这一模式的优点在于，可以利用品牌自身的私域流量，强化品牌的独特定位，培养忠诚度较高的用户群体；缺点是成本较高且引流困难。我建议的做法是，着重建设高级品牌自身的电商平台，等品牌积累了一定的私域用户规模之后，再考虑入驻与高级品牌经营环境相对匹配的综合型或垂直类电商平台，进一步拓展市场。

如何在常规操作中脱颖而出，将普通的线上零售活动升级为一场大型营销事件，宝珀确实下了一番功夫。

2021年7月28日，宝珀"五十噚"系列新款——极光绿Bathyscaphe限量款腕表，在官方微信小程序上发售。开售1秒后，100只单价7.75万元的腕表即刻售罄。

这场"秒罄"迅速成为腕表行业的热议话题和瞩目案例，也让我们非常惊喜。虽然在线上发售前我就了解到，一些品牌的VIP客户已经准备好抢购，但"1秒售罄"的成绩确实颇有戏剧性，也让宝珀这个后来的入局者在电商领域一战成名。

为了实现"秒罄"的目标，我们联合微信进行了一系列的策划。在新品发售当天，朋友圈广告同步上线，通过精准定向，触达目标人群，用户可一键直达小程序进行购买。此外，我们还在微信生态内进行了多触点布局：品牌视频号进行预热；在"搜一搜"品牌官方区，点击话题直达小程序；通过品牌微信公众号私域的预告进行引流。根据腾讯广告后台数据，在正式开售前，该腕表的预约加购数量就已破万，开售的瞬间吸引了近3万人同时下单。通过甄选新品和限量发售并行的策略，我们成功打动了微信生态中的高净值人群，实现了销售转化。

在宝珀的产品线中，7.75万元的腕表属于入门级别；然而对于奢侈品消费而言，这一价格并不算低。在高级腕表的线上零售领域，商品1秒售罄的现象前所未有。宝珀创造了当时电商平台奢侈品腕表在1秒内的最高销售额纪录（775万元），这在腕表营销史上前无古人，至今仍无来者。这次"秒罄"事件也成为腾讯官方广为宣传的奢侈品典型销售案例。

2017年之后，中国消费者的奢侈品购买力在全球范围内已经不容小觑，尤其在腕表这一细分领域中，消费升级成为主旋律。参与抢购的消费者与宝珀以往的消费者在画像上基本一致，年轻人的比例非常高，其中80后占比高达85%，而在这部分人里，25岁以下的年轻买家占比接近1/3。

根据宝珀的观察，年轻的高级腕表消费者有以下几个特点：一是主张自我奖励，购买奢侈品不再为了礼赠，取而代之的是对自己的犒赏；二是求知欲强且学习能力出众，对腕表的相关知识如数家珍；三是注重个性表达，希望通过使用设计独特的产品来传达自我诉求，有个性的复杂款式因此变得畅销；四是思想开放，不再拘泥于"高级腕表必须搭配正装"的传统观念，运动表的兴起正是这一变化的体现；五是看重品牌价值观，期望拥有更具人格化的产品。

贝恩咨询与意大利奢侈品协会Fondazione Altagamma联合发布的第十九版《贝恩奢侈品研究》（*Bain&Company Luxury Study*）报告预测，到2025年，千禧一代及25岁以下的消费者将成为奢侈品市场的主力军，其占比将达到65%～70%。

针对消费者偏好的变化，宝珀也采取了一系列的调整和应对措施。比如设计上的年轻化，为腕表融入多样的科技材质和时尚色彩；联合受年轻人欢迎的KOL进行推广；在社交平台上，用更具展示效果

创造了 1 秒售罄神话的宝珀"五十噚"系列极光绿 Bathyscaphe 限量款腕表。

和传播力的短视频取代长文章等。

继运动表市场兴起，自2015年开始，我还留意到一个非常明显的市场趋势：女性消费群体正持续壮大，女装表市场也在不断发展。

随着女性意识的觉醒，不少中国女性开始接受机械表，并愿意支付更高的价格以获得更优质的产品。这也象征着女性在经济和思想上的独立。中国女性适龄人群的工作比例高达65%，位居世界前列。女性消费者的成熟对市场来说至关重要，女装表有极大的市场空间。自2017年起，我主张大力推广女装表，并取得了显著成果。在女装表长期供应不足的情况下，如今宝珀的女装表在所有产品中总销量的占比已超过40%，这充分展示了其市场潜力。

事实上，宝珀并不是在数字化零售上走得最快的高级腕表品牌，甚至由于受到某些规则限制，我们至今仍未在天猫、京东等平台开设官方品牌店铺。微信商城的上线是做品牌电商的开始，意味着宝珀这个高级腕表品牌在着手建设自己的电商平台。"秒罄"是宝珀在全球范围内的首次线上尝试，对宝珀来说，它在传播方面的意义远远超过了实际的销售数据。

线下渠道一直是包括宝珀在内的奢侈品牌最主要的销售渠道。随着零售渠道的数字化转型，所有奢侈品牌和零售商都将面临挑战，全渠道已成为行业发展的必然趋势。然而，直面消费者、扩大零售业务范围、增加与用户的直接互动、提供一对一的高品质定制化服务，依然是奢侈品牌渠道建设的主要发展方向。

时至今日，电商依然只是对奢侈品线下渠道的补充。虽然在数字时代，线上渠道能够凭借其高带宽和高效率的优势，能够覆盖更多消费者并传递更丰富的信息，让品牌能够以更低的成本提高知名度，但是销售奢侈品的主战场依然是线下门店，线下门店承载着展示品牌形象和丰富服务体验的功能，具有不可替代的作用。对于消费者而言，在线上和在线下购买普通商品的区别主要在于交易形式不同，但服务是奢侈品牌价值的重要组成部分，奢侈品牌需要让消费者感受到，无论是通过线下还是线上购买，所获得的服务体验完整、良好且一致，这才是最重要的。

"时尚易逝，风格永存"

每一种时尚风潮的兴起，都是对当下社会情绪的直观展现。

不久前有人问我，知不知道什么是"多巴胺穿搭"（dopamine dressing）。在被科普之后，我才知道这是一种新流行起来的穿搭潮流，由时尚心理学家道恩·卡伦（Dawnn Karen）在其出版作品《穿出最好的人生》（*Enhance Your Best Life*）中首次提出。道恩·卡伦在书中称，穿着令人乐观的服装可以释放大量促进情绪的神经递质多巴胺。"多巴胺穿搭"指的是通过服装搭配来营造愉悦感的穿搭风格，即通过色彩艳丽的时装来调动人的正面情绪。简而言之，就是"把快乐穿在身上"。

根据我的理解，多巴胺穿搭反映了一个时代的集体情绪。在新冠疫情蔓延的这几年里，全球都处于动荡不安的状态，人们陷入焦躁、恐慌的情绪中，仿佛被一层难以言喻的低气压笼罩，内心充满阴霾、压抑和愤怒，渴望突破却无处宣泄。到了后疫情时代的2023年，色彩斑斓的多巴胺穿搭披上了"情绪疗愈"的外衣，成了人们对抗坏情绪的利器。在封闭的生活中，人们更加渴望简单和阳光。于是受到20世纪80年代时尚理念的启发,梦幻、快乐、甜美又叛逆的多巴胺穿搭便应运而生。

实际上,宝珀在几年前就开始推出色彩鲜艳的复古表款,这样的表款受到了年轻人的广泛欢迎。这并不是面向Z世代消费者的简单的讨好行为。一味去迎合市场的风潮,为了"收割"年轻人而改变品牌固有的审美,对品牌来说是一种短期行为。年轻人会逐渐成熟,他们可能偶尔会被一些噱头或热点所吸引,但冲动消费并不能长久。品牌必须明确自己的DNA,让自己的定位和价值观获得年轻人的精神认同,这才是长期发展的关键。

宝珀不会将色彩鲜艳的复古表款命名为"多巴胺"系列——尽管有些媒体已经自发地如此形容了,这是市场营销所需要的敏感性,我本人并不排斥任何传播话术的包装。然而这款产品的诞生,并不是为了追逐流行和"无脑媚青",而是源于设计师对审美的追求,匠人对技艺的坚持,以及品牌对年轻人的理解和对时代情绪的洞察。正是以上种种,共同成就了这款永恒的经典之作。

每一个品牌都会面临自身的局限和时代的挑战,一个成熟的品牌,其价值观不应是单一且排他的,而应具有包容性和多样性。品牌内涵应随着时代的发展而延伸和演变,一个品牌只有敏锐地捕捉到时代的风向,从品牌文化出发,找到品牌与时代的契合点,并在此基础上进行创新,才能立足于当下,不被时代所抛弃,实现长久的发展。宝珀自1735年创立以来,历经近三个世纪的演变,推出过数以百计的表款。每个款式虽然设计不同,其细节却都体现出品牌独有的气质与风格。这正是宝珀在不断变化的世界中独树一帜,以不变的核心风格应万变的立足之本。

色彩明快的 Ladybird Colors 钻石舞会炫彩腕表，在延续贝蒂·费希特女士隽永精神的同时，添加了森林绿、午夜蓝等不同的色彩。月相视窗内的"月亮美人"月相表情让人联想到玛丽莲·梦露。

多巴胺穿搭风靡一时后，取而代之的是"美拉德穿搭"。它强调以色彩搭配模拟食物焦化反应的过程，是以焦糖棕色为主的穿搭风格。与多巴胺穿搭鲜明和跳跃的色彩不同，美拉德穿搭的色彩搭配并不耀眼，更接近大地的颜色。

不同颜色可以反映出消费者不同的情绪。有人说，美拉德穿搭的尽头是松弛感。它主打的棕、咖色系带给人沉稳、随性、慵懒的感觉，使人物的整体造型呈现出一种自然和谐的美感。不出错的穿搭意味着高性价比，极简的设计能带来更长久的陪伴，低饱和度的颜色能给消费者带来心理上的安全感。美拉德穿搭可能确实符合当下部分人的心态。

美拉德穿搭让我联想到某段时间备受推崇的"老钱风穿搭"。在色彩运用上，两者都偏爱使用低饱和度的颜色，强调低调而不张扬，在设计上也以简洁和实用为主，容易让人联想到舒适与安逸。从精神内核上看，这两种穿搭风格也异曲同工。

老钱风穿搭中的"老钱"是"Old Money"的直译。顾名思义，"老钱"是指那些已经富裕了好几代的家族。"老钱风"则是对那些富裕家族里一出生就过着优渥生活的人的穿着风格的描述。老钱们不需要依靠满身的大logo和潮流款式来彰显自己的身份，反而更注重衣物的材质和舒适度。这种低调、简约且经久不衰的风格，近年来作为社交媒体上的流行趋势，进入了年轻一代的视野。

在老钱风穿搭复兴的背后，是经济发展现状的改变。时尚常被视为社会和经济变化的晴雨表。在经济非高速增长时期，人们的穿着更倾向于保守和内敛，这与老钱们的审美一脉相承。

伴随外部经济环境变化的还有奢侈品消费者的结构，以及他们消费习惯的改变。人们都变得低调，曾经被寄予"消费升级"厚望的年轻消费群体开始转向理性消费。他们在降低购买频率的同时，更倾向于选择保值耐用的经典款式。在奢侈品一年几次涨价的节奏下，不少经典款甚至被视为"理财产品"，从而更加受到追捧。在这种情况下，老钱风受追捧也在情理之中。

进入后疫情时代，人们对于曾经风靡一时的极繁美学产生了审美疲劳，穿衣打扮也越来越注重舒适度和实用性。强调品质内涵和经典风格的老钱风穿搭，显然与当下人们渴望回归生活本质的期望相契合。

从2022年起，中国社交媒体上掀起了一股"老钱风穿搭"热潮。以默多克家族为原型的美剧《继承之战》更是成了老钱风穿搭的教科书。时尚博主们将拉夫劳伦（Ralph Lauren）、诺悠翩雅（Loro Piana）、布鲁内诺·库奇内利（Brunello Cucinelli）等奢侈服饰品牌奉为老钱风的代表，宝珀的空军司令系列腕表也以其复古、摩登、雅致、奢华等特质被视为老钱风经典。

2023年兴起的"静奢风"可以说是"老钱风"的升级演变版。"静奢风"是"Quiet Luxury"的中译，意为"安静的奢侈"。除了保留老钱风的低调、无logo、高品质等特点，静奢风还格外强调静默，认为不经意的高级感才是要义，注重将奢华与财富隐藏于着装的质感与细节之中，鲜艳的色彩和夸张的造型在静奢风面前会显得太过喧闹。静奢风提倡克制，反对炫耀，主打日常的基本款，代表人物是脸书的创始人马克·扎克伯格。

我们越来越频繁地发现，如今正在经历和已经过去的时尚潮流都似曾相识。越来越多的人选择将昙花一现的流行潮品替换为更加持久的经典单品。无论是"老钱风""静奢风",还是"多巴胺"和"美拉德",每一种潮流都是当下社会情绪的体现。而恒久不变的是品牌对品质和风格的坚守,以及对不变的品牌文化及品牌价值观的表达。风格通过对个人形象的塑造,诉说着你想要成为一个什么样的人。正如香奈儿女士所言:"时尚易逝,风格永存。"

上排：20世纪50年代的宝珀空军司令腕表，这款古董表即便在今天看来也依旧经典。
下排：低调、永恒的设计风格是 Villeret 经典 V 系列的标志性特色。

抢不到的联名款

跨界联名作为一种打通线上与线下渠道、增强用户互动感的商业策略，已然成为奢侈品牌"破圈"和"种草"的重要营销手段。推出奢侈品联名款的意义，是推动实现奢侈品民主化。

2022年3月，斯沃琪品牌联合同集团的奢侈腕表品牌欧米茄，推出了联名款腕表MoonSwatch，这是斯沃琪和欧米茄的首次合作。超霸专业月球表是欧米茄标志性的表款之一，也是一款通过NASA测试并伴随宇航员登上月球的腕表。斯沃琪和欧米茄的联名腕表既保留了欧米茄超霸专业月球表的外观特性，又融合了斯沃琪的植物陶瓷材质创新，在中国内地市场的官方定价仅为2100元。

MoonSwatch发售之初，不少人认为该"低配"表款的推出会降低欧米茄的品牌调性，使超霸专业月球表形象受损，影响其他表款的正常销售。事实上，负面效应并未显现。MoonSwatch在2022年共售出超过100万只，不仅让斯沃琪营收颇丰，也让欧米茄超霸专业月球表拓宽了知名度，带动了超霸系列销量的大幅增长。这一切也让宝珀和斯沃琪接下来的联名合作变得理所当然。

2023年9月9日，斯沃琪集团向市场正式发布了旗下两大品牌斯沃琪和宝珀的联名款。2023年不仅是斯沃琪诞生的40周年，也是宝珀"五十噚"系列诞生的70周年，两者联名具有极强的话题性。

虽然正式上市之前的保密工作做得非常周密，但仍有大量的表迷在联名款开售的前一天晚上就来到店门口排队，不少人带着板凳和行军床，一时间盛况空前。

宝珀与斯沃琪的联名"五大洋"系列Bioceramic Scuba Fifty Fathoms（创新性植物陶瓷"五十噚"系列潜水表）共包含5款腕表，分别是ARCTIC OCEAN（北冰洋）、PACIFIC OCEAN（太平洋）、ATLANTIC OCEAN（大西洋）、INDIAN OCEAN（印度洋）和ANTARCTIC OCEAN（南大洋）。每款腕表均具备最深可达91米的防水功能，这也是对宝珀的另一重致敬——50英寻约等于91米。

为了坚持宝珀从不生产石英表的传统，联名款"五大洋"系列搭载了斯沃琪首款也是迄今为止唯一一款全自动装配的机械机芯——SISTEM51。这款机芯采用了Nivachron™游丝，并具备防磁功能。整个机芯仅由51个零件组成，其中包括一颗中央螺杆，动力储存可达90小时。自2013年问世以来，SISTEM51机芯就以其可视化设计革新了自动机械腕表的世界：正面指示时间，背面讲述故事。

2024年1月11日，斯沃琪推出了与宝珀联名的第二弹——OCEAN OF STORMS（风暴洋，拉丁名为Oceanus Procellarum）腕表。地球上仅有五大洋，斯沃琪在此前的联名款"五大洋"系列的基础上新增了"月球新成员"——OCEAN OF STORMS腕表，是向"五十噚"系列的再度致敬。风暴洋是位于月球近地侧西缘的静海，是月球上最大的

"海洋"①，其南北跨度超过2500公里，面积约200万平方公里。这款全新推出的腕表用设计浓缩呈现了那片来自月球的壮观"海域"。

这款联名腕表再次引发了抢购热潮，斯沃琪在上海和平饭店的专卖店在发布当晚就迎来了七八百名排队者。

斯沃琪集团首席执行官尼克·海耶克先生因其联名举措被《彭博商业周刊》誉为"斯沃琪拯救者"（Swatch's savior），并被评为"改变全球业务的年度50人之一"。联名款的发布对斯沃琪的销售助力明显，虽然对宝珀的销售没有起到明显的推波助澜作用，但是在联名款发布期间，宝珀在互联网上的搜索率提升了5倍，其中85%的搜索都来自25岁以下的年轻人。

近年来，奢侈品牌还常与时尚、餐饮、日用品等不同领域的品牌进行跨界合作。双方的目标消费群体可能完全不同，但联名的目的是借势各自的品牌影响力，把自家品牌拓展到对方的消费者圈层。

其中，一个极具代表性的案例是意大利奢侈品牌FENDI与中国新茶饮品牌喜茶的联名。2023年5月，喜茶宣布与FENDI推出联名产品"FENDI喜悦黄"，消费者只要花19元就能获得印有FENDI logo特调饮品。这款联名饮品一度成了年轻人的社交名片，有网友感慨："这是我离FENDI最近的一次！"但与此同时，两种截然不同的声音出现在社交网络平台上，有人感叹这是一场品牌之间的双赢，也有人评价这是一次败笔；有人感谢喜茶送来了人生第一件FENDI，也有人计划抛弃"自降身价"的FENDI。似乎高奢品牌一旦与平价品牌挂上钩，喜悦分享与唱衰质疑就会随之而来。

---

① 风暴洋并不是海洋，而是一片由远古火山活动形成的玄武岩平原。——编注

宝珀与斯沃琪联名款第二弹：SCUBA OCEAN OF STORMS 腕表。背面的可视化机芯致敬了"五十噚"心系海洋的愿景。六款联名款腕表的表背上印有手表所代表海洋与其周边陆地的图案，以及各大洋中著名的裸鳃类动物图案。在科普海洋知识的同时，宝珀亦不忘提升公众的海洋保护意识。

在奢侈品民主化进程中出现的这些现象，比如产品线的向下延伸，一直具有争议性。部分人认为，推出低价产品、推出联名款，这些做法对奢侈品牌一直不遗余力打造的高端形象造成了负面影响，打击了奢侈品牌忠实拥护者的信心。与之相反的意见是，奢侈品民主化运动让品牌触达了更广泛的潜在目标群体，使奢侈品摆脱了高高在上的形象，让奢侈品能够深入寻常人的生活，让普通人使用奢侈品的梦想成真。

相较于品牌合作推出联名款，奢侈品与艺术家的跨界联名、品牌的快闪活动也都是实现奢侈品民主化的常见方式。

法国奢侈品牌LV钟爱联名，经常与各种艺术家跨界合作。从2000年开始，LV合作过的艺术家包括村上隆（Takashi Murakami）、乌尔斯·费舍尔（Urs Fischer）、杰夫·昆斯（Jeff Koons）、理查德·普林斯（Richard Prince）、达米恩·赫斯特（Damien Hirst）等。2023年，LV时隔10年再度与日本当代艺术家草间弥生（Yayoi Kusama）合作，将草间弥生的经典波点元素融入LV的设计，该系列产品在短时间内销售一空。

2021年9月，意大利奢侈品牌Prada与上海乌鲁木齐中路乌中市集的跨界联名快闪店正式开业。在这场被称为"当奢侈品走进菜市场"的活动中，Prada对乌中市集做了大规模的改造，将品牌标志性的logo和印花图案贴满了墙面、摊位和商品的包装，乌中市集里的每把蔬菜、每个水果、每束鲜花都似乎化身为"穿着Prada的女王"，吸引了大批穿着前卫、打扮时髦的年轻人前来拍照打卡。

这种跨界联名活动具有显著的事件营销效果，但又与传统的事件营销有所不同。品牌并非仅依靠独立事件来制造高曝光和关注度，而是将品牌主题与线下场景相结合，实现品牌与消费者的互动，从而展现出明确的品牌互动属性。

奢侈品牌在跨界联名的呈现方式上越来越灵活创新，合作的对象五花八门，更多细分领域的品牌参与其中，不断拓宽品牌自身的边界，充分实现了"万物皆可联名"，只有想不到，没有做不到。

奢侈品牌推出联名款的主要意义在于以下几点。

<u>1</u> 扩大品牌知名度和影响力：联名款往往因其话题性而引起广泛的关注和讨论，可以有效提升品牌的知名度和影响力。

<u>2</u> 提升品牌形象和价值：联名合作能够为奢侈品牌注入新的活力和创意。例如：奢侈品牌与街头品牌、时尚品牌的联名，可以使奢侈品牌的形象更加年轻和时尚；奢侈品牌与艺术家的合作，则能赋予品牌更多艺术和文化气息。

<u>3</u> 刺激销售：联名款的稀缺性往往能激发消费者的购买欲望，从而刺激销售。

<u>4</u> 探索和接触新的市场目标人群：通过联名合作，品牌可以探索新的市场机会，吸引并影响不同的消费群体。

总体而言，只要奢侈品的品牌价值不被过度延展或滥用，包括推出联名款在内的各种奢侈品民主化手段就依然是行之有效且利大于弊的推广方式。

工作即修行

禅修可以带给我们一颗平静而有力的心,帮助我们面对未知和挑战。我们总是在做事、想事,我们不停地忙碌,于是我们常常迷失在焦虑、执迷和僵固中。当禅修时,我们什么也不做,这些焦虑、执迷和僵固就会浮现出来。

2024年是我加入宝珀的第二十四个年头。在此之前,我难以想象一家企业、一个品牌、一份职业会在我的生命中占据如此重要的位置。我的生活轨迹几乎与宝珀在中国内地的发展完全重合,从初出茅庐的试探,到羽翼渐丰的振翅,经过时间的沉淀,宝珀于我已是不可撼动且不容忽视的存在。在过去的二十几年里,宝珀带给我前所未有的认同感、价值感和成就感,我也身体力行,赋予宝珀更丰富的文化意涵、更多元的价值表达、更出色的市场表现和更强大的品牌生命力。

毫无疑问,我是幸运的,能与长期服务的品牌在精神上达到高度的契合与共鸣。我偶尔也会思考,究竟是价值观的一致让我与宝珀一直携手并进,还是我加入了宝珀,才在日积月累的影响下对品牌产生了深厚的认同？当然，回溯和倒推并无实际意义，重要的是我此刻正在做什么，我未来还能做什么。

我在宝珀的工作并非从一开始就事事顺心。在最初的那几年里，我面临了诸多挑战，工作进展缓慢。自2006年担任宝珀中国区副总裁以来，我所承受的压力也陡然提升，我不仅要制订战略规划、确立近期目标和远期目标，要提升执行能力让目标落地，还要面对团队管理、新业务增长等多方面的考验，种种压力总是同时向我袭来。

在压力之下，我经常产生焦虑、暴躁和紧张不安的情绪。尽管回顾起来，我不认为这是负面的经历，但年轻时对自己的过高期望和过度的自我驱动，确实给我的精神和身体健康带来了沉重的负担，并造成了一些长期的影响。

2005年，我曾面临一次跳槽的机会。那是一个与宝珀定位相当的腕表品牌，由于进入中国内地市场较早，已经获得了较高的市场占有率和品牌知名度，而彼时宝珀还处于增速相对缓慢的品牌成长期。我意识到，如果有机会加入这个品牌，我的能力可能会得到更充分的展现和发挥，这对我的职业生涯来说是一个不错的选择。

前后经历了三轮面试，双方对彼此都很满意。到了终面，面试官想听听我对未来的规划。我告诉他，我希望成为一个对品牌有价值的人，希望通过我的努力推动品牌的发展。有可能的话，我希望品牌未来的功劳簿上有我的名字。

面试官沉思片刻，然后认真地跟我说："Jack，我们认为你非常出色，正是我们需要的人才。但是以两个品牌目前在市场上的发展状况看，即使你此刻加入我们，也很难对品牌产生实质性的影响。按照你的规划，我们不得不承认，宝珀是最适合你的地方。"

其实在他说出这句话之前，我心里已经有了答案。

2010年，另一个奢侈品集团有意邀请我加入，并开出了远高于市场平均标准的薪资，将我当时的薪酬翻了3倍不止。面对如此有诱惑力的offer，如果说完全不心动是假的，我也认为这个offer代表了行业其他品牌对我在宝珀工作的认可。在宝珀工作了近10年之后，我已经清楚我的性格、价值观适合什么样特质的品牌。我决定和老板谈谈这个新品牌对我的邀请，也谈谈我对当下在宝珀工作的看法和规划。我还记得海耶克先生对我说："Jack，我非常满意你的态度。你很坦诚地先来找我谈，这样做是对的！"最终，我决定留在宝珀继续工作，并非只是因为老板调整了我的薪资（调整后的薪资相比另一个品牌的开出的条件还是有不小的差距），而是因为我明白，我内心依然认可和热爱宝珀的品牌价值观，而这是决定去留的最重要的因素。一个人之所以最终能够走向成功，是因为他在探索过程中经历了足够的诱惑、迷茫、自我怀疑和摇摆不定而最终选择坚持。走过岔路，才能明辨正途；试错之后，才能与对的相遇。

2012年，我第一次接触禅宗，并在福建的南禅寺进行了为期10天的内观禅修。我每天4点多起床打坐，21点多睡觉休息。在这10天里，我需要保持静默，无法使用手机，不与他人交谈，并遵守过午不食的规矩。在老师的指导下，这10天我只专注于两件事：一是"止"，即什么都不做；二是"观呼吸"，同时观察自己的心。禅修的状态与我平时的忙碌形成了鲜明的对比：平时若不做事，我会感到孤独和不安；但在禅修中，真正的"什么都不做"其实是一种挑战。在"止"的过程中，我感觉到心中不断涌现出的无数念头和不安情绪，我的心就好像一匹无法被控制的野马。经过10天的修习，我开始感受到禅定带来的轻安，体会到法喜给我内心带来的宁静祥和。从那以后，我尽可能坚持每天抽出时间进行禅修。

2014年，我再次踏入南禅寺，接受为期10天的封闭式修行。修行的目的不是追求所谓的"佛系"或是"躺平"，而是为了获得控制自己内心的力量，摆脱无名的情绪波动，从而面对实相，获得生活的智慧。只有当心处于最平和的状态时，我们才能拥有真正的智慧。而且禅修的最终目的又不只是让我们摆脱对情绪的控制，而是让我们升起智慧并快乐地生活。

理可顿悟，事须渐修。坚持禅修，不断与修行更好、格局更大的人交流，使我受益匪浅，也对我的工作和生活产生了深远的影响。在修行之前，我因工作事务繁忙，变得急躁易怒；又因平时思虑过多，饱受失眠之苦。通过持续的禅修实践，我逐渐放下执念，以平常心来面对日常的成功和挫败，对任何瑕疵和不完美的结果也都能坦然接受，从而更加理解和共情他人的处境，看待问题的角度也变得更加宽广全面。

禅修帮我打开了一扇门，让我得以通过一个全新的视角去审视自身，认识到自己的渺小和局限，也理解和原谅了他人的无能为力。在一次修行中，我遇到了一位禅宗大师，他将"信"和"嘉"两个字赠予我。从那以后，我便将名字从"廖昱"正式改为"廖信嘉"，"信"代表诚实不欺，"嘉"意即赞许称颂。

很多人把"改名"与"改运"联系在一起。的确有人问过我，改名前后的运势是否有所改变。我的回答是肯定的，但这种改变并非由一个名字而起，而是源于我心态上的转变。通过在日常生活中的修行，我将所遇到每一个人和每一件事都视为生命的馈赠，尊重因果的循环，不抗拒事物的发展和变化，以更加平和的心态去面对生活的无常。这种心态的转变才是真正促使我的工作和生活发生转机的关键。

我的工作风格开始有所改进。我认识到人和事物的不完美，并学会了接受。在工作中，我接受了不同人群的局限性——基层人员的认知通常更依赖感官和情绪，缺乏对逻辑和规则的理解；中层人员可能过分依赖逻辑和规则，有时会表现出自私与傲慢；高层人员普遍具备战略眼光，在关键时刻会展现出冷酷的杀伐决断。

我逐渐学会了对结果保持开放的态度，不再强求；对于取得的成绩，我保持谦虚和低调，时刻观察自己，提醒自己不要变得膨胀自负；对他人更加宽容和体谅，不再严苛；对于他人所犯下的过错，我尝试理解和协助解决，不再苛责或忽视。很多员工告诉我，跟我相处不再感觉紧张，而是变得更加轻松自在。

作为世间的修行者，我致力于在工作中尽职尽责，承担好自己的责任。我发心做好每一件有益于员工成长的事情，发心传播真正的制表文化和工匠精神，尽己所能地正向影响消费者。

也许正是这些冥冥之中的变化给我带来了正面的反馈。2015年，我被提升为高端品牌委员会主席，成为斯沃琪集团有史以来第一位获此殊荣的人。之后，因人员变动和业务发展需要，我兼任了斯沃琪集团另一个高端腕表品牌宝玑中国区的品牌副总裁，这一身居多位的状态持续了一年多的时间。2019年，我被正式任命为斯沃琪集团中国管理委员会成员。

以上种种，显然都不是我刻意追求的结果。或者说，我努力工作的初衷并非升职加薪。也许正是因为我一直保持平和的心态，不强求、不执着、不将得到或失去视为目标，而是专注于做好眼前的事，很多事情的发展反而变得顺理成章。

  二十多年来，我将工作视为修行的道场。在工作中，我积累了知识，提升了与人交往、管理团队和解决问题的能力，并带出了一批优秀的从业人员。工作中的修行让我以敏锐地觉知看清自己，看清他人，看清世界。通过工作，我有幸遇见了很多高人，从他们那里，我获得的不仅是知识，更是广阔的视野、多元的思考维度和深邃的智慧。因此，无论我身处何方，那里都将是我的修道之地。工作即修行。

写给奢侈品行业新人的一封信

各位有志进入奢侈品行业的朋友们：

大家好。

"luxury brand"翻译成中文，成了"奢侈品"。"奢侈"一词常给人一种负面的印象，"奢侈品"消费也因此不被社会所提倡。有不少消费者、企业研究者对奢侈品的高溢价和高利润提出疑问，认为奢侈品是昂贵又无用的东西，代表着铺张浪费和过度挥霍，因而奢侈品消费长期处在主流消费之外。随着中国经济在过去40年里的迅猛发展，中产阶级不断壮大，对精致生活方式的追求逐渐成为富裕起来的这部分人改善生活质量的需要。

时至今日，我认为奢侈品消费中的几个关键问题需要被拿出来重新探讨，这对于想要了解和从事奢侈品行业的人来说很有必要。比如，什么是奢侈品？奢侈品是不是既贵又没用的东西？使用奢侈品是不是代表过度消费？

百度搜索引擎上给出的"奢侈品"的定义是：一种超出人们生存与发展需要范围的，具有独特、稀缺、珍奇等特点的消费品，又称"非生活必需品"。我比较认可的对于奢侈品的定义是：拥有极高的品质、非凡的设计创意，能够提供高水平服务的商品。奢侈品具有五大特性：品牌历史文化的传承性，工艺的独特性，产品本身的稀缺性、艺术性和收藏性。奢侈品为消费者提供四种价值：实用价值、工艺价值、情绪价值和服务价值。

奢侈品的使用者通常能够在使用过程中深刻感受到奢侈品和普通商品的差异。吴晓波曾经和我提起过一件事情。十多年前，从不使用奢侈品的他收到了太太送的生日礼物，爱马仕的一款信用卡卡包，他说这只卡包被使用了十多年，依然完好如初。相信很多人都会有类似的体验，一些高级品牌的鞋服，即便能够找到非常接近的"平替"版本，使用者也会非常清晰地体会到使用感受的不同。那些看上去很接近高级品牌的设计和材质，穿在身上往往会显出不同的效果，这些不同即便是非常细微的，使用者也是可以感受到的，而这些细微的不同正是奢侈品牌极致追求每一个细节所造就的。不到5%的细节差异，其背后的成本可能是巨大的。晓波以前在日常生活中没有佩戴手表的习惯，但他在戴上宝珀6651超薄腕表之后，就一直没有摘下来。

奢侈品是不是既贵又没有用呢？这个问题首先在于消费者使用的是不是真正的奢侈品，是否真正符合奢侈品的定义，具备奢侈品的关键特性。我经常问那些自称从来不买奢侈品的人，你家装修买厨具、卫浴、装修材料时，为什么要买知名品牌或者至少有些知名度的品牌呢？答案是商品质量好和售后服务佳。而这两点，正是奢侈品定义中最重要的两点。因此，我们再回头看"luxury brand"，把它翻译成高端消费品会不会更准确一些呢？我相信，即便很多消费者没有购买奢侈品的习惯，但是品牌力和品牌意识也普遍存在于消费者心智中。

使用奢侈品的人是不是过度消费呢？我们无法对个人的价值观和消费观进行评价。但我想说的是，难道在生活中不是经常发生因贪图便宜而过度购买，结果造成了积压，继而产生浪费的实际案例吗？

因此，是否过度消费涉及个人的消费观念，或许不是奢侈品本身的问题。作为消费者的晓波，十多年用一个卡包、一只手表，而不是用了一段时间就因为品质问题、设计过时、使用不便等原因将其扔掉并不断换新，这难道不是一种节约吗？

在品牌的新人培训或与其他行业交流的场合中，我经常提到奢侈品行业的行业特性。相对于新兴产业而言，奢侈品行业是一个历史悠久的、相对传统的行业，它并不经常游走在科技变革的最前沿，不像计算机、互联网、新能源、生物科技、人工智能等近年来热门的行业那样备受瞩目。然而，这个行业胜在具备更强的抗周期性。

奢侈品行业的品牌大都经历了非常长的历史发展时期，其中不乏经历了一两百年依旧长盛不衰的品牌。老牌奢侈品牌度过了第一次世界大战、第二次世界大战、各种经济危机，虽然历经风雨，却依然穿越经济周期而屹立不倒。特别是国际"硬奢"品牌，它们长期致力于品牌建设，并保持着鲜明的品牌独特性。同时，在面对经济低迷或行业危机时，老牌奢侈品牌普遍采取立足自身优势与品牌理念的稳健应对策略，使得品牌具备更长的生命周期以及更强的抗风险能力。

奢侈品牌的扩张策略需要考虑长期性，奢侈品牌不会因为市场需求的急剧增长而急速扩大产能。如果市场需求增长了30%，奢侈品牌可能只会提升5%的产能，甚至不提升产能。依靠这样的保守策略，奢侈品牌可以应对市场的不确定性。当出现市场增长的忽然放缓或者消费力的普遍下降，奢侈品牌通常会关注新兴市场，寻找新的增长点并降低对单一市场的依赖。同时，奢侈品牌会优化产品策略，聚焦重点产品。比如，宝珀首位女性首席执行官贝蒂·费希特，在欧洲市场低迷的时候开拓美国市场，并专攻女装表和女装表机芯。比如，在"石英风暴"期间，宝珀不但没有放弃机械腕表，反而聚焦于把机械腕表做得更复杂，通过发明全历月相表重新举起复兴机械腕表的大旗，引领高端复杂机械腕表迅速回归市场，受到了收藏者的青睐。比如，在航空计时码表盛行的时候，宝珀开发了"五十噚"系列，成功为行业创立了新的钟表品类。世界上拥有悠久历史的高级奢侈品牌，如爱马仕、香奈儿，它们都在自己的发展历程中有过成功度过经济低迷阶段的各种案例。

总的来说，立足长远的品牌建设策略，不急功近利，秉持以不断建设和提升品牌力为宗旨的品牌核心发展理念，是国际老牌奢侈品牌长盛不衰的基础。这种策略值得国内致力于长期品牌建设的商业品牌学习和研究。

奢侈品的定义决定了它面对的目标消费群体可能相对较少，但这群消费者对品质、工艺和艺术有更高的向往和追求。他们关注品牌的文化价值观，关注品牌是否可持续发展，同时对于消费体验中的每一个细节都有着极高的期望和极为严格的要求。因此，奢侈品这个行业需要更多高情商、高素质、有现代品牌建设专业素养的人才。

我从2001年开始进入奢侈品行业，根据我的观察，在中国内地奢侈品市场发展初期的从业者和消费者（包括我个人在内），大多没有在青少年时期接受过良好的美学教育。我们这一代人从小接受的是应试教育，教育以升学为目的，强调实用性和功能性。我们这一代人对音乐、绘画、建筑、宗教、艺术等领域的涉猎有限，而关于人文素养的培养，恰恰需要通过个人后天修炼来完成。

第一批从业者，大概像我一样出生于20世纪六七十年代，当时是社会主义现代化建设初期，我的初中政治课本上说：当下社会的主要矛盾是人民日益增长的物质文化需要与落后的社会生产之间的矛盾。作为普通知识分子家庭出身的小孩，因为童年物质生活匮乏，我在很长一段时间内对奢侈品消费的态度都是敬而远之，认为那有悖于我所处的社会阶级。我记得早年流行过一句话——"不买贵的，只买对的"，这句话或许代表了当年普遍存在的一种社会情绪。

奢侈品大范围进入中国内地是在2000年前后，中国内地作为一个重要的新兴市场实现了崛起，而此时正是我入行的时间。要感谢一些具有先见之明或冒险精神的企业家，在那个年代开始经营奢侈品。在中国"先富起来的人"购买和使用奢侈品的初期，奢侈品成了炫耀身份的标签，或者某类人、某个阶级的地位象征。

当我们以今天的眼光去看，不难承认上述想法的时代局限性。经过了几代人的努力奋斗，随着经济的发展和自我意识的启蒙，如今中国内地的主力消费群体在满足了基础的实用功能之后，在自己的能力范围内追求精致审美和愉悦感成了一种必然的生活需求。他们对于奢侈品的理解，对于精致生活的理解都较上一辈更加成熟了。今天，中国内地的奢侈品市场正在进入成熟期，意味着这个行业需要品牌战略、市场营销、零售、售后服务、电商等各个方面的人才。

在零售领域，我前面讲过，鉴于奢侈品和普通消费品在特性上存在较大差异，奢侈品零售行业需要高情商，懂得建立情感联结和信任感,能够在提供优质服务的同时有效传播品牌的人才。踏入奢侈品零售行业的第一步,通常是从销售顾问开始的。一名合格的奢侈品销售顾问必须具备广泛的见识、极高的情商、专业的知识、丰富的生活常识和出色的沟通能力。

奢侈品零售的工作特点在于,每天要在严格的运营标准下重复枯燥的劳动,面对形形色色、性格迥异的消费者,同时要背负每天、每个月的销售压力,这对于耐性和承受力都是极大的考验。此外,个人的性格瓶颈也会造成业务上的瓶颈,这是自我突破上更大的难点。在日益激烈的市场竞争环境下,现代零售行业的销售顾问所应该具备的能力,已经远远超过了传统意义上的销售顾问所具备的能力,我甚至看到,有些奢侈品牌店铺中的销售顾问还具备直播带货的能力。

对于奢侈品的渠道管理,无论是直营店渠道还是经销商渠道,都要求管理者具备专业的店铺管理经验。当今经销商渠道的运营管理已经远不只是简单的卖出、买入、库存、订货等流程,在此基础上,管理者还需要掌握全面的零售运营管理知识,尤其是在店铺人员的管理与培训方面。

对于从事品牌建设、市场营销的年轻人,除了要学会并应用课本上学到的知识,更要具备敏锐的市场感知力和审美能力,要能够随时感知消费者消费习惯的变化、审美观的变化。一个品牌的建设者,需要深入理解品牌文化和产品特性,结合有效的传播途径,运用专业的市场技能,整合数字媒体和传统媒体的传播资源。同时,需要对变化多端、升级换代迅速的媒体渠道保持敏感,实施精准有效的广告投放策略。面对以上种种挑战,要找到适合品牌的推广方式,制定出成功的市场战略并有效执行，使品牌适时脱颖而出——可事实上，这样的人才并不多见。

值得警惕的是，奢侈品牌的光环有时会让人迷失自我。实际上，绝大多数高级奢侈品牌的成功，依赖于在消费者心中长期形成的地位与形象。这是品牌不断积淀的结果。而今的从业人员大多只是业务层面的执行者，而非品牌真正意义上的决策者，或是能够影响品牌发展方向的人。他们所享有的光环，本质上是品牌赋予的。遗憾的是，行业内有很多人看不清这一点，陷入自我迷失和个人膨胀。

总之，奢侈品行业虽然看上去是个节奏相对较慢的行业，产品周期较长，然而它的市场也是随着社会的进步、科技的发展而变化的。只有了解每一个变化，有聚焦的品牌战略，不断创新和优化产品，坚持长期主义，才能使品牌永远立于不败之地。

今天的行业新人可能是未来一个品牌的引领者和缔造者，所以最后我也想谈谈我对品牌做大做强的理解。

在中国，企业家和品牌建设者可能需要更准确地理解品牌战略中的"品牌力"到底意味着什么。中国目前已成为制造业超级大国，但我们似乎一直缺少受到国际认可的高级奢侈品牌。在制造业持续向高端产业转型，并不断强调"做大做强"的同时，我们是否应该考虑"做大做强"的真正意义？

我对"做大做强"的理解是，不应该只涉及产品产量的提升和企业规模的扩张，更重要的是品牌力和品牌价值的提升。当我们拥有了顶级的品质、独特的技术和无与伦比的设计，我们完全有理由强调我们的品牌价值。我们的产品为什么不能卖得贵一点，以支持品牌和企业长期的创新和发展？为什么一定要"白菜价"呢？品牌高溢价往往是高品牌力造成的品牌价值的体现。

在过去的几十年里，很多中国企业从事为国际品牌代加工的业务。我们的优势是劳动力成本较低，产业链的成本较低。这些中国企业希望从从事低端制造和代加工业务的企业转型升级为具备独立设计能力、独有工艺技术的自主品牌。这些企业往往缺乏建设国际品牌的方法论，对于长期性投入缺乏信心，更熟悉的经营方法是，通过降低成本和打价格战来参与市场竞争。我经常遇到一些国内的企业家，他们的生意规模很大，但是利润却很微薄，主要市场局限于国内，或者国外低端市场，比如非洲、东南亚等地。他们告诉我，虽然对欧洲市场也有所了解，但是要在成熟的市场上分得一杯羹，不仅成本太高，耗时太长，也不清楚具体的方法。即便有了方法，也不能保证一定成功。对于投资者来说，这么做风险较大。

打造奢侈品牌离不开本书前面提到的几个关键要素。在本书的最后，我想再次强调以下几个方面。

首先是投资者、经营管理者、设计师对于品牌价值建设的共同认知，要认识到奢侈品牌建设是对于"品牌力"的建设。其次，企业的品牌建设需要长期策略和近期规划。品牌力的建设需要多个维度的共同发力，需要品牌坚持极高的品质，不断进行技术创新，打造明星产品，并搭建销售渠道网络和售后服务体系，积极投入市场营销，建设团队。同时需要认识到，这些投入通常不会快速带来利润结果。因此，对于那些想赚快钱的企业家来说，奢侈品并不是他们的最佳选择。同样，对于想尽快"风光无限"的年轻人来说，进入奢侈品行业也未必能如愿。

高级品牌的建设是一个全面的系统性工程，任何环节都缺一不可。在此基础上，拥有能够奠定行业标准的技术创新、重要人物的背书、结合热点或制造热点以不断吸引公众的关注，都是品牌建设中不可或缺的部分。

在解决了企业发展初期的生存问题之后，还需要进一步明确品牌的核心文化，以赢得目标群体的价值观认同。如果没有一个清晰且长期的品牌定位，就难以让消费者对品牌产生明确的认知。一些自称顶级的国内品牌普遍存在且被忽略的问题是：有的产品设计陈旧，缺乏时尚感；有的产品工艺落后，如染色技术不足，产品颜色单调；有的店铺设计、装修、陈列等都显得过时，缺乏应有的高级感；有的品牌产品线过于繁杂，没有突出的明星单品来引领市场；还有的品牌，其渠道定位与自述的品牌定位不符，店铺周边的品牌组合过于随意，无法准确传达品牌定位。在产品设计、店铺风格、橱窗展示、店铺周边的品牌组合上，品牌都需要让自身形象有一以贯之的统一性和高级感。

令人欣慰的是，我也看到越来越多的中国品牌在国际化的道路上获得了一定的成功和认可，具有成为国际顶级品牌的潜质。中国的新能源汽车行业已经展现出了这样的潜力。一些汽车品牌通过与国际顶级汽车设计师合作，成立中国研发设计中心，推出了极具时尚风格的产品，并开始为中国汽车在国际市场上赢得重视和高度评价。也许，新能源汽车可以成为来自中国的国际顶级的奢侈品。

奢侈品牌的发展绝不仅仅像外界所见的那般光鲜靓丽，成就一个奢侈品牌，往往需要在数十年甚至上百年的时间里，坚持正确的策略，愿意长期投入。要想在发展中基业长青，成为百年品牌，需要学习老牌奢侈品牌是如何应对经济下行周期的。

此书完成于2024年，根据目前的全球经济状况以及未来几年可预见的情况，奢侈品行业势必将受到全球经济下行周期和各种不确定因素的影响。过去的经验和方法是否一定有效，我尚不得而知；但我知道的是，在这个传统行业，不断学习，不断自我否定、自我更新是面对未来任何不确定因素的唯一方法。

希望奢侈品行业的同仁和未来有志于中国奢侈品事业的年轻人持续努力并获得成功。

1953 年，"五十噚"成为法国海军的标准制式装备。

Appendix

附录　宝珀历史上的 10 个高光瞬间

上图：宝珀维莱尔农舍，这里曾经也是贾汗 - 雅克·宝珀（Jehan-Jacques Blancpain）最初的工作室。

下图：1963 年前后的维莱尔制表工坊。

01 1735年｜作为品牌同名创始人，贾汗-雅克·宝珀在维莱尔小镇官方产权名册上以制表师的名义对品牌进行了登记。宝珀成为首个登记注册的腕表品牌。这标志着钟表业从匠人时代跨入品牌时代。

法国国王路易十六(上图),以及宝珀为他定制的怀表(右页)。

02

18世纪90年代 | 第三代宝珀先生大卫－路易斯·宝珀（David-Louis Blancpain）为法国国王路易十六定制了一款怀表，表背上除了维莱尔（Villeret）字样，还署名了"宝珀及其子"。由此宝珀从瑞士走向德国、法国等多个欧洲贸易中心。

上图：宝珀大复杂制表工坊内头戴显微镜、正在工作的制表师。
右页：宝珀大复杂制表工坊今天的样子。

03 1859年 | 宝珀对勒布拉叙（Le Brassus）的一间老磨坊进行了改造，建成了制表工坊，即现今宝珀大复杂制表工坊的前身。该工坊一直沿用至今。是瑞士举足轻重的制表中心之一。大复杂制表工坊致力于古董表的修复和复杂机械腕表的打造，卡罗素、陀飞轮、三问报时、中华年历、金雕、微绘珐琅、大马士革镶金等高级机械腕表的复杂功能和工艺均诞生于此。

上图：标志着腕表进入自动时代的宝珀夏活（Harwood）自动上链腕表。
右页：一则古老的夏活腕表广告："这只腕表会自动上链！"

04 1926 年 | 宝珀成功生产出了首款自动上链腕表,成为机械制表史上的里程碑事件,标志着腕表进入自动时代。

贝蒂·费希特（上图）与她推出的宝珀女装表（右页）。

05   1933 年 | 宝珀首位女性品牌掌门人贝蒂·费希特开始担任宝珀首席执行官,她从第七代宝珀先生小弗雷德里克-埃米尔·宝珀手中接棒经营,宝珀在近 200 年的家族传承之后,开始进入后家族经营时代。此后,贝蒂以清晰而坚定的产品策略让宝珀在美国市场获得巨大成功。20 世纪 30 年代中期,包括琼·克劳馥、葛丽泰·嘉宝、玛丽莲·梦露在内的众多好莱坞黄金时代的传奇巨星,纷纷成为宝珀女装表的拥趸。

费希特先生（上图）与 1953 年年初正式投产上市的初代"五十噚"（右页）。

06 1953年 | "'五十噚'之父"费希特先生发明了首款专业机械潜水腕表。该表款于1953年年初正式投产上市。他以莎士比亚的《暴风雨》为灵感,将其命名为"五十噚"。"五十噚"为现代潜水腕表创建了初始模板,直到今天,整个腕表界还在采用这一模板。

上图：1983 年的宝珀运营者雅克·皮盖，他同时也是当时 FP 机芯工厂的管理者。
右页：1983 年推出的全历月相表所搭载的 Calibre 6935 机芯。

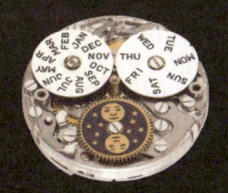

07 1983 年 | 面对"石英风暴"对传统制表业的冲击，宝珀以一款全历月相表举起"高级制表"的大旗，引领机械腕表的复兴。这款腕表所搭载的全历月相机芯 Calibre 6395 让机械表更有趣，将被遗弃的复杂工艺重新带回机械表坛，彰显了"高级制表"的价值。

上图:"创新即传统"巡展曾展出过的当时最复杂的腕表 1735。
右页:集六项复杂功能于一身的 1735 机芯。

08

1991年 | 1735诞生，随着这款腕表的推出，宝珀对复杂功能的研发也臻至巅峰。这款腕表集三问报时、陀飞轮、万年历、月相、追针计时、超薄六大复杂功能于一身，堪称表坛壮举。该表款的设计开发和制造耗时6年，每一只1735都需要至少耗时一年，且以手工制作完成。它的机芯有744个零件，每个零件都经过细致的手工打磨。

上图：登基时的乾隆帝。

下图：被故宫博物院收藏的宝珀乾坤卡罗素孤品腕表。

09 2008年 | 故宫博物院首次典藏了一只宝珀乾坤卡罗素孤品腕表，宝珀成为当代唯一被故宫博物院收藏的腕表品牌。这款腕表致敬的是1735年东西方的一次跨时空同步。这一年，乾隆帝登基；贾汗-雅克·宝珀创立了宝珀品牌，开启了钟表业的品牌时代。

今天的宝珀机芯工厂

10 2010 年｜钟表业颇具盛名的 FP 机芯工厂正式更名为宝珀机芯工厂，在 21 世纪为宝珀"高级制表"的悠久传统注入活力。此后，宝珀将继续加强全自产能力，保持业界高速的创新能力。

本书海洋照片摄影/图片提供

Laurent Ballesta
Lisa Besset
Barbara Brou
François Golya SA
Claude Joray
Alban Kakulya
Jeffrey S. Kingston
Petrus
Rostang
Enric Sala/ National Geographic
Manu San Felix/ National Geographic
Philippe Vanrès Santamaria
Joël von Allmen

Domaine Gros
Fong, Sai Yin Jonathan
Arno Murith
Masa Ushioda
Naoyuki Ogino
Aurélien Bergot
Renaud Kritzinger
Serge Chapuis
Jean-Michel Del Moral
Dominique Derisbourg
Virginie Lemesle
Jean-François Mallet
Larry Schiller